딸에게 들려주는 역사 이야기
-2-

딸에게
들려주는
역사
이야기
2

"지금 일어나는 일은
분명히 언젠가 일어났던 일이야."

"이런 게 역사라는 거야.
오늘 일어나는 일은 비슷하게라도
일어났던 일이야. 똑같지는
않더라도 말이야."

항상 과거는 오늘과
맞닿아 있었지요.

"역사는 반복된다.
그러나 되풀이되지 않는다."

김형민
지음

푸른역사

딸이 아빠에게 쓰는 편지

저희 아버지는 방송 PD이십니다. 하지만 저에게 아빠는 방송 PD가 아니라 역사 선생님으로 여겨질 때가 더 많았어요. 그럴 수밖에 없는 것이, 저는 아빠가 만든 프로그램을 직접 본 적이 거의 없습니다. 제가 학교에 있을 때 방송되거나 무서워서 감히 볼 수 없었던 〈긴급출동 SOS 24〉 같은 험악한(?) 프로그램을 제작하셨기 때문이죠. 하지만 책상에서, 소파에서 과일을 먹으며, 여행 다니는 곳곳에서 아빠는 항상 옛날이야기를 들려주셨고 저는 막연히 PD는 역사도 잘 알아야 하나보다 생각하며 자랐어요. 제가 중학교 2학년 올라가던 겨울, 2015년 초에 《시사IN》에 〈딸에게 들려주는 역사 이야기〉를 연재하신다고 했을 때 저는 덤덤했어요. '아, 항상 내게 들려주신 대로 쓰시겠구나, 사람들에게 얘기하시겠구나' 하면서 말이에요.

어렸을 때 아빠가 《정글북》을 읽어주시던 기억이 나요. 하이에나 떼의 습격 소식을 들은 주인공 모글리가 비단구렁이 카아에게 의견을 구하던 장면이었죠. 비단구렁이 카아는 이렇게 말합니다. "지금 일어나는 일은 분명히 언젠가 일어났던 일이야." 그때 아빠는 '역사'라는 단어를 제게 처음으로 얘기하신 것 같아요. "이런 게 역사라는 거야. 오늘 일어나는 일은 비슷하게라도 일어났던 일이야. 똑같지는 않더라도 말이야." 전 사실 역사를 잘 몰라요. 하시만 그때 아빠의 말씀은 또렷하게 기억하고 있습니다. 우리가 오늘 겪는 일은 어제도, 까마득한 옛날 사람들도 겪었던 일이라는 거였죠. 단, 그 모두가 똑같지는 않다는 거구요.

《시사IN》 잡지를 가끔 펼쳐들면서 저는 슬며시 웃곤 해요. 〈딸에게 들려주는 역사 이야기〉에서 아빠는 옛날이야기를 끄집어내서 요즘 일어나는 일에 빗대는 방식으로 이야기를 하시니까요. 그래서 기사를 읽다가 문득 제가 아빠 무릎에 앉아서 옛날이야기를 듣던 서너 살 어린아이가 된 기분에 키득거리기를 여러 번이었답니다. 아득한 삼국 시대 이야기부터 전두환(이 사람은 참 나쁜 사람이라죠) 때 이야기까지 익숙한 이야기도 많고 동양과 서양을 왔다 갔다 하시는 통에 전혀 처음 듣는 사연도 있었지만 항상 과거는 오늘과 맞닿아 있었지요. 오늘 이 얘기를 했더니 아빠가 유식한 말씀으로 포장을 해주시네요. "역사는 반복된다. 그러나 재연되지 않는다."

언젠가 저는 학교에서 어린 소녀를 잔인하게 성폭행했던 조두순 사건을 배웠어요. 날짜도 잊지 않아요. 2008년 12월 11일. 이 사건 뒤에 사람들은 어린이에 대한 범죄에 관심을 보였고, 조두순이 겨우 징역 12년에 그쳤다고 화를 냈죠. 술 먹고 그랬다는 게 징역을 적게 받은 이유였다는 사실에 화를 냈구요. 결국 그런 반응들이 법을 바꾸고 제도를 만들고 사람들의 생활을 변하게 하겠죠.

〈딸에게 들려주는 역사 이야기〉의 한 꼭지를 보면서 비슷한 느낌을 가졌던 기억이 떠오르네요. 1988년 한 주부가 밤에 길을 가다가 대학생들에게 성추행을 당할 위기에서 입 안에 들어온 혀를 깨물었다가 그게 죄가돼서 구속됐던 사건 말이에요. 그때도 사람들이 엄청나게 열 받았다죠?데모도 하고 소리도 지르고 막 판사 윽박지르기도 하고 신문에도 크게 내고 하면서 판결을 바꾸었다죠. 아빠가 그 꼭지에 끌어 쓴 판결문 몇 대목이 기억이 나요. "술을 먹었다거나 식당을 경영한다거나 밤늦게 혼자 다녔다거나 하는 등의 사정이 정당방위의 성립을 저해하지 않는다." 당시에는 여자가 술을 먹고 식당을 경영하고 밤늦게 혼자 다니는 행위가 '무슨 일을 당해도 싼' 분위기도 있었다는 이야기도 말이죠. 하지만 그때에도 사람들은 움직였고, 그 덕분에 오늘 이 여고생은 "이제 그건 호랑이담배 먹던 시절 얘기고!"라고 튕길 수 있게 되지 않았겠어요. 아빠가 항상 얘기했죠. "결국 역사는 사람들의 일상의 총합이다." 당시 사람들의일상의 힘이 결국 오늘을 만든 것이겠죠.

엄마가 들으면 펄쩍 뛰며 반대하실 일이지만 요즘 저는 전쟁 사진작가가 되고 싶다는 생각을 해요. 며칠 전 우연히 전쟁에 나가는 젊은 사람들의 마지막 모습을 담은 사진을 보게 됐거든요. 죽기 몇 초 전, 실종되기전날, 이런 사진들도 있었고요. 사진을 보면서 묘한 감정이 들었어요. '이사진이 없었다면, 그들의 마지막 순간은 아무도 몰랐겠지.' 사진작가가찍은 그 순간이 그들의 역사가 되고, 그들이 나선 전쟁의 잊을 수 없는 한조각이 된 거예요. 사진 한 장 안에 역사가 겹겹이 포개진 느낌? 그 정지된 사진 한 장 속에 산 같은 사연들이 꼭꼭 숨어 있는 느낌?

사진을 보면서 아빠가 제게 들려주는 역사 이야기 생각을 했어요. 아빠의 역사는 결코 거창하지 않거든요. 너무 흔해서 지겨울 법한 성웅 이순신 이야기도 나와요. 하지만 아빠는 이순신이 거북선 타고 일본군 무찌른

이야기만 하지 않으셨지요. 이순신이 아들을 잃고 어떻게 통곡했는지, 부하도 없고 무기도 없는 해군 총사령관으로서 도망 다니는 군인들 무기를 모으면서 무슨 마음이었을지 얘기해주셨죠. 6월 항쟁을 설명하시면서 너무나도 평범한 사람들의 어떤 행동이 그런 큰일을 가능하게 했는지 실감나게 들려주셨죠. 또 세월호만큼이나 어이없는 참사가 과거에도 있었다면서 어떻게 일어났는지, 왜 무하마드 알리와 최동원 아저씨가 위대한지를 손에 닿듯 알려주셨어요. 읽으면서 저는 역사 속 이름들일 뿐인 그들이 결코 낯설지 않았어요. 손을 뻗으면 입김이 닿을 것 같았고, 목소리가 들리는 것 같았어요. 그 사람들도 자기가 살던 시대에선 저처럼 열심히 공부도 하고 농땡이도 부리고 기뻐하고 아파하고 슬퍼하고 화를 내며 살아갔겠죠.

저는 아빠의 글을 보면 역사 속으로 빠져드는 느낌을 받아요. 어느 순간부터는 그 인물과 두런두런 이야기를 나누기도 하고, 같이 싸우기도 하고……. 여러 상상을 할 수 있을 정도에요. 아빠는 제게 최고의 작가이자 역사 선생님이자 먼 세상을 보게 해주는 망원경이자 어느 시대든 버튼만 누르면 갈 수 있는 타임머신 같은 분이라는 것을 잊지 말아주세요. 항상 마음을 다해 사랑해요!

2017년 10월
아빠를 무지무지 사랑하는 딸 올림

01

그때는 다 그랬어, 그런데 …… 지금도 그래

역사란 '특별하지 않을지라도 결코 빛나지 않을지라도'
자신의 위치에서 최선을 다했던 이들이 살아낸 삶의 총합이다.
'산하'라는 필명으로 유명한 김형민 PD가 이러한 오늘의 역사를 모아
'딸에게 들려주는 역사 이야기'를 썼다.

"백주(대낮)의 테러는 테러가 아니다"

몇 년 전에 영화 〈변호인〉(2013)을 볼 때 생각이 난다. 아마도 판사(송영창
분汾)가 '송변'(송강호 분)에게 "송변호사. OO건설에 스카우트 제의 들어왔
다면서? 그렇게 중요한 일 두고 왜 빨갱이들 변호해?"라고 엉뚱한 소리
를 늘어놓을 때였을 거야. 네가 자기도 모르게 큰 소리를 냈지. "말도 안
돼!" 영화가 끝난 뒤에도 "정말로 판사가 그렇게 말했어요?" 하며 씩씩거

리던 네 모습이 여전히 눈에 선하구나. 네가 말한 '말도 안 되는 소리'를 한자로 쓰면 '망언妄言'이라는 단어가 될 거야. '이치에 맞지 않고 망령 난 말'이라는 뜻이지. 그런데 우리 역사에는 네가 그 이상으로 발끈할 '망언'을 늘어놓은 후안무치한 사람들이 참으로 많았단다.

1955년 9월로 거슬러 올라가볼까. 한국전쟁이 휴전으로 중단된 지 얼마 안 된 때였던지라 휴전을 감시할 중립국 감시단을 어느 나라로 정할 것인가는 매우 첨예하게 대립되는 문제였어. 북한 측은 공산국가 폴란드와 체코슬로바키아를 중립국으로 내세웠고 남한은 당연히 반대의 목소리를 높였지. 그러던 어느 날, 대구에 서울의 한 고위 인사가 방문했어. 더위가 늦은 심술을 부리던 날이었는데도 학생 수천 명이 모여 "체코, 폴란드 반대!"를 목이 쉬도록 외치며 '데모'를 했단다. 이유는 딱 하나, 오로지 그 고관에게 잘 보이기 위해서.

이 광경을 보고 속이 터져버린 사람이 있었어. 《대구매일신문》의 주필 최석채라는 분이었지. 그는 9월 13일 〈학도(학생)를 도구로 이용하지 말라〉는 제목의 사설을 써.

(그 관리가) 대단한 국가적 공적이 있는지는 모르겠으나 수천수만 남녀 학도들이 면학勉學을 집어치워버리고 한 사람 앞에 10환씩 돈을 내어 수기를 사 가지고 길바닥에 늘어서야 할 아무런 이유를 발견치 못한다……

이 사설이 높은 사람들의 심기를 건드린 모양이야. 신문이 나오자마자 여기저기서 사설 쓴 사람을 처단하라고 험악하게 목소리를 높이더니 급기야 다음 날 깡패들이 몰려와서 신문사를 쑥대밭으로 만들고 기자들을 흠씬 두들겨 패버렸으니까. 대낮에 기자들이 신문사로 쳐들어온 깡패들에게 이리 채이고 저리 밟힌 것은 대단히 심각한 사건이었어. 국회에서도 화급히 진상조사단을 내려 보냈지. 그런데 그 진상조사단 앞에서 경상북도 경찰국 사찰과장 신상수가 역사에 길이 남을 '망언'을 남겼단다. "백주(대낮)의 테러는 테러가 아니다."

모름지기 테러는 으슥한 밤이나 미명의 새벽에 자행되는 게 정석인데, 기자 폭행은 해가 중천에 떠 있을 때 벌어진 거라 테러일 수 없다는 뜻이었지. 이 사람의 어법에 따르면 절도도 대낮에 행해졌으면 절도가 아닌 셈이야. '말도 안 되는' 망언이 분명하지?

그 뒤에 벌어진 일은 더 가관이야. 아마 너도 말문이 막힐 것 같다. 경찰이 깡패를 잡아 가두기도 전에 사설을 쓴 최석채 주필을 국가보안법 위반으로 구속시켜 버렸으니까 말이야. 이유는 "그 사설이 북한 방송에 인용되어 결과적으로 북한을 이롭게 했기 때문"이었어.

'탁자를 탁! 치니, 억! 하고 죽더라'

아빠가 고등학교 3학년 때, 그러니까 1987년의 1월은 무척이나 을씨년스러웠어. 날씨도 추웠지만 무엇보다 한 대학생이 경찰에 끌려가 영화 〈변호인〉에서 본 그 물고문을 당하다가 숨을 거두는 사건이 일어났기 때문이야. 서울대 학생 박종철이었어. 처음에 경찰은 사력을 다해 이 사실을 숨기려 했지. 대학생의 죽음이 알려지고 '가혹 행위', 즉 고문 가능성이 제기되었을 때 당시 경찰의 최고 책임자 강민창 치안본부장이 마이크를 잡았어.

그날의 발표가 30여 년이 지난 지금도 생생히 기억나는구나. 이전부터 툭하면 TV에 나와서 '원천봉쇄源泉封鎖', '발본색원拔本塞源' 등 요상한 한 자어를 남발하던 사람이어서 기억이 더 선명했던 것 같아. 얼핏 보기에도 제법 무거운 듯한 계급장을 어깨에 번쩍이면서 그는 이렇게 말했단다. "박 군이 밤사이 술을 많이 마셔 갈증이 난다며 물을 여러 컵 마신 뒤 심문 시작 30분 만에 수사관이 책상을 '탁' 치며 추궁하자 갑자기 '억' 하고 쓰러졌다." 탁자를 탁! 치니, 억! 하고 사람이 죽었다는 게 대한민국 경찰 수장의 발표였어.

가끔 궁금해질 때가 있단다. 경북도경 사찰과장 신상수나 대한민국 치안본부장 강민창은 자신들의 말을 스스로 믿었을까? 그 말이 진실이라고 생각하고 입 밖에 냈던 것일까? 그렇게 출세한 사람이니 머리가 나쁘지도 않았을 텐데 그 말이 자신에게 카운터펀치로 되돌아올 '망언'임을 몰랐던 것일까?

아마도 그랬을 거야. 어리석음 때문이라기보다는 교만한 마음 때문에, 우둔해서라기보다는 사람들을 그만큼 얕잡아 보았기 때문에. 즉 자신들이 상대하는 국민을 이 정도로 하면 대충 그런가 보다 하고 넘어가고 설득이 되는 존재라고 여겼을 거라고. 자신이 일반 국민보다 우월한 위치에 있으며, 또 그렇게 여길 만한 경험을 쌓았다고 생각했기 때문에 그런 망언을 스스럼없이 내뱉지 않았을까 싶구나.

예전에 한 백화점에서 주차 아르바이트생을 무릎 꿇게 했던 갑질 모녀 기억나니? 그들은 "돈을 기백만 원 썼는데 …… 주차 요원한테까지 이런 일을 당한" 데 대해 성질을 부리면서, 사람이 사람을 무릎 꿇리는 일에 대해서도 "화가 나면 그럴 수도 있는 것 아니냐"라고 쏘아붙쳤단다. 그 모녀가 평소에도 그렇게 '진상'이었을까. 자신들은 주차 요원하고는 '레벨'이 다른 존재라는 확신이 그들로 하여금 기자들까지 불러서 "우리가 피해자!"라고 망언을 늘어놓는 정신 상태를 만들지 않았을까.

그때나 지금이나

이렇게 보면 '망언'이란 대개 망령이 나서, 즉 사람의 머리가 흐려져서 나오는 말이 아니라 그 말을 듣는 사람들을 트릿하게 본 까닭에 나오는 소리일 듯싶다. 우리 딸에게 부끄럽지만 요즘 아빠도 저들에게 그렇게 비친 사람의 일부가 된 것 같아 서글프구나.

2014년 4월, 국가정보원(이하 국정원)이 증거와 증인을 조작하고, 심지어 외국 국가기관의 출입국 증명서까지 위조해서 한 사람을 간첩으로 몰아버린 사건에 대한 수사 발표가 있었어. 그런데 그 어려운 사법고시를 패스한, 대한민국 최고의 두뇌라 할 검찰 간부는 국정원에 '날조' 혐의를 제기하지 않는 이유를 이렇게 설명해. "국가보안법상 날조죄가 적용되려면 범죄 성립 여부에 관련된 증거가 허위인 줄 알고 날조한다는 범의犯意(범죄 행위임을 알면서도 그 행위를 하려는 의사)가 들어가야 한다."

그러니까 쉽게 말하면 국정원 요원들이 어떤 사람이 간첩이 아니라고 생각하면서 증거를 위조하면 '날조'가 되지만, 간첩이라고 믿으면서 증거를 조작하고 허위 증인을 세운다면 그건 '날조'가 아니라는 얘기가 되는 거야. '백주의 테러가 테러가 아니듯', '탁! 치니까 억! 하고 대학생이 죽어버리듯' 말이다. 이런 말을 들으며 아빠는 마치 〈변호인〉을 보던 너처럼 묻게 돼. "말도 안 돼! 정말 검사 맞아?"

영화를 보면서 나는 네게 이렇게 대답했지. "그때는 다 저랬어." 그런데 오늘 나는 이렇게 덧붙여야 할 것 같아 무척 속이 쓰리구나. "그런데 …… 지금도 그래." 미안하다. 아빠를 비롯해서 아빠 친구들이 조금 더

똑똑해져야겠다. 저런 '말도 안 되는' 소리를 너희들이 듣지 않게 하기 위해서라도 말이야. 저런 '망언'을 늘어놓아도 괜찮은 헝겊 막대 같은 사람들로 보이지 않기 위해서라도 말이야.

1987년 박종철 열사 사망 당시 추모행사. ⓒ (사)민주열사박종철기념사업회

02

역모의 증거로 둔갑한 정여립의 '편지'

선조 22년(1589)은 '기축옥사己丑獄死'로 온 나라가 뒤숭숭했다.
전주 사는 정여립이 역모를 꾸몄다는 보고에 1,000명이 넘는 이가 목숨을 잃었다.
특별한 물증이 나오지 않은 상태에서 정여립의 '편지'가 역모의 증거로 둔갑했다.
528년 전 기축년의 조선과 지금 한국은 얼마나 다른가.

기축옥사, 증거 없는 역모사건

중학교 2학년 올라가면 역사를 배운다고 했지. 이제 곧 빗살무늬토기니 반달모양 돌칼이니 하며 시험에 나올 유물 이름들을 달달 외우다가 "에 잇, 나는 암기력이 없어!"라며 투덜거릴 네 모습이 눈에 선하구나. 조선 시대에 접어들면 암기할 게 더 많아질 텐데……. 선조 22년(1589)에 일 어난 '기축옥사己丑獄死'라는 사건도 등장할 거야. 목숨을 잃은 사람만

1,000명이 넘은 일대 사건이었지.

전주에서 살고 있던 정여립이라는 전직 관리가 지역을 넘나들며 역적 모의를 한다는 보고를 황해도 관찰사가 올리고, 새까만 얼굴의 두 농민이 잡혀 왔을 때만 해도 기축옥사의 폭풍을 예상한 사람은 별로 없었어. 임금이 직접 물어보았지. "너희들이 반역을 했느냐?" 그러자 돌아온 대답이 이랬어. "반역은 모르겠고 반국을 하고자 하긴 했습니다." 반국은 무엇이냐 묻자, 그들은 이렇게 대답했어. "먹고 입는 것이 넉넉한 것입니다." '아침햇반' 할 때 그 '반飯' 자에 된장국 해서 '반국'이라고 한 것 같지? 임금도 웃고 대신들도 긴장을 풀었어. 하지만 일단 역모라고 하니 정여립을 불러 올려서 해명을 듣고자 했는데, 뜻밖에도 정여립이 몸을 피했다가 스스로 목숨을 끊어버린 거야. 이렇게 되자 정여립의 역모는 기정사실이 돼버렸어.

가장 평정을 잃은 건 임금이었단다. 스승이었던 율곡 이이를 배신하고 반대 당파인 동인에 붙은 것도 싫었던 데다가 벼슬 내던지고 낙향하기 전 자신을 똑바로 바라보며 '이제 당신 꼴 안 보고 살겠네!'라는 투로 "이제 천안天顏을 뵐 일이 없겠습니다"라고 뇌까리던 정여립의 괘씸한 모습이 다시 떠올랐겠지. 하지만 정여립이 실제 역모를 꾸몄는지에 대한 확증은 아무것도 없었어. 후일 선조가 "역모를 꾸몄다면 무기가 있었을 텐데 그걸 발견 못 한 이유는 무엇인가? 맨주먹으로 난리를 일으킬 셈이었단 말인가?"라고 묻기까지 했거든. 결국 역모 혐의는 증거가 있고 없고보다 정여립과 친하고 친하지 않고의 문제로 결정나게 돼.

이 역모의 가장 유력한 증거는 바로 정여립이 다른 사람과 주고받은 편지였어. 그저 문안 편지를 주고받은 사람들, 오가며 소식을 나눈 사람들, 심지어 정여립의 집터를 봐준 사람까지도 역적이 돼서 목이 날아가고 매

맞아 죽고 수천 리 밖으로 귀양을 떠나야 했지.

때로는 편지 같은 증거조차 필요 없었어. 조대중이라는 사람은 새로운 관직을 맡으면서 사랑하는 기생과 헤어지는 게 슬퍼서 눈물을 흘렸는데, 이게 정여립의 죽음을 애도한 것으로 잘못 전해지는 바람에 변명 기회조차 갖지 못한 채 죽임을 당하기도 해. 눈물이 증거가 된 셈이야. 의금부에서는 조대중이 가지고 있던 편지를 모조리 압수했어. 새로운 역적을 만들수 있는 증거들이었지. 그리고 그 많은 편지 가운데에는 훗날의 충무공이순신이 보낸 것도 있었어. 혹여 시국에 대한 불평불만 한마디라도 편지에 적어 놓았다면 이순신은 임진왜란을 보지 못했을 거야.

1589년에서 1590년으로 넘어가던 기축년 동지섣달의 조선은 그야말로 꽁꽁 얼어붙었어. 서로가 서로를 고발하는 가운데 자신이 정여립과 관계없음을 목숨 걸고 증명해야 했고, 정여립의 본관인 동래정씨 가문은 정여립을 족보에서 지웠으며, 전라도 전체가 '반역향'으로 낙인찍혔으니까. '정여립'은 곧 죽음을 부르는 이름이었고, 듣는 것만으로도 섬뜩한 공포의 단어가 되었단다.

일기장과 '불렀던 노래'가 국가보안법 위반의 증거

시대가 가고 세월이 흘러 정여립의 이름은 아득한 과거지사로 남았지만 1589년 기축년 겨울의 '정여립 일당'에 해당하는 단어는 얼굴을 바꿔 수시로 우리 역사에 등장해. 한번 찍히면 무슨 수를 써도 벗어나기 어렵고, 말도 안 되는 증거로도 한 사람의 생명과 권리를 쉽사리 박탈할 수 있는 공포의 낙인으로 말이야. 아마 조선 후기에는 '천주학쟁이', 즉 천주교인이라는 이름이 그랬을 것이고, 일제 치하의 '불령선인不逞鮮人'(일제가 조선인들을 비하하며 부르던 명칭으로 불량하고 순종하지 않는 조선 사람이라는 뜻) 도 비슷했을 거야. 현대사에 자주 등장하는 '빨갱이' 역시 왕년의 '정여립 일당' 이상으로 징그럽고 두려운 단어였고. 그런데 언제부터인가 '정여립 일당'을 능가하는 공포의 단어가 유령처럼 우리 머리 위를 떠돌고 있구나. 바로 '종북'이야.

2014년 12월, 북한을 자주 방문했던 재미동포 아주머니 한 명과 황선이라는 아주머니가 '통일 콘서트'라는 이름의 행사를 열었는데, 한 고등학생이 '종북'이라며 그들에게 사제 폭탄을 던진 사고가 있었지. 그들이 '북한을 추종하는 사람들'이니 응징하겠다는 거였어. 이 학생은 구속됐지만 한국 정부는 되레 폭탄을 맞은 피해자들이 실제로 '종북'이라면서 재미동포 아주머니를 추방했고, 황선 아주머니는 구속해버렸단다.

아빠는 우리나라가 "제2차 세계대전 이후 경제성장과 정치적 민주화를 달성한 몇 안 되는 나라"로서 최소한 '정여립 일당'이든 '빨갱이'든 확실한 증거와 구체적인 범죄행위 없이 잡혀가거나 감옥에 가거나 시민으로서의 권리를 박탈당하는 나라는 아니라고 생각해왔어. 하지만 황선 아주머니를 감옥에 보낸 '증거'를 보면 내가 지금 21세기의 대한민국에 살고 있는지, 아니면 430여 년 전 기축년의 조선으로 시간여행을 온 건지 헷갈리게 돼.

황선 아주머니의 '북한 추종'을 증명하는 건 북한 공작원과의 연락이라든가 우리 시설을 파괴하려는 테러 음모의 증거가 아니라, 단지 17년 전 그녀가 썼던 일기장과 북한 노래 〈심장에 남는 사람〉을 불렀다는 사실 정도였거든. 16세기의 조선 의금부 관원들이 역모 혐의자의 편지 더미를 뒤져 정여립의 편지를 발견하고 환호했다면, 21세기의 대한민국 정부는 개인의 일기장에 빨간 줄을 그으며 증거라고 우기는 셈이지. 〈심장에 남는 사람〉이라는 북한 노래도 그래. 이 노래는 남한 가수 바이브의 윤민수가 불러서 네가 즐겨 듣는 벅스 사이트 차트 18위에도 올랐던 노래야. 대체 이 노래를 부른 사실을 근거로 사람을 잡아 가두는 아저씨들이 사랑하는 기생과 헤어져서 눈물 흘리는 조대중의 목덜미를 잡고 "너 정여립 때문에 우는 거지? 기생 때문이라고? 왜 하필이면 지금 울어? 이 역적 놈아"라고 윽박지르던 조선시대 관원들과 어떤 차이가 있는지 아빠는 참으로 알 수가 없구나.

"나는 샤를리다" 그리고 "나도 황선이다"

2015년 1월, 프랑스 파리에서 이슬람을 모독했다는 이유로 무슬림 테러리스트들이 주간지 《샤를리 에브도》 건물을 습격해서 만화가들을 살해한 일이 있었지. 프랑스 사람들은 테러 행위에 굴복할 수 없다는 뜻으로 "내가 샤를리다"를 부르짖으며 시위를 벌였어. 아빠는 이 잡지의 풍자 방식에는 동의하지 않아. 또 이슬람에 대해서는 표현의 자유를 무한대로 허용하면서도 유대인에 대해 풍자한 직원은 해고해버리는 편향성도 유감스러워. 하지만 아빠 역시 "나는 샤를리다"를 외칠 거야. 왜냐하면 만화가를 죽인 테러리즘, 폭력적 수단에는 절대 반대니까.

똑같은 이치로 아빠는 황선 아주머니가 실제로 북한을 좋아하고, 북한 노래를 진심으로 부르는 사람이라고 해도 "나도 황선이다"라고 말할 수밖에 없어. 아빠는 이른바 '종북주의'를 경멸하고 종북주의자들이 우리 사회를 위협하는 실질적 행동을 했다면 그에 대해 처벌하는 걸 적극 찬성하지만, 17년 전 일기장을 근거로 잡아들이거나 남들 다 부르는 노래를 불렀다고 해서 잡아 가두는 16세기적 사고에는 결코 동의할 수 없기 때문이란다. 다시 한번 아빠는 이렇게 말한다. "나도 황선이다." 그리고 이렇게 덧붙이고 싶구나. "지금은 21세기다."

정여립
ⓒ 가람기획 제공

03

'국제적 호구'의 역사는 흐른다

명분의 깃발 아래 자기 잇속을 차리려는 사람들 때문에
낭패를 본 예는 우리 역사에 허다하다.
이해관계의 수단으로 '나라'를 생각했던 사람들.
이명박 대통령 시절의 자원외교도 마찬가지다.

자신을 위해 주먹 휘두를 줄 모르는 나라

〈박물관이 살아 있다〉 시리즈에 나오는 캐릭터 중에 콧수염 난 '테디' 기
억나니? 그는 미국의 26대 대통령 시어도어 루스벨트이고, 테디는 그의
애칭이야. 영화 속에서는 천진하고 순박한 모습으로 나오지만 그는 매우
거칠고 사나운 군인이자 정치인이었고 한국과 상당한 악연을 가진 사람
이지. 필리핀은 미국이, 한국은 일본이 차지한다는 내용을 골자로 한 '가

쓰라—태프트 밀약(1905)을 승인한 사람이 바로 그였거든.

루스벨트는 대한제국을 두고 이런 말을 하기도 해. "우정이란 자신을 지킬 힘을 지닌 상대끼리 가능한 것이다. 한국은 자신을 지키기 위해 주먹 한번 휘두르지 못했다." 그는 무력이라는 현실적 힘을 숭상하는 사람으로 스페인과의 전쟁에 참전해 큰 공을 세우기도 했어. "말은 부드럽게 하되 큼직한 몽둥이를 항상 갖고 다녀라." 그가 입버릇처럼 하던 말이지. 그런 그에게 "우리 독립을 지켜주세요"라며 울먹이기는 잘하지만 도무지 자신을 위해 '주먹 한번 휘두를' 줄 모르는 한국은 경멸스러울 수밖에 없었을 거야.

대한제국은 왜 그렇게 무기력했을까. 루스벨트의 핀잔처럼 왜 '주먹 한번' 제대로 휘둘러보지 못했을까. 분명한 건 대한제국 황제와 그 많던 대소 신하들이 부국강병富國强兵을 포기하지는 않았다는 점이야. 특히 '강병强兵'을 갖고 싶었던 마음은 다른 어느 나라 못지않았던 것 같아. 1902년 당시의 통계를 보면 대한제국은 1년 예산의 약 40퍼센트를 국방비로 쓰고 있었거든. 오늘날 국방비 많이 쓰기로 유명한 북한도 15퍼센트 정도니까 대한제국의 '강병'에 대한 집착(?)을 충분히 짐작할 수 있겠지? 아무리 가난한 나라였다고 해도 이 정도면 웬만한 '몽둥이'를 갖출 수준은 충분히 되었을 거야.

양무호, 속빈 강정의 절정

하지만 문제는 거기에 들인 비용의 많고 적음이 아니라 그 비용을 결정한 사람들의 지혜와 안목과 이해관계였어. 기본 무기인 총만 해도 그래. 대한제국 정부는 체계적인 준비나 신중한 논의를 생략하고 그때그때 자신들이 줄을 선 나라의 제품을 받아들였어. 청나라의 영향력이 강할 때는 청나라로부터 영국제 소총을 샀고, 일본의 입김이 세지면 일본으로부터, 러시아가 고종을 자기네 공사관에 두고 설치던 시절에는 러시아 무기를 대량으로 들여왔단다. 1898년에는 독일제 무기를 대량으로 사들이는가 하면, 급기야 프랑스까지 끼어들어 무기를 팔아먹으려 드는데 중간에 일본이 친일 관료들을 구워삶아 주문을 자기 쪽으로 돌리면서 계약이 파기되는 바람에 대한제국 정부가 프랑스 측에 배상을 하는 일까지 벌어졌어. 국제 무기 상인들의 완벽한 '봉'이었던 거지. 대한제국 군대는 같은 부대원들끼리도 각각 다른 나라의 무기를 든 무기 백화점의 종업원들 같았고.

대한제국 최초의 군함이라 할 양무호揚武號는 이 속빈 강정의 절정이었단다. 1903년은 고종 황제의 즉위 40주년이 되는 해였어. 이를 맞아 "세계 각국 군함들이 인천항에서 축포를 쏜다는데 우리도 축포를 쏠 배 하나쯤은 있어야 하지 않겠습니까?" 하는 논의가 있었고, 1903년 4월 15일 우여곡절 끝에 일본의 미쓰이 사社가 납품한 '군함'이 인천항에 모습을 드러내게 되지. 고종 황제는 이 배에 '양무'라는 이름을 붙였어. '무武를 떨쳐라[揚]'는 뜻이니 황제 폐하의 속내가 생생하게 들리지 않니? 하지만 그 배는 떨친 게 아무것도 없는 양무揚無호가 되고 말았어.

원래 그 배는 군함이 아니었단다. 팔라스호라는 영국 상선을 일본이 인수해서 석탄 운반용으로 쓰던 배였지. 일본은 이 배를 25만 원에 구입했어. 그런데 이 배가 성능은 생쥐인데 석탄은 하마처럼 먹는 고물 배라는 걸 곧 깨닫게 돼. 이 처치 곤란한 물건을 어찌하나 고심하던 중에 제 발로 찾아온 국제적 호구가 대한제국이었던 거야. 일본은 이 석탄 운반선에 대포 몇 대 장착해서 55만 원을 불렀고 대한제국은 당시 국방 예산의 30퍼센트를 이 고물 배에 들이부어 사들이게 돼. 하지만 그건 배 값일 뿐이었어. 배를 움직일 석탄도, 수병들도 없던 상황에서 무작정 배부터 수입한 거야. '부국강병'의 표상으로 말이지.

누구를 위한 부국강병이었을까

명분은 한없이 좋지만 명분의 깃발 아래에서 자신의 잇속을 차리려는 사람들 때문에 낭패를 본 예가 우리 역사에 허다한 건 슬픈 일이야. 일제 강점기에 '민족개조'하자던 사람들이 친일파로 넘어갔다거나, '자주국방'하자던 사람들이 무기 구입 대가로 뇌물을 받아먹었다거나……. 그런데 2015년 초 아빠는 신문을 보면서 '자원외교'라는 네 글자에 무척이나 마음이 상했단다. 천연자원이 애처로울 만큼 없는 나라에서, 해외의 자원을 개척해 자원강국이 되자는 '자원외교'를 마다할 이유는 없겠지. 구한말의 부국강병이라는 구호처럼 말이야. 하지만 여기에서도 구한말의 양무호 같은 어처구니 없는 실종 사태가 빚어졌단다.

지난 이명박 대통령 시절, 석유공사가 페루 정부에서조차 별로 경제성이 없다고 만류하는 유전 사업에 막무가내로 뛰어든 일이 있었어. 3억 달러 정도면 충분한 사업에 12억 달러(약 1조 2,000억 원)를 퍼부었지만 결국은 하릴없이 '회사 매각'을 선언하고 물러서게 됐다고 해. 수익성도 없고, 전망도 없고, 현지인들은 '사기'라고 단정했다지. 대체 왜 이런 일을 막지 못했느냐는 질문에 당시 페루 주재 한국 대사는 이렇게 항변했다는군. "대통령이 하겠다고 하는데, 일개 대사가 (거래를) 하지 말자는 의견을 낼 수 없었다." 대통령의 위업을 위해, 자원외교의 역사적 새 시대 개막 선언을 위해 9억 달러라는 천문학적 비용이 태평양 바닷물에 흘

뿌려진 거야. 과연 이 정부를 고종 황제 즉위 40주년을 기념하려고 고물 배 양무호에 국방 예산 30퍼센트 정도를 날린 조상들보다 낫다고 말할 수 있을까?

외교통상부가 '모 기업이 매장량이 최소 4억 2,000만 캐럿에 달하는 카 메룬의 다이아몬드 개발권을 획득했다'는 내용을 언론에 홍보하고, 덕분 에 그 기업의 주식이 폭등해 대표와 임원들이 수백억의 이익을 보고, 담 당 공무원의 가족들까지 함께 돈잔치를 벌인 일도 있었지. 대한제국 군인 들에게 전 세계 각양각색의 무기들이 지급될 때, 서로 열렬히 경쟁하며 무기를 내다 팔던 무기 상인들이 대한제국 관료와 황제 폐하에게 엄청난 뒷돈을 갖다 바쳤던 것처럼 말이야. 2017년 6월 대법원은 해당 기업 대표 에게 징역 3년에 집행유예 5년의 유죄 판결을 확정했지.

"한국인은 역사에서 도무지 배우는 게 없다"

아까도 얘기했지만 고종 황제와 그 신하들이 부국강병을 원치 않았다고 생각하지는 않아. 하지만 그들에게 부국강병은 나라와 백성들을 위한 것 이라기보다는 자신들의 권력을 유지하기 위한 수단이었어. 고종 황제는 당시의 최신 무기라 할 개틀링 기관포를 외국 군대가 아닌 자기 나라 백 성들(동학 농민군)에게 퍼부었으며, 자신의 즉위 40년을 즈음해서 터무니 없는 투자로 군함을 장만하지 않았겠니.

오늘날도 마찬가지야. 자원외교의 소중함을 모르는 바도 아니고 그 의 미를 과소평가할 생각도 없단다. 하지만 자원외교의 거창한 깃발이 누군 가의 호주머니 채우는 작업을 가리는 커튼으로 이용되었다면 이만큼 분 통 터지는 일이 또 어디 있을까. 그런 꼬락서니를 과거 대한제국 백성들처럼 눈만 멀뚱멀뚱 뜨고 지켜봐야 하는 처지라면 더더욱 그렇지 않겠니. 〈박물관이 살아 있다〉의 테디, 시어도어 루스벨트가 이 상황을 보면 또 핀잔을 던질지도 모르겠구나. "우정이란 기본적인 지혜를 지닌 상대끼리 가능한 것이다. 한국인은 역사에서 도무지 배우는 게 없다"라고.

양무호.

04

바다에 묻은 아이들이 40년 전에도 있었단다

1974년 해군 신병 159명이 바다 속으로 사라졌다.
'YTL정의 비극'은 평시에 군함에서 일어난 최대 해난 사고로
《기네스북》에까지 올랐다. 그로부터 40년 뒤, 우리는 다시 한번
바다에 가라앉는 배를 눈뜨고 지켜봐야 했다.

묻혀버린 기억 YTL 침몰 사건

세월호 참사 후 아빠랑 안산에 마련된 합동분향소에 갔던 거 기억하지?
선뜻 따라나서줘서 고맙다는 말을 이제야 전한다. 드넓은 운동장을 휘감
던 사람들의 줄도 생각나지? 사실 아빠도 막막했단다. 네가 다리 아프다
고 불평하면 어떡하나 걱정도 됐고. "여기 사람들 다 다리 아프게 기다리
잖아" 하는 네 한마디에 맘을 놓았던 기억이 난다.

몇 시간을 기다려 겨우 영정들 앞에 섰을 때 아빠는 무안할 만큼 펑펑 눈물을 흘렸지. 커다란 체육관을 뒤덮은 하얀 국화의 홍수, 그 속에 빛나던 학생들의 준수한 얼굴들, 그들에게 전하는 눈물 젖은 메시지 등 국상이 난 듯 경건하던 그날의 풍경들.

그런데 그런 추모의 공간마저 제대로 허용되지 않은 채 오랫동안 그저 지워야 할 과거로, 묻어버려야 할 기억으로 치부되어온 슬픈 죽음들도 있었단다. 1974년 2월 22일 발생한 해군 YTL 침몰 사건의 희생자들이 그들이지.

'가슴속 끓는 젊은 피'들, 바다에 가라앉다

1974년 2월 21일, 입대 후 7주 동안의 지상훈련을 마친 해군 159기 신병들은 무척이나 들떠 있었어. '땅개'(농담 삼아 육군을 이렇게 부르기도 해)처럼 흙냄새만 실컷 맡다가 드디어 배에 올라 항해를 하게 됐으니 말이야. 물론 해군본부가 있던 진해에서 충무(지금은 통영이라고 불리지)로 가서 이순신 장군을 모신 충렬사 사당에 참배하고 오는, '항해'라고 하기엔 뭔한 일정이었지만 말이야.

근 두 달 만에 처음으로 영외에 나온 신병들은 마냥 들떠 있었대. 꼭두새벽에 충무 시내에 상륙해서 해군가를 우렁차게 부를 정도로.

"우리는 해군이다. 바다가 고향/ 가슴속 끓는 피를 고이 바치자. 우리는 해군이다. 바다의 방패/ 죽어도 또 죽어도 겨레와 나라/ 바다를 지켜야만 강토가 있고/ 강토가 있는 곳에 조국이 있다……."

초보 해군에게 바다 냄새가 얼마나 설렜겠니. 폭풍주의보가 내린 바다의 뱃멀미조차 반가웠을지도 모르지.

그들이 진해에서 타고 온 큰 배는 부두에 접안하기 어려웠다는구나. 그래서 상륙했던 방법 그대로 예인정, 즉 120톤 정도의 YTL정을 타고 모함으로 돌아가야 했어. 배에는 손님이 무척 많았대. 해군 159기 신병과 해양경찰 위탁교육생, 그리고 인솔 부대원들까지 630명이 넘는 사람들이 부두에 복닥거렸고, 그중 316명이 일단 1진으로 승선했지. 그런데 여기서 잠깐. YTL은 수송선이 아닌 예인선이었고 150명 정도 타면 꽉 차는 작은 배였단다. 설상가상 바다에는 폭풍주의보가 내려져 있었고. 살기 넘치는 파도가 넘실대는 바다로, 배가 기울 정도로 많은 '가슴속 끓는 젊은 피'들을 싣고서 YTL은 나아간 거야. 마치 짐을 싣느라 평형수를 빼버린 세월호가 다른 배들은 엄두도 못 내는 안개 속 바다로 단원고등학교 아이들을 태우고 출항했듯 말이야.

모함인 '북한함'에 거의 닿았을 무렵 갑자기 큰 파도가 YTL을 덮쳤고, 그걸 피하려고 급선회하는 과정에서 YTL은 균형을 잃고 말아. 배 안에 있던 수백 명과 함께 물속으로 곤두박질쳐 들어갔지. 그 후 펼쳐진 풍경은 흡사 세월호 사건의 복사판이었어. 북한함이 기적만 울릴 뿐 속수무책으로 발만 동동 구르는 가운데 인근의 어부들이 필사적으로 달려와 물에 빠진 사람들을 건져 올렸던 거야. 그 긴박한 구조 과정을 담은 기사들을 읽다보면 맨가슴에 얼음물을 끼얹는 느낌이야.

구명보트의 진실은 끝내 밝혀지지 않았다

수많은 병사가 허우적거리는 걸 본 어부들은 처음엔 나무 발판을 던졌고, 다급해지자 배 문짝까지 뜯어 던졌어. 물에 뜨는 거라면 뭐든 던져주고 싶은 마음이었지. 이미 정신을 잃고 물에 떠다니는 사람들은 갈고리를 옷에 걸어 끌어 올렸고, 로프를 있는 대로 바다에 뿌렸어. 어떤 병사는 두 팔로도 모자랐는지 이로 로프를 악문 채 끌어 올려졌는데, 이가 세 개나 부러지도록 로프를 놓지 않았다고 해. 가까스로 생명을 건졌지만 작은 어선에 옷이 있겠어, 이불이 있겠어. 저체온증에 걸려 초점이 흐려지기 시작한 병사들을 향해 어부 한 명이 악을 썼어. "군가 불러. 가만히 있으면 죽어! 움직이면서 군가 불러!" 바로 몇 시간 전 의기양양하게 충무 시내를 행진하며 외치던 군가를 병사들은 살기 위해 부르게 돼. "우리는 해군이다. …… 바다가 고향. 가슴속 끓는 피를 ……." 그 가냘픈 군가 소리 속에서 그들의 전우들은 얼어 죽고 빠져 죽어가고 있었어. 잠깐 사이에 159명의 목숨이 바닷속으로 사라졌지. 2014년 4월 16일 네 눈앞에서 사라진 300여 명의 언니 오빠들이 그랬듯이.

세월호 참사와 너무도 닮은 풍경에 눈앞이 캄캄해지지만, 더 슬픈 건 사고 이후 벌어진 일들이야. 어부들이 필사적으로 문짝을 뜯어 던져주고 병사들을 건져내고 노래를 부르게 하던 수십 분 동안 북한함은 배에 보유하고 있던 구명보트 두 척을 내리지도 못했다더구나. 소문에 따르면 유사시 대처 책임을 맡은 장교들이 육지에 나가서 늘어지게 식사를 하고 있었기 때문이라고 해. 게다가 구명보트 한 척은 고장난 상태였다는 수군거림도 있었지. 국회의원들이 국회에서 그 이유를 추궁했지만 끝내 밝혀내지 못했어. 해군참모총장은 이렇게 대답했지. "50분 동안 경적을 울리는 등 각종 구조 요청을 다했으며, 구명보트는 고장난 것이 아니었습니다."

결국 왜 구명보트를 제때 내리지 못했는지는 밝혀지지 않았어. 뱃사람들은 "어떻게 이 작은 배에 300명이 탔단 말인가?" 하고 고개를 저었지만, 신병교육단이 요청한 '선박 2척 이상 지원'을 누가 무엇 때문에 거부했는지도 밝혀지지 않았어. 장교 세 명이 구속되지만 그들도 그해가 가기 전에 집행유예로 풀려나고, 다른 인솔 장교들도 원대복귀해서 군 생활을 계속하게 돼. 사람이 159명이나 죽었는데 책임을 지는 사람은 아무도 없었던 거야. 국회의원들의 질문에 대답하던 국방장관이 대책이랍시고 남긴 한마디는 성미 급한 너를 파르르 떨게 만들기에 충분할 것 같구나. "해군 신병 교육 과정에 수영 교육을 반영시켜 해군들이 수영을 익힐 수 있도록 하겠습니다."

세월호는 YTL정 사건을 억지로 잊으려 들었던 죄의 대가

사고는 언제 어디서나 일어날 수 있어. 세계 어느 바다에서든 여객선이건 군함이건 바다에 뜬 배라면 어이없이 침몰하고 사람들의 목숨을 앗아갈 수 있어. 하지만 사고에서 무엇을 배우는가라는 점을 보면 선진국과 후진국의 차이가 확연히 드러나. 전쟁 시기가 아닌 평시에 군함에서 일어난 최대의 해난 사고로 《기네스북》에까지 오른 YTL정의 비극은 민망하고 낯뜨거운 침묵 속에 잊혀갔어. 한국 해군이 공식적인 위령제를 올린 건 사고 후 24년이 지난 1998년이었단다. 그동안 YTL은 언급조차 껄끄러운 일종의 금기였어. 그리고 그로부터 꼭 40년 뒤 우리는 바다에 서서히 가라앉는 세월호를 눈뜨고 지켜봐야 했지.

어쩌면 세월호는 YTL정 사건을 억지로 잊으려 들었던 죄의 대가인지도 몰라. 세월호 조사 특별위원회가 제대로 된 출발도 하기 전에 시비에 휘말리고 파견 공무원들이 썰물 빠지듯 철수하는 모습을 보면서 아빠는 다시금 네게 미안해졌다. 세월호가 YTL정 사건처럼 유야무야되고 정확한 진상 파악 없이 또 한 번 어둠 같은 침묵에 묻힌다면 우리는 그 무책임의 대가를 무엇으로 치르게 될지 모르기 때문에.

북한함과 YTL정.
© 연합뉴스

05

축구로 본 남북한 우열 다툼의 역사

2015년 1월 끝난 아시안컵 결승전은
비록 한국이 호주에 지긴 했지만 손에 꼽을 만한 명승부였다.
35년 전 쿠웨이트에서 열린 아시안컵 준결승전도 이 못지않게 치열했다.
남한과 북한이 두 번째로 맞붙은 A매치 경기였다.

'아시아의 호랑이' 한국 축구

함께 강원도 철원에 답사를 갔다가 돌아오던 날 저녁, 오스트레일리아(호주)와의 아시안컵 결승전을 차 안에서 맞았던 거 기억나지? DMB도 잡히지 않아 아쉬움에 발만 동동 구르던 모습이 아직도 생생하구나. 1-0으로 후반전도 거의 끝나가던 즈음, SNS에 사람들의 탄식이 무더기로 올라온 걸 보고 끝났구나 싶어 휴대전화를 덮은 직후 네가 새된 소리로 부르짖었지. "아빠! 손흥민 골! 손흥민 골 넣었대. 카톡방에서 애들이 그래!" 그때 끊어지는 동영상으로 손흥민의 골을 지켜보며 함께 환호하던 기억이 떠올라 오늘은 축구 얘기를 좀 해볼까 한다.

우리나라에 축구가 들어온 건 구한말 때였어. 축구는 다른 운동에 비해 특히 전파가 빨랐다고 해. 복잡한 장비 없이 돼지 오줌보 하나, 돌 네 개면 공과 골대가 완성된다는 단순함(?) 때문에 인기를 끌었던 게 아닌가 싶어. 한국 사람들은, 최소한 동양에서는 무척 공을 잘 차는 편에 속했고 인기도 많았어. 경성(서울) 축구팀은 1935년에 전 일본 선수권 대회에서 우승을 차지하는 쾌거를 이루기도 한단다.

해방된 뒤에도 한국 축구는 잘나갔어. 일본을 꺾고 1954년 스위스 월드컵에 참가하는가 하면 1956년과 1960년에 열렸던 아시안컵 1회, 2회 대회를 석권하는 등 아시아에서는 내로라할 실력을 과시했지. 하지만 1960년대 중반 이후 '아시아의 호랑이' 한국 팀의 낯빛이 창백해지는 일이 벌어졌어. 또 하나의 코리아, 북한이 등장한 거야.

또 하나의 코리아 북한의 등장

여기서 상식으로 알아둘 것 하나. 이때 북한은 우리보다 잘사는 나라였어. 우리 경제성장을 '한강의 기적'으로 부른다면, 그보다 먼저 북한에는 '대동강의 기적'이 있었단다. 한국전쟁 때 미군 폭격기들이 "폭격할 목표가 남아 있지 않다"며 돌아올 만큼 철저하게 파괴되었던 북한은 놀라운 속도로 경제 재건을 이뤘지. 1960년대 중반만 해도 북한은 여러 면에서 남한을 압도하고 있었어.

그런데 남한이 방귀깨나 뀌는 축구에서마저 북한이 주먹을 뚜두둑거리며 나타난 거야. 1966년 영국 월드컵을 앞두고 북한은 그야말로 질주를 거듭했어. 당시 북한의 A매치 경기 기록이 17승 1무. 이 새로운 표범이 아시아 무대를 질주하는 동안 아시아의 자칭 호랑이 남한은 뭘 했느냐. 굴 속에 숨어 있었어. 무슨 말이냐고? 남한은 FIFA의 경고와 벌금을 감수하면서까지 월드컵 예선 출전을 포기한 거야. 말도 안 된다고? 어쩌니, 그게 열등감이라는 거란다. 기권을 하면 했지 패배는 하기 싫다는.

북한은 아시아·오세아니아 예선에서 오스트레일리아(한국을 꺾고 2015년 아시안컵을 거머쥔)를 6대 1, 3대 1로 걷어차버리고 월드컵에 나갔어. 거기서 세계 축구사상 최대 이변을 연출하며 이탈리아를 꺾고 8강까지 오르는 기적의 주인공이 되지. "흥, 우리도 이탈리아 이겨봤잖아" 하고 네가 입을 내밀지 모르지만, 2002년 한국에 진 이탈리아 축구팀은 귀국한 뒤 꽃다발을 받았어. "한국의 편파 판정의 희생자"라고 말이지. 하지만 1966년 북한에 지고 돌아온 이탈리아 팀은 썩은 토마토 세례를 받아야 했단다. 대충 분위기를 짐작할 수 있겠지?

남한은 그 후로도 오랫동안 북한 축구를 피해 다녔어. 1974년 테헤란 아시안게임 때에는 북한과의 대결을 피하려고 두 번씩이나 일부러 패하기도 했어. 그도 그럴 것이 1974년 8월 15일 대통령 영부인이 북한의 사주를 받았다는 재일동포의 총에 맞아 서거하는 일이 있었거든. 그 분위기에서 북한한테 진다는 건 쇳가루 한 그릇을 씹어 먹는 것과 진배없는 일이었던 거야.

1978년 방콕에서 남과 북 최초의 축구 A매치

1978년 방콕 아시안게임 때에는 조직위원회가 알아서 남북한을 양 끝 조로 떼어놨어. 결승에서야 만날 수 있도록. 그런데 남북은 각각 상대들을 물리치고 결승에서 만나 120분 동안 혈투를 벌이지만 0대 0으로 비겨. 네가 아는 '차두리의 아빠' 차범근 감독을 비롯해 남북의 젊은 선수들이 죽기 살기로 뛰었지만 승부는 나지 않았어. A매치로는 첫 대결이었지만 그동안 남한이 필사적으로 북한을 피해온 걸 감안하면 처음으로 대등한 위치에 섰다고 할 수 있겠지.

그리고 1980년 쿠웨이트에서 아시안컵이 열렸어. 한국과 북한은 두 번째로 A매치를 맞게 돼. 이때 쿠웨이트에는 한국인 수만 명이 '외국인 노동자'로 일하고 있었어. 쿠웨이트 경기장은 흡사 홈그라운드 같았지. 하지만 전반전에 북한이 선취골을 넣었고, 후반 10분 전까지 그 점수는 변동이 없었어. 쿠웨이트 경기장에 구름처럼 모여든 남한 사람이나 위성 중계를 밤새 지켜보며 발을 동동 구르던 남한 사람이나 속이 바작바작 타들어갔을 거야. 그런데 기적이 일어났어. 정해원이라는 선수가 10분 남기고 한 골을 넣더니 경기 종료 1분 전 대포알 같은 슛으로 북한 네트를 갈라버렸으니까. 2대 1로 경기가 끝났어.

그야말로 난리가 났단다. 네 할아버지와 할머니는 환호하다 못해 춤을 추셨고, 초등학교 5학년이었던 아빠는 눈물까지 글썽거리면서 '골인'을 부르짖었지. 어떤 아저씨는 창문을 열고 '대한민국 만세'를 외치기도 했어. 온동네가 환호성으로 가득했단다. 모르겠어. 오히려 일본을 이겼을 때보다 더 환호했던 이유를. 일본한테야 종종 져도 그럴 수 있다 싶은데, 왜 북한한테는 선수들이나 지켜보는 사람들이나 '지면 큰일난다'를 되뇌며 종주먹을 쥐었는지를. 어쨌건 남한은 북한을 넘어섰어.

그렇게 서로 죽기 살기로 싸우면서 진을 다 뺀 남과 북은 결승전과 3, 4위전에서 나란히 3대 0이라는 어이없는 스코어로 패배해버렸단다. 더구나 결승 상대였던 쿠웨이트는 예선에서 한국이 3대 0으로 이겼던 팀이었어. 문득 남북 대결 가운데 비쳐졌던 한 중동 남자의 웃음이 오버랩되더구나. 그는 정말 경기가 재미있다는 듯 웃고 있었어. 한번 생각해보렴. 네가 보기엔 별 차이 없는 타이 사람들이 남타이와 북타이로 나뉘어 입에 칼을 문 듯 경기에 나서고, 경기에 이긴 후에는 전쟁에서 이긴 듯 기뻐 날뛰는 모습을 보면 어떤 생각이 들까? 그 중동 남자가 지은 웃음의 의미가 짐작이 가지 않니?

1978년 방콕에서 남과 북 최초의 축구 A매치

2015년 아시안컵 결승전을 지켜보면서 아빠는 1980년의 아시안컵 준결승전, 그리고 그 이전 남한과 북한의 치열하다 못해 치졸했던 우열 다툼의 역사가 떠올랐다. 왕년의 월드컵 8강 북한은 2015년 아시안컵 대회에서 3전 전패로 예선 탈락했지. 그렇게 남과 북의 처지가 바뀐 건 그렇다 치고, 사뭇 슬픈 건 남과 북의 정치적 분위기가 1960~1970년대와 같은 사생결단의 적대 의식과 강철같이 팽팽한 긴장 관계로 돌아가는 현실이란다. 금강산 구경을 가고 개성 유람을 했던 시절은 까마득히 잊힌 지 오래고, "우리 지금 만나니 반갑습니다"를 함께 노래하던 건 더 아득하니 말이야.

이제 설이다. 할아버지의 고향은 함경북도야. 아빠는 남북이 화해 무드에 젖었을 때, 우리가 철원 답사 때 봤던 경원선 열차를 타고 원산으로 갔다가 다시 함경선을 타고 함경북도까지 할아버지를 모시고 내닫는 야무진 꿈을 꾸기도 했지. 꿈이 점점 더 멀어지는 것이 야속한 설이구나. 돌아오는 새해에는 남과 북 모두 양처럼 순해지기를, 으르렁거리면서 잡아먹

겠다고 설치거나 저놈에게만은 질 수 없다며 끙끙 속앓이하다가 진을 빼
는 졸렬함을 남북 모두가 버릴 수 있기를 기대해본다.

차범근.
ⓒ KFA 제공

06

훗날 네가 동성을 사랑한대도

성적 소수자는 환자가 아니고 그들의 정체성도 질병이 아니다.
오랫동안 범죄시되고 탄압받고 때로 죽임까지 당하면서도
성적 소수자가 사라지지 않는 건,
사랑이 당연하고 자연스러운 일이기 때문일 거다.

성적 소수자는 환자가 아니다

〈이미테이션 게임〉(2014)이라는 영화를 함께 보면서 아빠는 조금 걱정했
어. 나치 독일의 정교한 발명품이었던 암호 기계 '에니그마'의 비밀을 풀
어낸 천재 수학자 앨런 튜링이 주인공이기 때문이야. 정확히 말하면 앨
런 튜링이라는 사람의 특성, 즉 엄청난 괴짜이면서 성적 소수자(너는 동
성연애자라고 불렀지만 올바른 표현은 아니야)라는 사실을 네가 어떻게 받아

들일지 잘 몰라서였단다. 내가 네 나이 때 성적 소수자들을 '변태'라고 불러 마지않았듯, 너도 혹시 그런 편견에 사로잡혀 있으면 어쩌나 하는 우려였다고나 할까.

앨런 튜링의 성적 정체성에 대한 얘기가 나올 때마다 나는 네 쪽을 흘끗흘끗 바라보았어. 아빠의 걱정은 영화 감상 후 네가 쓴 글을 읽으며 산산조각이 났다. 공연한 걱정이었던 거지.

화학적 거세가 뭔지 잘 몰랐지만 후에 설명을 듣고 나서 욕이 나올 뻔했다. 호르몬 약을 주사한다는 것이다. 그렇게만 한다면 동성애자에서 이성애자로 바뀔 수 있다고 뻔뻔하게 거짓말하면서. 동성애는 병이 아니다. 누구를 좋아하고 사랑하는 마음이 이성이 아닌 동성한테 가는 것이 무슨 문제인가?

브라보! 그래, 맞아. 성적 소수자는 환자가 아니고 그들의 성적 정체성은 질병이 아니야. 하지만 아쉽게도 네 생각은 아직 일반적인 상식으로 받아들여지고 있지 않단다. 적어도 한국에서는 말이야. 아니, 세계적으로도 네 발언 수준의 합의에 도달하려면 아직 멀었다고 하는 게 맞을 듯하구나. 오랫동안 범죄시되고 탄압받고 때로는 사회적 왕따가 되고 죽임까지 당했지만 성적 소수자가 사라지지 않은 건 네 말대로 자연스럽기 때문일 거다. "누구를 좋아하는 마음이 동성한테 가는 걸" 어쩌란 말이야.

"패배자가 아닌 승리자와도 같이"

역사적으로 성적 소수자는 거의 대부분 앨런 튜링처럼 환자 취급, 죄인 취급을 감수하면서 살아야 했어. 네가 좋아하는 영화들을 장식한 스타만 해도 무지하게 많아. 〈반지의 제왕〉에서 위풍당당한 회색의 마법사 간달프 역을 맡았던 이안 맥켈런이 그렇고, 엄마 아빠가 밤새워서 봤던 〈프리즌 브레이크〉의 '마이클 스코필드' 역 웬트워스 밀러도 그 하나이며, 네 오빠가 열광적으로 봤던 영화 〈양들의 침묵〉의 주인공 조디 포스터는 동성 결혼을 한 사람이니까.

여기에 한 사람을 추가해보자. 록 허드슨이라는 1925년생 미국 배우란다. 〈자이언트〉라는 영화로 잘 알려진 이 배우는 190센티미터의 키에 실로 조각 같은 미남이었어. 미남 좋아하는 네가 보면 탄성을 지를 만큼 잘생겼지. 그 역시 성적 소수자였어.

1950~1960년대 할리우드에서 성적 소수자임을 밝힌다는 건 앨런 튜링의 지옥을 반복하는 일이었지. 그래서 록 허드슨은 물론이고 영화사와 매니저도 필사적으로 그 비밀을 숨기려 들었어. 소문이 흘러나오자 매니저가 나서서 자기 여비서를 록 허드슨과 결혼시켜 버렸다니 알 만하지 않니. 도저히 사랑할 수 없는 여자의 팔짱을 끼고 매스컴을 장식하며 활짝 웃는 록 허드슨의 마음은 어땠을까. 당연히 둘의 결혼은 오래가지 못했어. 록 허드슨은 그 후로도 평생 친구라 할 사람들에게까지 자신의 비밀을 숨긴 채 살았단다. 얼마나 가슴 졸이는 지옥이었을까.

이 대목에서 아빠는 중세 이탈리아의 시인 단테의 《신곡》 중 〈지옥〉편을 떠올리게 돼. 《신곡》에 등장하는 지옥에는 여러 종류가 있는데, 성적 소수자들은 하늘에서 떨어지는 불의 비를 맞으며 끝없이 걷는 형벌을 받아. 여기서 단테는 자신을 아들이라고 부르는 옛 스승 브루네토를 만나게 되지.

단테는 브루네토에게 물어. "이 무리 중 선생님만큼 유명한 분이 또 누가 있나요?" 그러자 브루네토는 이렇게 대답해. "서넛은 말할 수 있다. 그 이상 말하지 않겠다. 모두 말할 시간이 없다. 모두 성직자나 학자였고, 위대하고 유명한 사람들이지만, 세상에서 같은 죄로 더럽혀졌다." 교황이 황제보다 힘이 센 시대를 살았던 단테의 처지에서는 그들을 '죄인'으로 묘사할 수밖에 없었겠지. 하지만 아빠는 이 질문에서 수많은 '위대하고 유명한' 성직자와 학자들이 그 '죄'(?)를 저지르는 데 대한 단테의 의아함과 놀라움을 읽는다.

단테와 브루네토가 헤어질 때 브루네토는 자신의 책을 읽어보라고 추천한 다음 '축제 때 달리기 선수처럼' 달려 나가. 어쩌면 당당해 보이기까지 하는 그 뒷모습을 단테는 이렇게 표현하고 있어. "패배자가 아닌 승리자와도 같이." 아마 단테는 너처럼 얘기하고 싶었는지도 몰라. "이건 죄가 아니라고! 왜 저 사람이 죄인이냐고!"

"사람이 누굴 좋아하건 무슨 상관이야?"

네 영화 감상문을 보다가 또 한 대목에서 아빠는 폭소를 터뜨렸어.

'동성애는 주님의 뜻을 거역하는 것이므로 지옥에 가야 합니다'라는 등의 소리를 들으면 헛웃음부터 나온다. 학교에서 뭘 배웠나 하는 생각뿐이다. …… 사람이 누굴 좋아하건 싫어하건 당신네들이 무슨 상관이야? 서로 좋아 죽겠다는데, 굳이 우리가 끼어들어서 헤어지라고 말하는 건 너무 몰상식하지 않아?

또 한 번 브라보. 그래, 맞아. 자유로운 한 사람의 감정과 지향을 다수의 편견으로 억압하는 건 부당한 일이고, 그들을 죄인이나 환자 취급하고 경멸하고 고립시키는 건 범죄에 가깝다고 봐. 네 말대로 일부 기독교인들은 아득한 구약 시대의 성경 구절을 들고 나와 성적 소수자들을 범죄자 취급하지만, 정작 예수가 유대인이 그렇게 무시하고 죄인 취급하고 접촉조차 싫어하던 사람들, 즉 나병 환자들, 세리稅吏들, 사마리아인들에게 기꺼이 다가서고 그들과 함께했다는 사실은 잊은 것 같아. 그들이 인용하는 〈레위기〉대로라면 삼겹살도 구워 먹을 수 없고 바람피우는 남녀는 다 때려죽여야 하는데 그분들은 그렇게 주장할 수 있을까?

한꺼번에 무너지지 않는 편견의 벽

이렇게 말하고 있긴 하지만 아빠도 한때는 성적 소수자들에게 강한 편견을 가졌고, 지금도 완전히 불식했다고는 말하기 어려워. 네가 훗날 웬 여자를 데리고 나타나서 "아빠, 내가 사랑하는 사람이에요"라고 한다면 과연 '멘붕'을 면할 수 있을지 장담할 수가 없다. 아무리 옳다고 생각하는 일이라 하더라도 내 일로 닥칠 때는 질감이 달라지는 법이니까. 하지만 여기서도 네가 아빠에게 답을 주는구나. 너는 이렇게 얘기했지.

"만약에 내 친구가 '나는 성적 소수자야!'라고 커밍아웃했을 때 손을 꼭 붙들고 친구가 좋아하는 사람에 대해 이야기할 정도의 멘탈은 가진 것 같다. 자랑하는 것이 아니다. 당연한 거다."

그래, 편견의 벽이란 한꺼번에 무너지는 게 아니라 사람들의 노력과 스스로의 깨우침에 의해 점점 더 낮아지는 거겠지. 오늘은 우리 딸이 아빠를 가르치는구나. 아빠도 네가 말한 지점까지 가려고 노력해볼게.

아까 말했던 단테의 《신곡》 중 단테의 스승이자 성적 소수자였던 브루네토가 단테에게 남긴 얘기를 전하며 이 글을 맺는다.

"너의 별을 따라가거라. 여전히 내 눈은 틀림이 없으니, 너는 영광의 항구에 이를 것이다."

사람의 자유로운 성정을 누르는 완고한 편견 따위 없고, 사람마다 가진 특수성을 차별의 이유로 삼는 교만한 계명이 없는 영광의 항구에 네 발길이 닿는 날이 오기를.

영화 〈이미테이션 게임〉의 주인공
앨런 튜링(가운데·베네딕트 컴버배치)은 성적 소수자다.

07

"아빠는 태극기에게 미안하다"

2015년, 광복 70주년이라고 정부가 태극기 달기 운동을
대대적으로 벌였다. 우리는 태극기에 대해 얼마나 알고 있는가.
또 1919년 3·1항쟁과 1987년 6월 항쟁의 태극기에서 우리는
어떤 역사적 의미를 읽을 수 있을까.

태극기, 우리의 역사가 담긴 깃발

1882년 일어난 임오군란이 실패로 돌아가고 청나라를 등에 업은 민씨 정
권이 부활하면서 청나라의 내정 간섭이 심해졌어. 그 이전에는 서양 열강
에게 "조선이 우리의 번방藩邦(제후가 다스리는 나라)이긴 하나 내치는 스
스로 하여 우리가 관여할 수 없다"던 청나라가 노골적으로 조선의 국정
에 개입하기 시작한 거야. 국기를 만들라는 요구도 그중 하나였지. 청나

라는 조선에 청나라 국기를 본떠 만들어서 조선이 청나라의 속국임을 대놓고 드러내 보이라고 뻗댔어. 당연히 이 요구는 거부되었고, 이후 등장한 게 태극기였단다.

이 국기를 누가 디자인했고, 어떤 경로를 거쳐 등장했는가에 대해서는 여러 설이 존재해. 즉 정식 절차를 밟아서 정해진 규격과 통일된 문양으로 선포된 국기가 아니었다는 뜻이야. 더해서 태극기의 뜻은 너무 어려워. 지금 이 순간 태극기의 태극과 건곤감리 사괘의 의미를 정확히 말할 수 있는 사람은 드물 거야. 출생 과정이 모호한 데다 옛 중국의 《주역周易》에나 등장하는 철학적(?) 문양에서 나온 디자인으로, 국민들 십중팔구가 정확히 무슨 뜻인지 모르며, 만들어진 지 60년이 지나도록 만드는 사람마다 모양이 다 달랐던 국기. 그게 태극기였어.

그럼 태극기를 바꿔야 하는 거냐고 물을 수도 있겠지. 하지만 아빠는 고개를 저을 거야. 뜻이 복잡하고 겨레 고유의 문양이라고 하기도 뭐하지만, 태극기가 오랫동안 우리 곁에 있었고 우리의 뜻을 대표했고 우리의 역사가 담긴 깃발이라는 사실만은 분명하니까 말이야.

대한제국 군대, 국기 아래에서 최후의 자존심을 지키다

1907년 8월 1일, 거의 생기를 잃어가던 대한제국 순종 황제는 일본의 강요에 따라 군대 해산을 명령한단다. 이에 반발해서 대한제국 군대 일부는 해산을 거부하고 일본군과 처절한 전투를 치러. 당시 전투가 벌어진 남대문 근처 덕수궁 일대는 외국인들의 집단 거주지였고, 외국인들은 호기심 넘치는 눈으로 그 전말을 지켜봤지. 그중 누군가가 묘사한 남대문 전투가 프랑스 신문 《르 프티 주르날》의 판화로 남아 있어.

이 판화는 일본군들이 거침없이 총검을 휘두르는 가운데 수세에 몰린 한국군 최후의 저항을 생생히 묘사하고 있어. 판화를 보면서 특별히 아빠의 눈길을 끈 건 건물 한 귀퉁이 건물 처마에 내걸린 처연한 태극기였단다. 건곤감리 사괘도 틀리게 그린 엉성한 태극기지만, 오히려 한 서양인이 직접 본 모습 그대로를 담은 것 같아서 더 사실적이야. 태극기가 태어난 지 사반세기 만에 자신이 대표하는 나라의 멸망을 지켜보는 순간이었다고나 할까. 망해가는 나라의 군대는 그렇게 그들의 국기 아래에서 최후의 자존심을 지켰어.

빼앗긴 나라의 상징

나라는 망했다. 태극기는 상상하기조차 어려운 기억으로 묻혀버린 어둠의 세월이었어. 하지만 3·1항쟁의 봉기가 1919년 기미년에 터져 나왔지. 그리고 태극기는 사람들의 손과 머리 위에서 거대하게 부활했어. 서울의 독립 만세 시위 소식을 들은 나이 열다섯, 열여섯의(딱 네 또래의) 부산 일신여학교 학생들은 교사들과 함께 독립 만세 시위를 준비했어. 그러자면 필요한 게 있었지. 태극기였어. 하지만 갑자기 어디서 태극기를 구할 수 있었겠니. 혹여 태극기를 드러냈다간 어디로 끌려가서 몽둥이질을 당할지 몰랐던 시절, 태극기를 파는 곳이 있을 리 만무했지. 스스로 만들어야만 했던 거야. 그럼 재료는 어떻게 구할 것이냐.

어머니께서 저를 출가시킬 때 쓰려고 장만해둔 혼숫감 옥양목을 어머니 몰래 끄집어내서 기숙사로 가지고 와서 …… 밤 열 시가 넘어 불빛이 창밖으로 새어 나가지 않도록 이불로 창을 가리고 옥양목에다 대접을 엎어서 동그라미를 그리고, 붉은 물 검은 물로 칠해 태극기를 만들었어요(일신여고 졸업생 김반수의 증언).

댕기 머리 여학생들이 쪼르르 기숙사로 숨어들어 혹시나 누군가 눈치라도 챌까봐 숨을 죽인 채 혼숫감으로 사용할 천을 움켜쥐고 대접을 엎어 동그라미를 그린 후 와들와들 떨리는 손으로 그 위에 태극을 그려 넣던 모습을 떠올려보렴. 다음 날 그들은 그렇게 만든 태극기를 들고 나가 부산 경남 최초의 만세 시위를 주도했어. "만세 부릅시더. 이게 우리나라 국기입니더. 만세 부릅시더." 태극기는 일제 강점기 내내 빼앗긴 나라의 상징이었고, 나라를 찾겠노라 맹세하던 선구자들의 깃발이었고, 목숨을 던져 침략자에 맞섰던 이들의 수의壽衣였어.

마침내 해방을 맞아 태극기는 다시 한번 하늘 높이 펄럭이게 되지만, 국토의 반쪽에서 버려지고 다른 한쪽에서만 살아남아. 1948년 북한이 단독정부를 세우면서 태극기를 폐기하고 우리가 '인공기'라고 부르는 새 국기를 사용하게 되니까. 태극기는 '인공기'의 반대편 정부의 국기이면서 동시에 "민주공화국이며 그 모든 권력은 국민으로부터 나온다"라는 헌법을 가진 나라의 깃발로 새 삶을 맞이하지. 나는 그 상징으로 1987년 6월, 역시 부산에서 촬영된 사진 한 장에 대해 얘기하고 싶어.

1987년 6월의 태극기와 2015년의 태극기

그해 아빠는 고3이었는데 고3에게는 당연한 의무였던 자율학습이 종종 생략되곤 했어. 이른바 6월 항쟁이 부산 시내를 휩쓰는 바람에 학교가 서둘러 아이들을 귀가시켰기 때문이지. 1987년 1월 경찰에 의해 고문을 당해 죽어간, 6월 항쟁의 발화점이었던 서울대생 박종철은 부산 출신이었어. 부산의 시위 열기는 뜨거웠고, 사람 잡은 부도덕한 정권이 이기든 우리가 이기든 한번 해보자며 손바닥에 침을 퉤퉤 뱉는 분위기였단다.

6월 26일 문현동이라는 동네에서 시위가 벌어졌어. 시민과 학생이 거리에서 행진을 시작하려는 순간 경찰이 최루탄을 발사할 준비를 했어. 그때 한 학생이(그냥 시민일 수도 있고) 막 펼쳐진 태극기를 배경으로 웃통을 벗어젖힌 채 경찰을 향해 달리며 외쳤다고 해. "최루탄을 쏘지 마라." 그 순간을 포착한 《한국일보》 고명진 기자의 사진은 〈아! 나의 조국〉이라는 제목의 보도사진으로 역사에 남게 돼. 마치 예수처럼 두 팔을 벌리고 하늘을 향해 울부짖으며 갈빗대가 드러나도록 깡마른 몸으로 내달리는 청년과 그 뒤의 태극기는 많은 이의 머리와 가슴을 뜨겁게 했단다.

기나긴 역사에서 태극기는 전쟁 중 양민 학살을 자행했던 군대의 경례를 받기도 했고, 헌법을 유린한 독재자들의 휘장으로 쓰이기도 했으며, 일제 때 독립군을 때려잡던 밀정 출신 친일파들의 관 덮개로 사용되기도 했어. 그럼에도 불구하고 아빠는 태극기에 대한 경의를 포기하지 않아. 비록 '영광과 승리의 깃발'은 아니었을지라도 애타는 소원과 불굴의 희망, 그리고 정의를 위한 결사決死의 용기를 깃대에 함께 매달았던 역사적 깃발이라고 여기기 때문이야.

기억하는지 모르겠다만 2015년에는 광복 70주년이라고 연초부터 시내 곳곳에 대형 태극기가 요란하게 걸렸어. 아빠는 저 웅장한 태극기의 물결이 매우 떨떠름했다. 그리고 태극기에게 미안했지. 태극기가, 마음만 먹으면 기자 몇 명은 '자기가 죽는 줄도 모르게' 물 먹일 수 있다고 말하는 사람이 총리가 되고, 정보기관이 국민을 상대로 댓글 전쟁이나 벌이고, 소방대원들에게 목숨과도 같은 내화복耐火服을 불량품으로 지급하고, 아이를 낳고 키울 희망이 없어서 출생률이 줄어들고 자살률은 세계 최고 수준으로 뛴 나라의 국기로 전락된 셈이니 말이야. 남대문 전투에서 죽어간 대한제국 군인의 태극기, 혼숫감 옥양목에 대접으로 태극을 그리던 여학생의 태극기, 최루탄을 쏘지 말라며 알몸으로 내닫던 청년의 태극기 앞에서 2015년 온 사방에 대문짝만하게 나붙었던 태극기는 과연 부끄럽지 않을까. 굴욕감에 입술 깨물면서도 끝끝내 참아낸 태극기들도, 얼마 전 대통령 탄핵 정국에서 나부낀 '태극기 성조기 부대'의 태극기 앞에서는 실신하듯 무너지고 말았을 것 같구나. "도대체 나를 왜 이렇게 욕보이는 것이냐."

《르 프티 주르날》에 실린
태극기와 '남대문 전투' 장면.

08

'우리마당 사건', 국가가 테러의 공범이 될 때

2015년 주한 미국 대사 피습 사건은 1988년의
두 사건을 떠올리게 했다. 당시 정부 비판 기사를 썼던 오홍근 기자는
국군 정보사 요원들에게 습격당했다. 이번 사건의 가해자
김기종 씨와 관련된 '우리마당 사건'도 그해에 일어났다.

1988년, 좋거나 나쁘거나

아빠의 이메일이나 각종 사이트에 가입한 아이디ID에는 십중팔구 88이라
는 숫자가 들어간단다. 88은 아빠의 대학 학번이야. 1988년이면 29년 전
이지만 도저히 그 시간의 거리가 실감나지 않을 만큼 아빠에게는 생생하
고 가깝다. '88서울올림픽'이 열렸고, 코리아나가 부른 올림픽 주제가 〈손
에 손잡고〉는 정말 귀에 딱지가 앉을 정도로 들었지.

여자대학교 앞에 가슴 설레며 미팅 나갔다가 난생처음 본 '파르페'인지 뭔지의 가격에 눈이 튀어나오기도 했고, 영화 〈26년〉(2012)에 나왔던 전두환 전 대통령이 국민의 분노에 항복해서 백담사라는 절로 쫓겨 가기도 했던 해야. 올림픽이 열리고 전직 독재자가 귀양 가고 하니까 좋은 시설이었던 것도 같지만, 한편으로는 싸늘하기 그지없는 기억들이 흐뭇한 추억의 발목을 칭칭 감아버리네. 1988년 8월 6일 일어난 사건은 그중 하나야.

오홍근 기자 테러 사건

《중앙경제신문》이라는 언론사에 오홍근이라는 기자가 있었어. 그는 정부를 비판하는 내용의 칼럼을 여러 편 게재한 뒤 누군지 모를 사람들의 협박을 받아왔어. 특히 '청산해야 할 군사 문화', 즉 그때껏 대한민국을 지배해온 군대의 폐단을 대놓고 공격한 며칠 뒤에는 협박이 협박에 그치지 않고 현실화된단다.

출근길에 누군가 오홍근 기자를 불러 세웠고, 무지막지한 주먹이 날아들었어. 오 기자가 깨보니 병원이었는데 허벅지에는 길이 30센티미터의 칼자국이 나 있었지. 정신을 잃은 사람의 허벅지에 칼을 꽂고 내리그은 거야. 이런 일이 생기면 이상하게도 달팽이 사촌이 되어버리는 대한민국 경찰의 수사는 역시나 지지부진했어. 하지만 다행히도 그 아파트에는 투철한 직업의식을 지닌 경비원 아저씨가 계셨단다. 부지런히 아파트 곳곳을 순시하던 그분은 며칠 전부터 수상쩍은 행동을 보이는 외부인의 포니 2 승용차를 눈여겨보고 있었고 옹골차게도 자동차 번호까지 적어두었던 거야.

차량 소유주는 놀랍게도 육군 정보사령부였어. 자동차 색깔까지 바꿔 칠하고 근무일지를 조작하는 등 발뺌을 했지만 우여곡절 끝에 범인이 잡혔지. 역시 정보사령부 요원들이었어. 처음에는 오홍근 기자의 기사를 본 부대원들이 분노하여 독자적으로 벌인 일이라고 했지만, 수사 결과 장군들을 비롯해서 높은 사람들이 지시한 일로 밝혀졌어.

그런데 군사법원 재판부(군인들은 군법의 적용을 받는단다)는 "범행 동기가 개인의 사리사욕이나 이기심에서가 아니라 군을 아끼는 충정에서 비롯됐고, 피해자의 피해 정도가 가볍기 때문에 이를 참작해 집행유예와 선고유예 판결"을 내려버려. 군인이 기자를 습격해서 때려눕히고 허벅지에 칼질을 하는 '테러'를 자행했는데, 범인들을 그냥 풀어준 거야. 정보사령관은 제대 후 한국중석이라는 공기업 사장으로 갔고, 테러범 대부분은 정보사령부에 복귀하게 돼.

평생 멍에가 된 29년 전 의문의 그 사건

오홍근 기자가 그렇게 테러를 당한 며칠 뒤인 8월 17일 신촌의 '우리마당'이라는 단체에서도 끔찍한 사건이 일어나. 탈춤을 배우고 풍물도 익히던 이 단체 사무실에 괴한 네 명이 침입해서 사람들을 무지막지하게 폭행했고, 여학생 하나는 성폭행의 악몽까지 겪게 돼. 역시 경찰은 달팽이과로 변신했고, 1층과 2층의 술집은 고이 놔두고 유독 3층 사무실에 들이닥쳐 짐승 같은 행동을 하고 사라진 사람들이 캠코더 하나를 들고 갔다는 이유로 '단순 강도'라고 우겼지.

끝내 범인은 잡히지 않았고 진상도 밝혀지지 않았어. 훗날 어느 북파공작원(즉 정보사령부 요원)이 '우리마당 사건은 정보사령부 소행'이라고 폭로

하지만 유야무야되고 말았어. 지금도 우리마당에서 누가, 무엇 때문에 그런 일을 했는지는 아무도 모른단다. 그 일이 있은 얼마 뒤 여느 때처럼 술 마시고 동아리방 소파에 몸을 눕히려던 여자 선배들이 그 위 선배한테 혼났던 기억이 난다. "여기서 자지 마! 우리마당 기억 안 나?"

신문을 좀체 안 보는 너지만(좀 보거라. 응?) 2015년 3월 미국 대사를 습격한 김기종이라는 사람이 '우리마당' 대표라는 얘기는 들었을 거다. 아빠는 미국 대사에게 칼을 휘두른 이가 '우리마당' 대표라는 말을 듣자마자 88년, 아빠가 1학년 때의 그 사건을 떠올렸어. 아니나 다를까 같은 '우리마당'이었고 김기종 씨는 당시에도 그 단체의 대표였더구나. 1988년 당시 나이 스물여덟의 김기종 씨는 도대체 우리 단체가 왜 테러의 대상이 되어야 하는지 모르겠다며 의아해했다고 해. 어쨌든 자신의 공간에서 자신의 후배들이 평생 씻지 못할 상처를 입은 건 그에게도 큰 트라우마가 됐을 거야. 끝내 밝혀지지 않은 사건의 진상은 그에게 평생 멍에가 되었을 거고 말이야.

그 후 이 아저씨 삶의 궤도는 보통 사람들의 그것과 많이 달랐다고 해. 아빠 친구들 중에도 그를 아는 사람이 적지 않은데 모두들 고개를 젓더구나. 이미 정상이 아닌 사람이었다고. 우리마당 사건 진상 규명을 요구하면서 분신까지 시도한 뒤에는 육체적·정신적으로 거의 망가져 있었다고. 물론 그렇다고 해서 그가 저지른 죄의 무게가 가벼워지는 건 아니야. 그는 있을 수 없는 범죄를 저질렀고 상응하는 대가를 치러야 할 거다. 아울러 그를 위로하지도 제어하지도 못했던 그의 '동지'들과 친구들도 책임감을 느껴야 할 거야(나는 둘 다 아니지만 그래도 마음이 무겁구나).

하지만 그의 테러를 규탄하고 엄한 처벌에 동의하는 한편으로, 아빠는 아빠의 대학 신입생 시절 발생했던 '국가의 테러'에 대한 기억을 되새기고 싶구나. 그때 국가는 자신들을 모욕했다는 이유로 언론인의 허벅지에 칼을 꽂은 군인들의 '충정'을 인정하면서 제대로 된 처벌을 하지 않았어. 젊은이들에게 깊은 내상을 안긴, 국가의 테러로 의심되는 사건을 덮어버렸어. 이건 국가가 테러의 공범이었다는 뜻이야. 한 개인이 저지르는 테러 또한 호되게 다스려야 마땅할진대 무력을 거느리고 법을 집행하는 국가의 테러는 더 강력하고 더 집요하게 밝히고 처벌해야 하지 않았을까.

국가가 깡패로 변신할 때

더하여 아빠가 두려워하는 건 변변치 못한 개인의 일탈 행위를 빌미로, 한 국가가 자신을 거스르는 이들을 쓸어버리는 깡패로 변신하는 역사의 재연이란다. 비슷한 일, 아니 거의 똑같은 일이 1933년 2월 27일 독일에서 벌어졌거든. 독일 국회의사당에서 불이 났고 현장에서 네덜란드 출신의 판 데어 루페라는 자가 방화 도구를 지닌 채 체포됐어. 그는 공산당 가입 경력이 있었지만 정신적으로 문제가 있는 청년이었지. 그가 방화에 책임이 있는 건 거의 확실하지만 공산당이 조직적으로 이 방화를 벌인 증거는 아무것도 없었어. 그럼에도 히틀러와 나치당은 이 사건을 '공산당의 음모'로 몰아붙이면서 공산당을 범죄 집단으로 규정했고, 독일 헌법정신을 짓밟는 비상사태법을 선포하도록 분위기를 주도해갔지. "어떤 목소리가 나로 하여금 독일 노동자의 비참한 처지에 항의하기 위해 의사당에 불을 지르라고 했다"는, 확실히 비정상적인 청년 루페는 대역죄인으로 참수됐고 말이야.

그 후 독일은 글자 그대로 '테러 국가'가 됐어. 그로 인해 어떤 일이 일어났는지는 너도 잘 알 테니 더 이상의 설명은 접도록 하겠다. 아빠는 김기종 씨가 루페가 되지 않기를 바라고 이 국가가 나치 독일이 되지 않기를 소망해. 진심으로. 아울러 우리가 개인의 테러를 혐오하는 만큼, 아니 그 이상으로 국가의 테러에 무심하지 않게 되기를 빈다. 충심으로.

1933년 2월 27일 판 데어 루페가 저지른 것으로 추정되는
방화에 의해 화염에 휩싸인 독일 국회의사당.

09

대명천지나 대미천지나……

2015년 리퍼트 주한 미국 대사가 피습된 뒤 벌어진
퍼포먼스들을 보며 '대명천지에 무슨 이런 일이!'라는 소리가 튀어나왔다.
한국은 미국에 일방적으로 은혜를 입는 관계가 아니라
서로의 필요에 따라 유지되는 관계여야 한다.

'대명천지'의 기원

세상에는 참 별일이 많이 벌어지지. 피식 코웃음 한번 치고 넘길 수 있는 '별꼴'도 많지만 가끔은 뭐라 말이 안 나올 만큼 어처구니없는 일들이 버젓이 벌어지기도 해. 그럴 때 어른들은 이렇게 말한단다. "대명천지에 어떻게 이런 일이 있을 수 있단 말이야." '대명천지大明天地', 그러니까 어둠 한 조각 없이 밝은 세상, 그래서 부당한 일들이 일어날 수 없는 곳이라는 의미야. 하지만 이 '대명천지'라는 말의 기원은 좀 엉뚱해.

충청북도 괴산에 가면 화양동구곡華陽洞九谷이라는 곳이 있어. 조선 중기 노론의 영수 송시열은 이곳에 머무르면서 깊은 계곡을 따라 특색 있는 아홉 곳을 골라 '구곡'이라 이름 붙였는데, 그 가운데 5곡에 해당하는 게 '첨성대'라는 곳이야. 이 첨성대 근처 계곡 벽에는 '대명천지 숭정일월大明天地崇禎日月'이라는 송시열의 글씨가 새겨져 있어. 숭정崇禎은 중국의 왕조였던 명나라의 마지막 황제의 연호야. 해석하면 '숭정 황제의 해와 달이 비춰주는 대명나라의 땅'이라는 뜻이 된단다. 이 말은 곧 이 나라가 명나라에 속해 있으며, 그 황제의 은덕 아래에 있다는 구호가 되지. 명나라의 마지막 황제 숭정제는 반란군에게 북경을 빼앗기고 목을 매 죽었고 그걸로 명나라는 끝났는데, 조선 사람들은 이 땅이 망한 나라 임금의 일월日月이 비추는 대명천지라고 생각했던 거야.

한국인은 사대 근성을 지녔다?

눈을 동그랗게 뜨고 "대체 왜 그랬어?"라고 묻겠지. 몇 가지만 간추려 말해볼게. 우선 임진왜란 때 명나라는 군대를 보내 조선을 도와줬어. 오히려 왜군보다 더 무섭다고 할 만큼 백성에게 횡포를 부리기도 했지만 어쨌건 수만 명 군대를 보내 조선을 도운 건 고마운 일이야. 문제는 그 고마움이 신앙에 가까운 신념이 됐고, 송시열 같은 사람이 그 신념을 자신의 기득권을 지키는 데 이용했다는 사실일 거야.

임진왜란 이후 조선의 집권층은 재조지은再造之恩이라고 해서 명나라가 '나라를 다시 만들어준' 은인이라고 주장했고, 그 은혜를 저버리면 짐승과 다를 바가 무엇이겠냐고 우겼어. 결국 의리를 지키겠다고 발버둥 치다가 새롭게 일어난 청나라의 공격을 받은 게 병자호란이었지. 임금이 직접 항복하는 망신을 당하고도 조선의 선비들은 여전히 명나라의 신하를 자처했고, 그 신념 안에서 자신들의 사사로운 이익을 챙겼단다.

이를테면 만동묘 제사나 기타 행사가 열릴 때 인근 고을에 돌았던 '화양묵패'를 들 수 있을 거야. 만동묘에서 이러저러한 행사를 하니 재물을 내놓으라는 일종의 고지서였어. 여기에 응하지 않는 사람들은 (명나라 황제에) 불충한 자들로 몰려 곤욕을 치러야 했단다. 이 만동묘 제사가 대한제국이 망한 뒤 일제 강점기까지 이어졌다니 역시 의지의 한국인이 아닐까 싶어. 일본은 이런 모습을 두고 한국인이 사대事大 근성, 즉 큰 나라에 빌붙으려는 속성을 지녔다고 비웃었고, 일제 강점기 동안 그렇게 교육하기도 했단다.

사대주의는 생존과 이익 확보 위한 수단

하지만 사대주의라고 해서 다 나쁜 것만은 아니야. 세계에서 가장 많은 인구와 물산을 거느린 중국 대륙을 머리에 이고 살았던 우리 조상들로서는 사대주의가 나라의 생존과 이익을 확보하는 수단 중 하나였단다. 어느 나라 어느 민족이 중국에서 힘깨나 쓰고 있는지, 대륙이 갈려 싸운다면 어느 쪽이 이기는지, 강력한 통일 왕조가 서면 어느 정도 허리를 숙여야 우리 영토를 넘보지 않고 잘 지낼 수 있을지, 여차하면 어떻게 싸워야 우리의 생존을 지킬 수 있을지 등을 분주히 궁리했던 거야.

유비, 조조, 손권 등이 활약한 중국의 삼국시대는 고구려로 치면 동천왕 대에 해당해. 동천왕은 처음에는 오나라 손권에게 호의를 보였지만, 위나라가 압박해오자 이내 오나라 사신의 목을 쳐서 위나라로 보내버렸어. 어느 나라에 붙는 게 좋을지 가늠한 끝에 위나라를 선택한 셈이었지. 하지만 위나라가 공격해오면 사생결단 맞서 싸우기도 했어. 중국을 통일한 수나라 대군을 무찌른 고구려의 영양왕 역시 전쟁을 할 때는 하면서도 필요하면 스스로를 "요동의 똥덩어리 땅의 신하"라고 칭하며 납작 엎드릴 줄 알았단다. 신라도 당나라 관복을 얻어 입고 임금이 비단에 당나라 황제를 칭송하는 시를 직접 수놓아 올리기도 했지만 한반도 전체를 삼키려는 당나라의 야욕에는 단호히 대처해서 끝내 무찔러버린 걸 너도 기억할 거야. 거란과 송나라의 갈등을 교묘히 이용해서 안정을 이뤘던 고려는 몽골족의 대원제국이 유라시아 대륙을 휩쓸 때에도 끝내 독립국으로 남았지.

중국 왕조에 사대를 갖춰야 한다고 주장했던 조선 초기의 주자학자들도 여차하면 중국과 칼을 맞댈 수도 있다는 사실을 의식하고 있었어. 조선 초기 조선을 방문한 명나라 사신이 버릇없이 굴자 개국공신이던 유학자 조준은 옛 살수대첩의 터전인 청천강변에서 시를 읊어 명나라 사신의 입을 막아버렸단다. "청천강 물 하늘에 출렁이는데, 수나라 백만 대군을 이 물에 장사 지냈네. 이제는 어부나 나무꾼의 이야기로만 남아, 나그네의 작은 웃음거리도 못 되는구나." 조준은 태조 이성계가 요동 정벌을 하려고 할 때 '사대의 예'를 주장하며 반대한 인물이야. 아니, 요동 정벌을 준비한 이성계부터가 "작은 나라가 큰 나라를 치는 것은 불가하다"면서 위화도 회군을 해버린 사람이었잖니.

역사가 보여주는 '사대'의 진정한 의미

이렇듯 우리 역사에서 '사대'란 본디 마땅히 지켜야 할 의리가 아니라 경우에 따라 대상을 교체할 수도 버릴 수도 있는 선택 사항이었고, 일방적으로 은혜를 입는 관계가 아니라 서로의 필요에 따라 유지되는 관계로 보는 편이 옳을 거야. 이 순서와 내용을 헷갈려버린 게 조선 중기 이후의 '대명천지'고 말이야.

리퍼트 주한 미국 대사가 피습된 뒤 아빠는 문득 이 나라에 또 하나의 '대명천지'가 도래한 게 아닌가 하는 착각에 빠졌어. 우리나라 주재 외교관이 우리나라 사람에게 습격당한 건 있을 수 없는 일이고, 크게 사과해야 할 일임에 분명해. 하지만 한복을 입고 나와서 사과의 부채춤을 추지 않나, '리퍼트 사랑해요' 부르짖으며 큰절을 하지 않나, 난데없는 난타 공연이 벌어지다가 무슨 발레까지 한다며 뛰어다니는 모양새에는 "대명천지에 무슨 이런 일이!" 소리가 절로 튀어나오더구나. '사죄'하겠다고 찾아오는 사람들 때문에 절대안정이 필요한 환자가 쉬지 못한 것도 난감한 일이지만, 사건 당시 현직 대통령의 제부가 '이런 건 왕족이 하는 거'라며 석고대죄 퍼포먼스까지 벌이는 데에는 이 땅이 '미국일월 대미大美천지'로 바뀐 건가 싶기도 하고 말이지.

아빠는 우리나라가 미국과 계속 친해야 한다고 생각해. 미국은 현재 세계 최강국이고 협력해야 할 일이 한두 가지가 아니니까. 그러나 아빠는 수천 년 동안 우리 조상들이 발휘해왔던 지혜를 되찾았으면 좋겠어. 강대국의 이익이 우리의 이익과 일치할 때와 일치하지 않을 때를 가리고, 간과 쓸개 사이를 분주히 왔다 갔다 하며 생존을 지킬 줄 알고, 여차하면 분연히 일어서서 침략 행위에 저항할 줄도 아는 그런 나라가 되기를 바라는 거야. 여기는 대한大韓천지지, 대명천지나 대미천지가 아니어야 하지 않겠니.

1965년 영화 〈태조 이성계〉 중 위화도 회군 장면.

10

자유민주주의와 '말하라'

'임금님 귀는 당나귀 귀' 설화는 어떤 권력도
언론·출판의 자유를 막을 수 없다는 것을 상징적으로 보여준다.
대통령을 비판하는 전단지를 뿌리면 각종 죄목으로
옥죄는 나라에서 이 설화는 여전히 유효하다.

'말하라'

아빠가 대학생이던 시절에는 같은 과 학생 모두가 티셔츠를 맞춰 입는 게
관행이었어. 너무 조악하게 만드는 바람에 입기는커녕 자취방 걸레로 직
행했던 티셔츠가 대부분이었지만 학과 특징을 잘 살린 문구로 사람들의
공감을 자아낸 옷도 있었다. 어느 해인가의 신문방송학과 티셔츠가 아직
도 기억나는구나. 시커먼 검은 바탕에 선명한 명도 대비로 '말하라'라는

문구를 새긴 티셔츠였어. 신문방송학과의 존재 가치를 가장 간명하고 확실하게 담아낸 거지. 언론의 임무는 말을 하는 것이고 할 말을 하지 못하면 광합성을 하지 못하는 식물과 다를 바가 없다는 걸 그 티셔츠는 '말하고' 있었지.

'말하라'는 주문은 비단 언론인에게만 적용되는 건 아닐 거야. 하고 싶은 말을 속 시원하게 하고픈 욕망은 인류가 언어를 발명한 이후 이어져온 본능 같은 거니까 말이야. '임금님 귀는 당나귀 귀' 설화 알지? 갑자기 귀가 길어진 신라 경문왕의 비밀을 안 복두장(감투 만드는 장인)이 근질거리는 입을 참지 못해 대나무 숲에 들어가 "임금님 귀는 당나귀 귀"라고 외쳤고, 바람이 대나무 숲을 흔들 때마다 그 소리가 메아리로 울려 퍼졌다는 얘기. 그래서 임금이 대나무를 싹 베어버리고 산수유를 심었지만, 여전히 그 소리가 흘러나왔다는 얘기 말이야.

이 비슷한 얘기는 우리나라에서 그리스에 이르는 유라시아 대륙 곳곳에서 버전만 바뀌어 전해지고 있어. 그런데 신라 경문왕이든 알렉산드로스 대왕이든 미다스 왕이든 동서양 설화 속 당나귀 귀의 주인공들은 예외 없이 이렇게 이야기한단다. "이 사실을 누구에게든 말하면 죽을 줄 알아라." 하지만 이 설화는 우리에게 간단하지만 부정할 수 없는 사실 하나를 알려줘. 어떠한 왕도 사람의 입을 틀어막을 수는 없으며, 결국 숲의 나무와 산수유 열매처럼 많은 사람들의 입을 통해 전해지게 된다는 사실 말이야.

글을 써서 권력을 견제하다

당나귀 귀 경문왕의 딸 진성여왕이 다스리던 신라시대로 가보자꾸나. 그즈음 경주에는 17만 호, 근 100만 가까운 인구가 살았고(잘못된 기록이라는 주장도 있어), 전부 기와집인 데다가 죄다 숯으로 불을 때서 연기 하나 나지 않는 으리으리한 도시였다고 해. 하지만 그 화려함을 위해 전국의 백성은 말도 못 할 고생을 해야 했고 신라의 권력과 부는 한 줌도 안 되는 귀족들에게 집중돼 있었어.

그런 상황에서 누군가 '임금님 귀는 당나귀 귀'를 부르짖는 듯한 행동을 벌여. 사람들 발길이 잦은 곳에 여왕의 실정을 나무라는 글을 써서 던져버린 거야. 진성여왕은 금관 장식이 떨어져라 머리를 흔들며 분노했을 것이고, 신하들은 머리를 조아렸겠지. "어지신 폐하에 대한 도전이요, 명예를 훼손하는 일입니다." 부산한 수사 끝에 초야에 묻혀 살던 한 문장가가 범인으로 지목돼. 이름은 왕거인. "글도 잘 쓰고 능력은 있는데 진골이 아니라서 출세를 못 하니 불만이 있을 겁니다."

옥에 갇힌 왕거인이 억울함을 하늘에 호소하는 시를 읊자 천둥번개가 감옥을 강타하고, 진성여왕은 그를 석방했다고 기록돼 있어. 아마도 이 천둥번개는 하늘에서 내린 게 아니라 대나무의 일렁임 같고 산수유의 외침 같은 백성의 소리였을지도 몰라. "아니, 그 글을 거인 선생이 썼다는 증거라도 있나?", "글이 틀리기라도 했어? 임금이 제대로 못 해서 나라가 망한다는데" 하는 웅성거림 말이지. '천둥번개'는 곧 신라를 세 낱으로 갈라놓는 신호탄과도 같았지. 진성여왕 때 견훤이 후백제를 건국했고, 궁예는 후고구려를 세웠으니 말이야.

언로言路가 막히고 정상적인 의사 개진이 어려운 사회에서 사람들이 글을 몰래 써 붙이고 뿌려서 널리 전하는 행위는 동서고금에 헤아릴 수 없이 많았어. 그리고 그때마다 권력을 쥔 사람들은 글쓴이를 찾아 살기 넘치는 색출 작업에 나섰지. 조선의 연산군은 자신을 비난하는 한글 벽서가 나붙자 한글 사용 자체를 금지하기도 했어. 동학농민혁명 지도자들은 주모자를 알 수 없게 이름을 둥근 형태로 적은 사발통문을 돌려 봉기를 호소했지. 독립운동가 김마리아는 일본에서 발표된 〈2·8 독립선언서〉를 옷 안에 넣어 꿰매 국내로 들여왔고, 3·1항쟁 직전 인쇄된 〈독립선언서〉가 일본 경찰에 발각될 위기에 처했을 때 운반책들은 "이건 조선인들 족보입니다"라고 둘러대며 손에 땀을 쥐어야 했어.

'그게 다 옛날이야기'라고 안심해도 될까

언론과 표현의 자유가 보장됐다는 '자유민주주의' 공화국 대한민국이 들어선 후로도 그 숨바꼭질은 오랫동안 계속됐어. 아빠 대학 시절에도 가방에 '이상한' 유인물이 들어 있으면 바로 파출소로 끌려가야 했고, 심지어 누군가 길거리에 뿌린 유인물을 읽는 것조차 경찰차에 실려야 하는 범죄가 되기도 했단다.

얼마 전 아빠의 선배가 해준 이야기를 들어보렴. "독재 타도를 주장하는 유인물을 뿌리기만 하면 잡아가니까 어떻게 했냐 하면, 버스를 타고 환풍구를 열고 버스 지붕에 유인물을 놔두고 내렸지. 그럼 달리는 버스 위로 유인물이 벚꽃처럼 휘날리면서 거리에 떨어졌어. 또 빌딩 옥상에서 노끈에 유인물을 묶어두고 담뱃불을 놓고 나오기도 했어. 담뱃불이 타들어가다가 노끈을 끊는 시간 동안 우리는 도망가고, 유인물은 눈처럼 사람들 위로 쏟아졌지." 그 아저씨는 담뱃불이 몇 분 후에 노끈을 끊을 수 있는지를 알아보기 위해 정교한(?) 실험도 했다고 해.

하지만 이건 다 옛날이야기고 너는 이제 안심해도 된다. 유엔에 동시 가입한 북한의 국가원수에 대해 온갖 험담을 퍼붓는 유인물을 날리고, 자꾸 이러면 남한을 공격하겠다고 북한이 협박하는 상황에서도 북한에 유인물을 뿌려대는 행위를 '표현의 자유'라고 태연하게 선언하는 자유민주주의 국가에서 살고 있으니 말이야.

우리는 대포를 쏘겠다는 미치광이 앞에서도 의연히 표현의 자유를 주장하는 자랑스러운 민주공화국 국민이란다. 그 유인물 때문에 혹여 미치광이가 대포를 쏴서 사람들이 죽어 나갈지언정 "김정은 귀는 당나귀 귀"라고 외칠 권리가 있는 대한민국 국민이란다. 가슴 벅차지 않니?

응? 그런데 왜 우리나라 대통령을 비난하는 유인물을 뿌리면 경찰이 와서 온 집안을 들쑤시고 경찰서에 오라 가라 하냐고? 도대체 대통령은 가만히 있는데 왜 경찰이 '반의사 불벌죄', 즉 처벌할 의사를 굳이 밝히지 않으면 처벌할 수 없는 명예훼손죄를 들이대냐고? '도를 아십니까'부터 식당 개업 광고까지 전단지를 뿌리는 사람들은 한두 명이 아닌데 왜 대통령 비난 유인물만 '쓰레기 투기죄'가 적용되는 거냐고? 왜 사람들 다 들어가는 백화점에서 유인물을 뿌리면 '건조물침입죄'가 되는 거냐고? 이거야말로 "임금님 귀는 당나귀 귀"라고 말하는 사람을 혼내주려던 당나귀 귀 임금의 행태를 닮은 거 아니냐고?

떽! 이 녀석아. 조그만 녀석이 못 하는 소리가 없어. 아니야! 우리 대통령 귀는 당나귀 귀가 아니라고! 글쎄, 당나귀가 아니라니까. 물론 여기에서 말하는 대통령은 정부 부처를 동원해 비판적인 연예인에게 재갈을 물리고 댓글을 달라고 한 것으로 추정되는 앞선 9년 동안의 대통령들이란다.

일본 유학 중 〈독립선언서〉를 옷 속에 숨겨
국내로 들여왔던 독립운동가 김마리아. ⓒ 국사편찬위원회

11

잔인한 4월에 다시 쓰는 이름

4월 16일이 다시 돌아온다.
분노 속에서도 놓치지 말아야 하는 사람들이 우리에게도 있다.
기억의 단절은 역사의 단절이고, 역사의 단절은 곧 배움의 단절이다.
우리가 먼저 지켜야 할 것은 '이들'에 대한 기억일지도 모른다.

"4월은 잔인한 달"

4월이구나. 영국 시인 토머스 S. 엘리엇은 〈황무지〉라는 시에서 "4월은 잔인한 달"이라고 노래했었지. 하지만 엘리엇의 시가 한국으로 건너오면 시가 아니라 다큐멘터리 내레이션이 되어버려. 한국 역사에서 4월은 정말로 잔인한 일투성이였거든. 2014년 4월 16일 일어난 세월호 참사는 우리 역사 속 4월의 잔인함을 다섯 배는 크게 만들어놓은 것 같구나.

저 끔찍하고 암담했던 4월 16일 이후 오래도록 우리 망막을 할퀴고 간 잔혹한 장면들이 어디 하나둘이었을까. 그 가운데 아빠가 끝까지 바라보기조차 힘들었던 모습이 하나 있어. 세월호에서 나오지 못한 아이들 몇 명이 버스커버스커의 〈벚꽃 엔딩〉을 명랑하게 부르면서 활기차게 걷는 동영상이었지. 진달래처럼 흐드러진 웃음과 벚꽃처럼 화사한 표정으로, 개나리처럼 밝은 몸놀림으로 아이들은 노래를 불렀지. "봄바람 휘날리며 흩날리는 벚꽃 잎이 울려 퍼질 이 거리를 우 우 …… 둘이 걸어요." 저 꽃 같은 아이들이 끝내 하얀 국화송이로 돌아오고 말았다는 사실이 어찌나 가슴을 후비던지. 이 글을 쓰면서도 아빠는 눈물이 난다.

언젠가 아빠 친구 한 명이 그러더라. 자기는 세월호 관련 뉴스나 동영상, 기사들을 일절 보지 않겠다고. 볼수록 우울해지고 가슴 내려앉는데 그런다고 아이들이 돌아올 것도 아니지 않으냐고 말이야. 그래, 슬퍼하고만 있으면 안 되겠지. 하지만 그 말이 맞기 위해서는 하나의 전제가 필요할 것 같아. 슬픔을 거두는 게 "이제 그만 잊기" 위해서는 절대로 아니어야 한다는 거야. 사건의 전모를 소상히 밝혀서 이런 일의 재발을 막고 기억할 것들을 분명히 가려 남기는 냉철함을 위해서만 슬픔을 보류해야 한다는 말이야. 오늘 아빠는 2014년 4월 16일을 돌아보면서 꼭 기억해야 할 한 가지를 얘기해보려고 해.

"버큰헤드호처럼!"

영화 〈타이타닉〉(1997)을 떠올려보렴. 그리고 침몰해가는 배 위에서 터져 나오던 "여자와 아이들 먼저!"라는 외침도. 물론 1, 2등실 어린이 승객 사망자는 1명인 데 비해 3등실 어린이는 3분의 2나 죽었던 만큼 '여자와 아이들부터' 원칙이 완벽히 지켜진 건 아니었어. 하지만 선장과 선원들은 최대한 그 원칙을 지키려고 노력했단다. 이건 타이타닉 침몰로부터 꼭 60년 전인 1852년 남아프리카 희망봉 근처에서 침몰한 영국 수송선 버큰헤드호의 기억에서 비롯된 일이야.

버큰헤드호에는 군인과 군인 가족 630명이 타고 있었는데 구명정의 정원은 180명 정도였다고 해. 침몰이 시작되자 함장은 횃불을 밝혀 여자와 아이들을 구명정에 태운 뒤 기울어져가는 뱃전에 병사들을 쭉 세웠어. 구명정에 탄 가족들이 몇 명은 여유가 있다고 외쳤지만 병사들은 움직이지 않았다는구나. "질서가 무너지면 모두 죽는다. 전원 차렷. 경례." 그들은 그 모습 그대로 물속으로 들어갔어.

아마 구명정에서 그 모습을 지켜본 사람들은 평생 나쁜 짓은 못 하고 살았을 거야. 자신의 생명에 대한 미련을 버리고 책임을 다하는 사람들의 거룩한 경례를 받았는데 어떻게 사악한 마음을 먹을 수 있었겠어. "명령이 곧 죽음을 의미하는 것임을 모두가 잘 알면서도 마치 승선 명령이나 되는 것처럼 철저하게 준수"(생존자 증언)한 이들을 어떻게 뇌리에서 지울 수 있었겠어. 그 덕에 살아남아 생명이 붙어 있는 한 말이지.

영국인들은 이 사건을 철저하게 기억했단다. 빅토리아 여왕은 왕립 첼시 병원에 기념물을 세웠고, 화가들은 그림을 그렸고, 영국인들은 "버큰헤드호처럼!"을 되뇌며 스스로를 가다듬었지. 타이타닉의 외침, "여자와 아이들 먼저!"는 바로 그 기억의 소산이었던 거야.

영화 속 장면을 하나 더 떠올려보자꾸나. 마침내 다가오는 절망적인 순간, 아수라장이 된 배 위에서도 태연하게 음악을 연주하던 악단의 모습을. 그 악단의 리더는 윌리스 하틀리라는 젊은 음악가였지. 목격자들에 따르면 악단 단원들은 "그들의 다리가 중심을 잡을 수 없을 때까지" 연주했다고 해. 선원도 회사 직원도 아니었지만 공포가 난무하고 혼란이 장악한 배 위에서 사람들의 마음을 달래는 음악을 최후의 순간까지 베풀어주었던 거지.

침몰 후 수습된 시신 가운데에는 월리스 하틀리도 있었어. 그는 바이올린을 넣은 가방을 목에 걸고 있었대. 바로 그 부력 때문에 구명조끼를 입지 않았던 하틀리의 시신이 물 위로 떠오른 것 같다고 추정했대. 고향 콜른에서 열린 하틀리의 장례식에는 무려 4만 명의 시민이 모여들었고, 하틀리의 동상도 세워졌단다. 영국인들은 평범한 삶을 살았지만 죽음 앞에서 위대했고 하지 않아도 되는 책임까지 다했던 영웅을 또 한 사람 가지게 된 거야.

자기 나라에서는 대접받지 못한 '우리의 영웅'

세월호의 슬픈 사연들의 더미 속에서, 버큰헤드 정신은커녕 승객들에게 "가만히 있으라"고 하고선 자기들만 살겠다고 탈출한 '세월호의 악마들'에 대한 분노의 태산 속에서도 놓치지 말아야 할 사람들이 우리에게도 있었어. 세월호에서 월급을 가장 적게 받는 사람 중의 하나였을 비정규직 승무원 고 박지영 씨. 그 언니는 물이 차오르는 배 안에서 학생들에게 구명조끼를 건네고 입히며 자신의 책무를 다했단다. 자신은 구명조끼도 입지 않고서 말이야. "언니는 어떡해요?" 묻는 학생들에게 "승무원은 맨 마지막이야"라고 답하던 스물두 살의 여성은 결코 타이타닉의 하틀리나 버큰헤드호에서 말없이 경례하던 수병들 못지않은 영웅이라고 생각해. 그뿐이 아니지. 승무원도 아니면서 죽을힘을 다해 학생 10여 명을 끌어올렸던 김동수 씨도 있고, 제자리에만 머물러 있었으면 생존 가능성이 컸지만 앞뒤 재지 않고 아이들이 있는 곳으로 달려갔던 선생님들도 계셔.

월리스 하틀리의 경우 4만여 명의 애도 속에 장엄한 장례식이 치러졌는데, 타이타닉호 침몰에 중대한 책임이 있는 선장조차 침몰 과정에서 보여준 책임감 있는 모습 덕분에 동상이 세워졌는데, 버큰헤드호 선원들은 지금도 영국인들의 뇌리와 가슴에 살아 있는데, 고 박지영 씨는 돈이 모자라 영결식마저 제때 치르지 못할 뻔했었어. 10여 명의 생명을 구했지만 "아저씨 조금만 기다려 주세요"라며 울부짖던 학생들을 구하지 못한 죄책감에 괴로워했던 영웅 김동수 씨는 아무런 보상도, 관심도 받지 못하고 생활고에 허덕이다가 자해를 했어. 왜 우리의 영웅들은 이런 처지가 되어야 할까.

2015년 3월 8일 난데없이 미국에서 이런 소식이 들려왔단다. 1951년 해리 트루먼 대통령이 제2차 세계대전 당시 침몰하는 군함에서 구명조끼를 다른 병사에게 넘기고 순직한 종군 성직자 4명의 희생정신을 기려 설립한 '포 채플린스 메모리얼 파운데이션' 재단에서 고 박지영 승무원과 죽음을 무릅쓰고 아이들에게 달려간 고 최혜정 선생님에게 골드 메달을 수여했다는 거야. "두 사람의 구조 활동은 재단 설립의 계기가 된 성직자들의 희생정신과 다를 바 없다"라면서.

아빠 귀가 어두운 탓인지 한국에서 세월호 참사가 벌어진 후 지금까지 고 박지영 승무원이나 최혜정 선생님에 대한 포상 또는 기념사업이 행해졌다는 뉴스는 들은 기억이 없구나. 되레 우리는 살아 있는 영웅 김동수 씨마저 빼앗길 뻔했어. 진상조차 밝혀지지 않고 희생자들의 아픔이 너무 큰 이유도 있겠지만 그들의 이름은 너무 빨리 엷어진 게 아닐까. 기억의 단절은 곧 역사의 단절이고, 역사의 단절은 곧 배움의 단절이야. 기억부터 지켜야 해. 끊임없이 습격하는 망각의 유혹으로부터. 빨리 잊고 끝내

자, 경제가 어렵다고 '지껄이는'(아빠의 험한 말을 용서하렴) 사악한 자들로
부터, 그리고 무엇보다 강력한 힘을 지닌 세월歲月, 즉 시간의 흐름으로부
터 세월호의 기억을 지켜야 할 거야. 아빠도, 너도.

1852년 남아프리카 희망봉 근처에서 침몰한
영국 수송선 버큰헤드호.

12

'어린 사자들', 이승만 정권을 타도하다

4·19혁명에서 가장 큰 공을 세우고 희생을 치른 이들은 중·고등학생이었다.
선봉에 선 이들은 진정한 의미의 민주공화국을 만들어냈다.
그해 봄을 거치며 대한민국은 그 어느 나라와 비교해도
꿀리지 않는 자긍심을 획득했다.

어린 사자들, 역사의 물줄기를 바꾸다

1960년 대한민국의 경제 사정은 세계 최악이었어. 1인당 국민소득 79달러. 막 독립한 아프리카 신생국인 가나나 가봉만도 못했고, 동남아시아 필리핀의 1인당 국민소득은 우리의 3배였으며, 하다못해 북한도 저만치 우리를 앞지르고 있었단다.

그런데 한국은 비슷한 처지의 다른 나라들과는 크게 다른 점이 하나 있었어. 캄보디아에 여행 갔을 때 가이드 아저씨에게 들은 얘기 기억나니? '원one 달러' 부르짖는 아이들에게 가급적 돈 주지 말라고. 부모가 거기에 맛 들여서 아이를 학교에도 보내지 않고 구걸시킨다고. 한국 부모는 달랐어. 어깨가 빠지고 등골이 휘면서도 어떻게든 자식은 학교에 보내려고 기를 썼거든.

1960년대 파키스탄과 우리의 경제 사정은 비슷했는데, 초등학교 취학률에서는 30퍼센트와 94퍼센트라는 압도적 차이를 보여. 물론 우리나라에도 가난을 이기지 못해 공부하고픈 욕망을 꺾어야 했던 사람들이 많았지만 그만큼 많은 학생이 '배워야 산다'며 호롱불 밑에서 책을 읽었지. 그리고 1960년 대한민국의 학생들은 어른이 되기도 전에 역사의 물줄기를 극적으로 바꾸게 돼. 바로 12년을 장기 집권해온 이승만 정권을 타도한 4·19혁명에서였지.

그런데 오해하지 말 것. 첫째, 4·19는 4월 19일에 갑자기 일어난 게 아니야. 그 이전부터 약 한 달 동안 대한민국은 이미 태풍에 휩싸여 있었어. 그리고 둘째, 이 4·19혁명을 주도한 '젊은 사자들'은 대학생만은 아니었다는 거야. 물론 대학생의 역할도 컸지. 하지만 4·19의 발화부터 폭발까지 가장 큰 공을 세우고 희생을 치른 이들은 뜻밖에도 중학생·고등학생이었어. 학생과 시민 186명이 소중한 목숨을 잃었는데, 그중 대학생은 22명이고 고등학생은 36명이야. 대학생보다 훨씬 많은 고등학생이 죽어갔던 거지. 심지어 초등학생과 중학생을 합친 희생자도 19명이나 된단다. 대학생의 두 배가 넘는 초·중·고교생, 즉 '어린 사자들'이 거리에 쓰러졌던 거야.

"용실이다. 총 맞은 사람이 그때 용실이다"

애초에 4·19라는 거대한 파도를 예감케 하는 작은 파문을 일으킨 것도 고등학생이었어. 그해 대통령 선거는 3월 15일이었는데 선거 유세 과정에서도 이승만 정권은 '무엇을 상상하든 그 이상의 지질함'을 보여줬지. 이를테면 여당이 유세하면 공무원·학생 등을 동원하고, 야당이 유세하면 갑자기 휴일 출근을 시킨다거나 단체 영화 관람을 보낸다거나 하면서 말이야. 이에 반발하여 "학생을 정치 도구로 이용하지 말라!"고 들고 일어선 이들은 대구·경북고등학교 학생이었어. 1960년 2월 28일이었지.

보름 뒤 3월 15일 치러진 선거는 세계 선거 역사에 길이 기억될 부정선거였어. 투표가 시작되지도 않았는데 투표함에는 투표용지가 수북이 차 있었고, 느닷없이 정전이 되고 투표함이 슬쩍 뒤바뀌는가 하면, 3인조니 5인조니 나란히 손잡고 들어가서 서로 투표를 확인하고 나오는 등 그야말로 눈이 튀어나오도록 희한한 부정이 펼쳐졌단다.

여기에 분통이 터진 경남 마산 시민은 부정선거니 다시 하라며 시위를 벌이게 돼. 밤이 되어도 수그러들지 않는 시위대를 향해 급기야 경찰은 발포했고 시민과 학생 12명이 숨을 거둬. 그 가운데에는 마산고등학교 1학년 13반 반장이었던 김용실도 있었어. 그가 피를 뿜으며 병원에 실려 왔을 때 누구보다 놀란 건 간호사들이었어. 간호사들은 이 소년을 알고 있었거든. 1년쯤 전, 무슨 일로 다쳐서 피 흘리는 술 취한 노인을 들쳐 업고 병원까지 와서 "이 할배 좀 살려주이소"라 부르짖었던 착한 학생이었거든. "용실이다. 총 맞은 사람이 그때 용실이다." 간호사들의 눈물겨운 간호도 헛되이 김용실 학생은 숨을 거뒀어.

그런데 이승만 정권의 경찰은 또 한 번 못 할 짓을 해. 그 학생의 주머니에 요상한 '불온 삐라'를 넣어두고 그게 나왔다며 빨갱이로 몰아갔던 거야. 며칠 뒤 검사가 이 사건을 조사할 때 간호사들은 입을 모아 대답했다. "그런 삐라 없었습니다. 도리어 경찰이 원장님한테 삐라가 주머니에서 나왔다고 검안서에 적으라고 했는데 원장님이 거부했습니다." 무슨 봉변을 당할지 모르는 분위기에서도 간호사들이 그런 용기를 낸 건 서로 내 동생 삼자고 했다는 착한 소년 용실이의 얼굴이 떠올라서가 아니었을까.

"형님들은 도대체 뭐 하시는 겁니까?"

3·15시위 때 연행됐던 마산상고 1학년(마산상고 시험을 보고 합격자 명단을 보러 고향에서 마산으로 왔던) 김주열은 그로부터 한 달 뒤인 4월 11일 마산 앞바다에 참혹한 시체로 떠올라. 오른쪽 눈에는 최루탄이 박혀 있었고, 물고기가 파먹은 흔적도 역력한 이 고등학생의 시신은 전 국민의 분노를 폭발시켰어. 수천 명이 경찰의 제지를 뚫고 병원에 들어가서 그 시신을 보고 나왔고 어머니는 시신 인수를 거부했어. "부정선거해서 당선된 이기붕에게나 갖다 주시오!" 제2차 마산 시위가 벌어졌고, 학생들은 물론 중년 아주머니까지 시위대에 합류했어. "내 자식도 죽일 셈이냐."

　3월 15일 부정선거와 4월 11일 김주열의 시신 발견을 전후해서까지, 전국에서 교문을 박차고 나온 건 대학생이 아니라 고등학생이었어. "우리더러 눈을 감으라 한다. 귀를 막고 입을 봉하라 한다. 그러나 그러기에는 가슴속에 한 조각 남은 애국심이 눈물을 흘린다"(부산고등학교 학생들의 선언문). 운명의 4월 19일을 열어젖힌 것도 대학생이 아니라 고등학생이었어. 4월 19일 아침 첫 시위를 감행한 건 서울 대광고등학교 학생이었단다. "우리 조국은 어디까지나 민주공화국이요, 결단코 독재국가, 경찰

국가는 아니다." 그 후에야, 고등학생이 대학생더러 "형님들은 도대체 뭐 하시는 겁니까?" 외친 뒤에야 대학생들이 파도와 같이 밀려 나왔던 거야.

그 뒤로도 청소년의 분노는 대학생에 못지않았어. 한 덕수상고 학생은 다리에 총을 맞아 절뚝거리면서도 시위를 계속하다가 경찰의 조준 사격에 심장이 꿰뚫려 죽었어. 한 여중생은 아예 유서를 써놓고 데모에 참여했다가 역시 목숨을 잃었고. 너랑 비슷한 나이였을 이 여중생의 유서 한 대목은 이랬어. "어머니, 데모에 나간 저를 책하지 마시옵소서. 우리들이 아니면 누가 데모를 하겠습니까." 가끔 아빠는 상상해보곤 해. 깻잎머리에 검은 교복, 키는 너보다도 작았을 여중생이 엄마에게 마지막 편지를 쓰고 거리로 나설 때의 그 표정, 그 어깨, 그 발걸음을.

"불의를 보고서도 일어서지 않는 국민은 죽은 국민이다"

앞서 말했지만 당시 대한민국은 세계 최악의 나라였어. 하지만 1960년 봄을 거치며 대한민국은 그 어느 나라와 비교해도 꿀리지 않는 자긍심을 획득해. 이승만 대통령은 이런 말을 하면서 물러났다고 해. "불의를 보고서도 일어서지 않는 국민은 죽은 국민이다." 그 불의를 만들고 불의에 일어선 사람들을 학살한 정권의 책임자가 하기엔 너무나 역설적인 말이긴 하지만 어쨌든 옳은 말이다.

4·19를 통해 대한민국 국민은 힘 앞에서도 무기력하지 않고 불의의 위협 앞에서도 고개 숙이지 않는, 민주주의 국가의 '살아 있는' 시민임을 선언했단다. 선봉에 선 청소년은 이름뿐인 대한민국이 아닌 진정한 의미의 민주공화국 대한민국을 건설했단다. 아빠나 너나 그들에게 참 많은 빚을 지고 있어. 빚을 갚는 일은 뭐니 뭐니 해도 '불의를 보고도 일어서지 않는

죽은 국민'이 되지 않는 거겠지. 그런데 아빠는 그 생각만 하면 괜히 빚쟁
이가 된 마음에 안절부절못하게 되는구나.

4월 11일 마산 앞바다에 떠오른 김주열 군의 시체는
전 국민의 분노를 폭발시켰다.

13

그때 그 일본군을 쏙 빼닮았구나

뻔히 눈에 보이는 사실을 부인하고 자신의 신념을 위해
진실을 외면하는 것을 너무나 '일본적'이라고 하려다가 힘이 빠진다.
베트남에서 벌어진 민간인 학살을 부인하는 일부
한국군의 모습이 그때 그 일본군을 쏙 빼닮았다.

"일본인과 조선인의 조상은 같고 한 뿌리에서 나왔다"

35년 일제 강점기가 남긴 유산은 알게 모르게 우리 사이에 스며들어 있
단다. 이를테면 아빠는 "조선 놈들은 맞아야 정신 차린다"라는 말을 듣고
자랐어. 대한민국의 교사나 군인이나 학생이 바로 그런 말을 하면서 제자
를, 졸병을, 후배를 때렸단다. 식민지 시절 일본이 지겹게 부르짖던 소리
가 고스란히 주입됐던 거지. 일본이 조선인의 머릿속에 집어넣으려고 했

던 생각 중에 이런 것도 있어. "일본인과 조선인의 조상은 같고 한 뿌리에서 나왔다"라는 거였지.

이건 조선인에 대한 친밀감에서 나온 얘기가 아니야. 너희랑 우리랑 원래는 하나였으니 지금 일본이 조선을 먹은 것도 새삼스러운 게 아니라는 논리를 펼치기 위한 수단에 불과했어. 조선과 일본이 '형제'라면 당연히 일본이 형이니 조선 사람들은 찍소리 말고 일본에 복종하라는 뜻이었고 말이야. 말도 안 되는 소리 하지 말라고 하고 싶지? 그런데 유감스럽게도 아빠는 가끔 한국 사람과 일본 사람이 쌍둥이처럼 닮은 점을 발견하고 혀를 찰 때가 있어.

2015년 4월, 일본 문부과학성 검정을 통과한 중학교 역사 교과서에 '임나일본부'라는 게 등장했다고 시끌시끌했지. 임나일본부란 4~6세기 일본이 백제와 신라를 정복해 설치했다는 일종의 식민 통치 기구 같은 거야. 《일본서기》 같은 일본의 역사서에 나오지만 한국이나 중국의 기록과 들어맞지 않고 현실성이 부족해서 2010년 한·일 역사학계가 공식 폐기를 선언한 학설이야. 하지만 많은 일본인은 이걸 진실로 받아들여왔어. 임진왜란을 일으킨 도요토미 히데요시豊臣秀吉도 그렇게 믿었고, 얼마 전까지 일본 고등학생들도 부여·공주·경주를 수학여행하며 선조들의 옛 땅(?)을 밟는 기분으로 누비고 다녔지. 이런 식으로 자신들 보기에 흐뭇한 역사를 창조(?)하고 그걸 진실로 믿어버리는 습관은 일본인들이 얼굴도 못 들 만큼 부끄러운 참사로 연결돼.

'신의 손' 후지무라 신이치의 조작

후지무라 신이치藤村新一라는 일본의 고고학자가 있었어. 그의 별명은 '신의 손'이었단다. 축구 골키퍼를 잘해서 붙은 별명이 아니야. 손대는 유적마다 기적에 가까운 고고학 유물이 튀어 나오고, 심지어 70만 년 전 구석기 유물까지 찾아내 일본 열도를 떠들썩하게 만들어서 얻은 별명이지. 일본의 대표 극우단체인 '새 역사 교과서를 만드는 모임'이 만든 《국민의 역사》라는 책에서 후지무라의 발견을 근거로 "이집트와 메소포타미아 문명보다 연대가 앞선 문명이 일본에 존재했다"라는 어이없는 소리를 해댈 정도였어. 그런데 이 '신의 손' 후지무라 신이치의 발견이 몽땅 조작이었음이 익명의 제보로 밝혀지면서 일본 고고학계는 초상집이 되고 말아. 유물을 몰래 파묻어놓고 자기가 파헤쳐 "유레카!"를 부르짖는 〈개그 콘서트〉 같은 사기에 온 일본이 속아 넘어갔으니 얼마나 창피했겠어.

하지만 이런 모습을 마냥 비웃을 수만은 없는 게, 한국에서도 종종 이런 모습이 나온다는 거야. 2013년 8·15 경축사에서 박근혜 전 대통령은 이런 말을 했어. "고려 말의 대학자 이암 선생은 '나라는 인간에 있어 몸과 같고, 역사는 혼과 같다'고 하셨습니다." 지당한 말씀이긴 한데 문제는 이 말이 이암이 지었다는 《단군세기》를 인용했다는 사실이야. 이 《단군세기》 기록은 《환단고기》라는 책에 담겨 있는데 《환단고기》는 위서僞書, 즉 후세에 조작된 책이라는 논란에 휩싸여 있거든.

어떤 사람들은 이 《환단고기》 내용을 근거로 들면서 우리 민족이 아득한 옛날 동북아시아의 태반을 지배한 대제국을 건설했고, 수메르 문명 같은 고대 문명의 시원이라고까지 주장해. 곧 우리 민족이 세계 문명의 시작이라는 식이지. 왠지 후지무라 신이치의 냄새가 나지 않니? 70만 년 전 구석기 유적을 발견했다면서 일본을 세계 4대 문명의 발상지라고 주장한 일본인과 8000년 전 '동이족'의 대제국을 얘기하는 한국인, 형제 이상으로 닮아 보이지 않니?

닮은 건 그뿐만이 아니야. 일본 히로시마에 원자폭탄이 떨어졌을 때 일이란다. 인류 역사상 전무후무한 대재앙 속에서 수십만 명이 죽고 부상당했어. 시신이 나뒹굴고 살이 타들어가는 고통으로 사람들이 울부짖는 와중에 경관 몇 명이 자신들도 부상당한 몸으로 뭔가를 떠메고 시내를 달렸어. 그들은 이렇게 외쳤지. "어진御眞이다. 어진이다." 어진이란 건 왕의 초상화, 즉 일본 덴노 히로히토의 초상이었어. 그러자 믿기 어려운 일이 일어났어. 일어서 있던 사람들이 일제히 머리를 숙여 경의를 표했고, 부상당해 움직이기 힘든 이들도 몸을 굴려 길을 터줬던 거야. 원자폭탄을 뒤집어쓴 사람들이, 살이 녹고 뼈가 부러지는 고통 속에서도 말이야.

우리는 왜 이렇게 닮아 있는 걸까

'역시 일본 사람들은 이상해!' 하고 혀를 차겠지만 유감스럽게도 똑같은 상황이 단군의 자손에게도 발생한 적이 있어. 2004년 4월 22일 평안북도 용천역에서 대규모 폭발 사고가 있었단다. 54명이 죽었고 1,000명이 넘게 부상당한 대참사였어. 그런데 북한 중앙통신은 감격에 겨운 어조로 이런 보도를 한다. "조선 인민의 수령결사옹위정신은 말로써가 아니라 실천 행동에서 더욱 뚜렷이 발휘되고 있다."

무슨 소리인가 하면 원폭 후의 히로시마처럼 목숨이 경각에 달린 상황에서도 주민들은 가정이나 학교, 직장에 걸려 있던 김일성 부자의 초상화를 먼저 건지려고 했다는 거야. 용천소학교(인민학교) 교사인 한은숙 씨는 학교 건물이 붕괴되면서 교실에 불이 나자 3층 교실에 있던 김일성 부자 초상화를 안전한 곳으로 옮긴 후 제자 7명을 구해내고 자신은 숨졌다고 해. 제자들을 구하고 자신의 목숨을 버린 건 숭고한 일이야. 하지만 제자보다 먼저 초상화를 옮긴 건 대관절 어떤 정신세계일까? 히로시마의 일본인과는 어디가 어떻게 다를까?

어디까지나 북한 얘기 아니냐고 애써 외면해보지만 2015년 4월 아빠는 전철이나 거리에서 흔히 마주치는 한국 사람들에게서 일본적인(?) 모습을 발견하고 '멘붕'에 빠지고 말았단다. 바로 일부 '월남(베트남) 참전용사'들의 시위 때문이었어. 그들은 베트남에서 있었던 한국군 민간인 학살을 증언하러 온 베트남 사람들이 거짓말을 하고 있다며 증언 자체를 막으려 들었고 실력 행사를 하겠다는 등 협박도 서슴지 않았단다. '자유 수호'를 위해서건 '조국 근대화의 초석'을 위해서건 그들 가운데 베트콩과 싸우고 싶어서 베트남에 간 분은 거의 없을 거야. 나라에서 가라고 하니 갔고 누구인지 모를 적과 싸웠고 죽고 죽였지. 그분들 역시 전쟁의 희생자로서 존중받아야 한다고 생각해.

하지만 뻔히 눈에 보이는 사실을 부인하고 자신의 신념을 위해 진실을 외면하는 건 너무나 '일본적'이야. 일부 한국군이 베트남에서 행한 민간인 학살은 이미 피해자들의 처절한 증언을 통해 거의 사실로 드러나 있어. 그럼에도 죽어간 사람들이 민간인이 아니라 베트콩이었다고 우기는 건, 일제 강점기 시절 주민들을 교회로 몰아넣고 불 질러 죽이고서도 "명령을 오해했을 뿐이므로 무죄"라고 우겼던 일본군을 빼닮았지 않겠니. 전 세계가 월남은 '패망'한 게 아니라 통일된 것이라고 하는데도, 한국과 외교관계를 맺은 베트남이 엄존하는데도, 자신들은 월남 '패망'을 막기 위한 자유의 십자군이었다고 우기는 건 또 뭘까. 자신들이 한국을 침략한 게 아니라 '진출'했을 뿐이며 일본 식민 통치가 한국에 도움을 주었다고 뻗대는 일부 일본인의 행동과 복제한 듯 똑같지 않니? 한국과 일본은 조상이 같고 뿌리가 같다고 침 튀기던 일본 학자들의 뺨을 후려치려던 손에 힘이 빠진다. 왜 이렇게 닮아 있는 걸까.

1968년 2월 12일. 대한민국 해병대가
베트남 퐁니·퐁넛 마을에서 민간인 70여 명을 학살했다.

14

'성완종 리스트'로 본 '약과'의 의미

조선을 망친 건 결국 부패였지만 부패의 몸통은 언제나 건재했다.
'부패 발본색원'을 선포한 총리는 그 자신이 부패의 당사자로 지목되어
총리직에서 물러났다. 이번에는 몸통을 움켜쥘 수 있을까.
아니면 또 깃털만 뽑고 말까.

약과의 유래

몇 년 전 아빠 회사에서 만든 프로그램 중에 〈국민고시〉라는 게 있었어.
우리가 흔히 쓰는 말의 어원語源이랄까 유래랄까, 말이 쓰이게 된 사연에
대해 알아보는 프로그램이었지. 이를테면 우리가 밥에 싸먹는 김은 김 씨
가 만들었다고 해서 그렇게 부른다고 해. 조선 현종 때 김 양식법을 개발
한 김여익이라는 사람의 성을 따서 '김'이라는 이름이 붙었다는 거지.

하나 더 살펴보자. 우리가 어떤 기대 이하의 결과물을 볼 때 "에이 그건 약과지!" 그러지 않니? 이 표현은 어디에서 나온 말일까? 여기서 약과란 요즘은 전철역 가판대에서도 1,000원에 세 개씩 파는 그 약과야. 하지만 아빠가 어렸을 때 약과는 명절 때 외갓집에서나 맛볼 수 있는 귀한 음식이었고, 감미료가 적었던 조선시대에는 더 그랬지. 그래서 높은 사람에게 보내는 선물(이라고 쓰고 뇌물로 읽자꾸나)로 즐겨 이용되기도 했어.

그런데 산삼이며 녹용 같은 비싸고 진귀한 물건이 줄을 선 터라 세도가문에 약과는 너무 흔한 품목이 되어버렸던 거야. 뇌물 정리하는 하인들마저 "에이, 이건 약과네" 하고 구석방에 처박아둘 만큼 말이야. "그건 약과다!"라는 표현은 여기서 비롯됐다는 설이 있구나. 안동김씨 가문이 한창 세도를 부리던 조선 말엽, "김 아무개 대감댁 나귀는 약식(약밥)을 잘 먹고 호판댁(또 다른 안동김씨) 말은 물려서 약과를 안 먹는다"는 말이 돌았다고 하니 아주 생뚱맞은 이야기는 아닐 거야.

19세기 조선, 부패의 온상

19세기 조선은 부패라는 이름의 에일리언이 다 파먹은 속 빈 강정이었어. 돈 내고 벼슬을 산 관리들은 본전을 뽑으려 들었고, 백성은 악착같은 착취에 지쳐 고향을 떠나거나 스스로 목숨을 끊을 만큼 절박했지. 결국 인내력의 한계에 도달한 백성은 이전에는 얼굴도 못 쳐다보던 나리들을 향해 칼을 들기 시작해. 이게 전에 아빠랑 같이 봤던 영화 〈군도〉(2014)의 배경이야. 영화 속 도둑들의 외침 기억나니? "뭉치면 백성이고 흩어지면 도적이다." 이건 《조선왕조실록》에 등장하는 기록을 거꾸로 비튼 거야. 실록에는 이렇게 기록돼 있거든. "모이면 도적이고 흩어지면 백성이다." 아마도 〈군도〉의 감독은 어떻게든 하나로 뭉쳐 부당한 대우에 항거하면 나라의 주인인 백성[民]이지만 뿔뿔이 흩어지면 도적이 될 수밖에 없다는 뜻으로 《실록》을 비튼 게 아니었을까 싶구나.

영화 〈군도〉의 배경은 철종 13년(1862), 진주민란을 필두로 온 나라가 백성의 봉기로 뒤덮이던 때야. 진주민란에 불을 붙인 이는 그 전해 진주에 부임한 경상우병사 백낙신이라는 사람이었어. 그는 왕년에 이순신 장군 자리였던 전라좌수사로 재직할 때 백성을 쥐어짜다가 말썽이 나서 파직된 후 한동안 사라졌다가 다시 그 자리를 얻어 부임한 터였어. 벼슬을 사는 데 돈이 들었는지 백낙신은 그야말로 돈 먹는 하마가 되어 온 진주를 들쑤시기 시작했단다. 단 1년 만에 그가 모은 게 쌀 1만 5,000석. 거기다가 이전의 관리들이 해먹은 몫까지 몽땅 백성에게 뒤집어씌워 수만 냥을 거둬들일 계획을 세우자 분노한 백성이 들고일어나는데, 이게 진주민란이야.

수만 명 백성이 횃불을 들고 진주성으로 달려갔어. 어떻게 됐을 것 같니? 원수 같은 백낙신이 영화 〈군도〉의 못된 양반들처럼 목이 달아나고 백성은 탐관오리의 최후를 보라며 그 앞에서 환호했을 것 같지? 그러나 그러지 못했어. 백낙신 밑에서 못되게 놀았던 아전들은 때려죽이거나 불속에 던져버렸지만 부패의 원흉이라 할 백낙신에게는 손끝 하나 대지 못했거든.

조선 왕조 시절 아전과 향리들은 나라에서 봉급을 받지 못했단다. 그건 알아서 부정을 저지르고 살라는 뜻이나 다름없었지. 백낙신 같은 이의 명령을 받아 백성을 쥐어짜면서 그 일부를 챙겨 살아야 했다는 뜻이야. 그들은 부패라는 괴물의 몸통이 아닌 깃털 같은 존재였지. 하지만 기껏 난을 일으킨 백성들은 그들에게만 분을 풀었어. 아전은 만만했지만 경상우

병사 나리는 범접하기 어려웠던 탓일까.

그렇다면 나라에서는 백낙신에게 어떤 벌을 내렸을까. 전국 각지에서 터져 나온 '민란의 시대'의 시초라 할 진주민란을 유발한 백낙신은 사약을 받거나 최소한 귀양을 가야 마땅했지. 하지만 그는 파직 이상의 벌을 받지 않았어. 벌을 받기는커녕 이후로도 태연히 벼슬살이를 이어갔단다. 프랑스군이 강화도를 침공했던 병인양요 때는 경기도 해안 일부의 방어 책임을 맡았고 그 뒤에는 평안도 병마절도사에 임명되기도 해. 참 어처구니없지?

'시장판'으로 전락한 대한민국 정치판

세월이 가고 시대도 바뀌어서 1894년 갑오년에 수십만 동학 농민이 봉기했어. 30년 전보다 훨씬 대담(?)해진 사람들은 폭정을 일삼는 사또들을 죽이기도 하고 서울에 올라가 '권귀權貴'들을 없애리라 외쳤어. 그런데 "관료 선발을 돈을 벌어들이는 길로 여겨서 과거 보는 시험장을 모두 물건을 사고파는 시장으로 만들었다"라고 통탄하면서도 "우리 임금께서는 어질고 효성이 깊고 자애로우며 신명하시고 총예하시어서" 부패한 관리만 없어지면 잘될 거라고 주장했지. 매관매직, 즉 돈으로 벼슬을 사고파는 행태의 가장 큰 괴수는 바로 임금 고종과 왕비 민씨(명성왕후)였는데 말이야.

당시 얼마나 부패했었는지는 황현의 《매천야록》에 생생하게 기록되어 있단다. 황현에 따르면 "관찰사 자리는 10만 원 내지 20만 원이었고, 1등 수령은 적어도 5만 냥을 내리지 않았다. 관직에 부임하면 자기 돈으로 빚을 갚지 않고 다투어 공전을 끌어다가 갚고" 있었다고 해.

조선과 그 뒤에 짧게 들어섰던 대한제국을 망친 건 결국 부패였어. 온 나라가 썩어들어갔고, 높은 사람들부터 그 시궁창에 뿌리를 박고서 백성의 피와 땀으로 배를 불렸으니 망하지 않을 도리가 없었겠지. 가끔 임금이 "내가 덕이 없어서 그렇다. 지위 고하를 막론하고 탐관오리를 처벌한다"라고 언성을 높이기도 했지만 메아리 하나 울리지 않았단다. 백성의 고충을 덜어주겠노라고 기껏 관청 하나를 만들면 그 수장으로 오는 이들 역시 부패 관리였거든. 고양이에게 열쇠를 맡긴 어물전이 어찌 무사했겠어.

이렇게 얘기하다보니 비장한 표정으로 "부패 발본색원"을 선포하던 대한민국 국무총리의 얼굴이 떠오르는구나. 그분은 "부정부패 척결은 국가 명운이 걸린 과업으로 이번에 실패하면 다시는 기회가 없다는 각오로 정부의 모든 역량을 결집할 것"이라고 기염을 토하셨지. 얼마나 부패가 심하면 그렇게 결연한 표현을 썼겠어. 그런데 그분은 별로 친분도 없다던 기업인과 1년에 200회가 넘게 통화하는 친화력을 보이시며 '비타500'을 받아 건강(?)을 챙기셨다는 의혹을 받고 결국 총리직을 버려야 했단다.

총리에, 국회의원에, 대통령 비서실장에, 도지사까지 아주 휘황찬란한 이름들이 '돈 받은 리스트'에 올라 있었어. 가히 대한민국 정치판을 "물건 사고파는 시장판"으로 전락시킨 듯한 모습에 아빠는 참 궁금한 게 많았단다. 이번에는 정말 부패의 몸통을 찾아내고 그 목을 움켜쥘 수 있을까. 아니면 항상 그랬듯 깃털만 뽑고 마는 것일까. 그리고 저 사람들은 한때 망신을 당할지언정 백낙신처럼 되살아나 다시 우리 어깨 위에서 호령하며 살아가지는 않을까. 그날 아침 택시 타고 가는데 택시 기사 아저씨가 뉴스를 듣다가 중얼거리던 혼잣말이 아직도 기억나는구나. "총리 3,000만 원? 에이 약과네." 총리 공관 강아지도 약과 정도에는 물리지 않았을까.

영화 〈군도〉의 배경은 철종 13년(1862)이다.
진주민란을 필두로 온 나라가 봉기에 뒤덮였다.

15

이종찬 장군의 반성, 박상옥 대법관 후보자의 침묵

일제에 부역했던 친일파들이 이종찬의
반의반만이라도 반성했다면 우리 역사가 바뀔 수도 있지 않을까.
한국 현대사를 깔고 앉았던 여러 독재자의 수족으로
부역한 이들에게 반성을 바라는 건 요원해 보인다.

"네가 왜 여기에 있어?"

우리 현대사에는 친일파 문제가 꽤 큰 그림자로 드리워져 있어. 일제 강
점기 내내 수많은 분들이 일제에 맞서 싸웠고 끝내 독립을 맞았지. 하지
만 어떤 이들은 일제의 관리로, 경찰로, 군인으로 나름 '출세'하면서 일본
을 위해 복무하기도 했고, 또 어떤 이들은 예술·교육·경제 등의 분야에
서 일본인들의 비위를 맞추며 잇속을 차리기도 했어. 그들을 뭉뚱그려

        딸에게 들려주는 역사 이야기 2

'친일파'라고 부르지.

〈여명의 눈동자〉라는 옛날 드라마 DVD가 책장에 꽂혀 있는 거 혹시 봤니? 거기 보면 독립운동을 하던 드라마 주인공이 일제 치하에서 조선인 경찰에게 무지막지한 괴롭힘을 당하게 돼. 그런데 해방이 된 후 경찰서를 방문했을 때 그 악마 같은 조선인 경찰이 버젓이 자리에 버티고 있는 걸 보고 주인공은 절규한단다. "스즈키!(조선인 경찰의 창씨개명 이름) 해방이 됐어. 네가 왜 여기에 있어?" 일제 때나 대한민국에서나 전혀 거리낌 없이 잘나갔던 '친일파'의 단면을 잘 드러낸 장면이지.

드라마가 아닌 실제 예를 하나 들어볼까. 앞서 얘기했던 4·19혁명의 기폭제, 마산상고 1학년생 김주열이 눈에 최루탄이 박힌 채 처참한 시신이 되어 바다 위에 떠오른 사건이야. 그 김주열 학생을 바다에 던져 국가 범죄를 숨기려 했던 이는 마산경찰서 경비주임 박종표였어. 그런데 그는 일제 치하에서 아라이 겐베이라는 이름으로 악명 높았던 일본 헌병이었단다.

이종찬, 다른 친일파와는 다른

오늘은 이 같은 친일파 가운데 지위로만 보면 최상위급 반열에 들지만, 다른 친일파와는 여러모로 다른 사람 이야기를 하나 해주려고 해. 그의 이름은 이종찬(1916~1983)이야. 해방될 때 그는 일본군 소좌였어. 중국 등지에서 일본군 장교로 큰 공을 세워 일제 35년 내내 조선인 중에는 두 명밖에 없었던 고급 훈장을 받은 인물이기도 했지. 그의 할아버지 이하영은 대한제국의 대신 출신으로 일제에서 자작이라는 귀족 칭호를 받았으니, 그야말로 '친일파 중의 친일파'였다고 할 수 있을 거야.

이종찬은 미군에 억류됐다가 해방 다음 해에야 귀국할 수 있었어. 그런데 그때는 벌써 해방의 만세 소리보다 한민족끼리 좌우로 갈려 으르렁대는 소리가 더 높았단다. 혼란의 와중에 이종찬의 과거 일본군 동료들은 미군정이 세운 조선 경비대에 떼로 들어가 있었지. 이종찬이 고개 한 번 끄덕이면 '해방 조선(그때는 대한민국 전이니까) 군대 건설의 주역'으로서 떠받들어지는 건 그리 어려운 일이 아니었을 거야.

하지만 이종찬은 이걸 거부해. "일제에 부역한 것이 부끄러워 견딜 수 없다. 자숙하고 반성하면서 야인野人(세상과 인연을 끊고 조용히 살아가는 사람)으로 살겠다"면서 말이지. 그는 전쟁 말기 아버지가 죽은 뒤 자신에게 돌아온 일본군 자작 작위도 거절했어.

일본이 망해가는 걸 두 눈으로 목격했기 때문에 그랬다는 냉정한 평가도 있지만, 그의 부끄러움은 진심이었던 것 같아. 반민족행위자특별조사위원회(이하 반민특위)에 스스로 출두해서 자신의 과오를 털어놓기도 했거든. 반민특위 역시 그가 창씨개명을 하지 않고 작위 물려받기를 거부한 점을 사서 무죄판결을 내려. 그제야 이종찬은 대한민국 육군 대령으로 임관하게 돼.

일본군 장교로서 일제에 부역했던 '친일파' 출신의 이종찬 장군(곧 별을 달거든)은 이후 자신이 얼마나 과거를 부끄러워했는지 행동으로 보여준단다. 정규 육군사관학교가 설립됐을 때, 이종찬 당시 육군참모총장은 일본군 출신과 만주군 출신을 제치고 일면식도 없던 광복군 출신 안춘생 장군(그는 군 내부에서 소외되고 있었다는구나)을 교장으로 임명해. "초대 육군사관학교장은 대한민국의 얼굴인데, 당연히 광복군 출신이 교장이 되어야 한다고 생각했습니다. 거기다 안춘생 장군은 안중근 의사의 사촌동생이니까요. 나는 육군사관학교에서 안중근 의사 같은 사람이 한 명만 배

출돼도 육군사관학교는 성공했다고 봅니다."

'독재의 부역자'들도 잊어서는 안 되지

친일파들이 이종찬의 반의반만이라도 반성하고 자신의 과거를 명예로이 씻었더라면 우리 역사는 어떻게 바뀌었을지 몰라. 반성이란 그래서 소중한 거란다. 반민특위조차도 정상을 참작한, 친일 혐의를 하염없이 부끄러워했던 이종찬 장군이었기에, 전쟁 중인 군대를 빼돌려 후방에 계엄령을 선포하라는 대통령의 부당한 명령을 거절했지(이때 이승만 대통령은 자신의 명령을 거부한 이종찬 참모총장을 죽이라고까지 하며 길길이 날뛰었지). 그리고 군부의 정치 개입 때문에 돌이킬 수 없는 패망으로 치달았던 일본을 거울 삼아 군의 정치 개입에 완강하게 반대할 수 있었을 거야.

　부당하고 잔인한 권력에 빌붙어 그릇된 충성을 다하는 것을 부역附逆이라고 하지. 부역자가 일제 강점기 때만 있었던 건 아닐 거야. 한국 현대사를 깔고 앉았던 여러 독재자의 수족이 돼서 사람들을 괴롭히고 잡아들이고 협박하고 때로는 죽이기까지 했던 이들, 그 범죄를 감싸고 숨기고 왜곡했던 이들 역시 독재의 부역자로 불려야 마땅하겠지. 그들 역시 직접 주도하지 않았다 하더라도, 심지어 심부름만 했다 하더라도, 자신이 민주주의를 짓밟고 인간의 존엄을 유린하는 국가적 범죄의 일원이었음을 뼈저리게 반성해야 옳을 거야. 최고 '스펙'을 지니고도 3년이나 군 입대를 거부하며 참회의 나날을 보냈던 이종찬 장군처럼 말이야.

　반성 후에도 과거의 과오를 수시로 되새기고 혹여 비슷한 일을 되풀이하지 않기 위해 스스로 경계를 게을리하지 않아야 해. 대통령의 정치 개입 명령에 "군인 된 자 수하를 막론하고 국가 방위와 민족 수호라는 본분을 떠나서는 일거수일투족이라도 허용되지 않는다"(육군훈령 제217호)라고 맞섰던 이종찬 육군참모총장처럼 말이야.

반성 없는 이들의 모습에 그저 쓴웃음만

1987년 1월, 옷이 얇은 친구를 보면 한겨울임에도 자기 점퍼를 벗어 줄 정도로 착하디착했던 대학생이 범죄 용의자도 아닌 참고인으로 끌려갔다가 물고문당해 죽었어(박종철 고문 치사 사건). 그 뒤 대한민국 정부는 물고문 가해자를 두 명으로 축소해버려. 그들을 꼬리 삼아 잘라내고 몸통을 숨기려는 도마뱀으로 둔갑한 거지. 경찰은 각본을 짰고, 검찰은 눈을 감았어. 교도소에서는 "왜 나만 당해야 하느냐"라는 고문 경관들에게 돈을 얼마 줄 테니 이렇게 하자는 추잡한 거래가 일어나고 있었고.

2015년 5월, 그때 담당 검사였던 분 하나가 대한민국의 대법관으로 임명되었단다. 그분은 "실체적 진실을 규명하지 못한 점에 대해 수사 검사의 한 사람으로서 안타깝고 송구하다"면서도 본인은 '말단 검사'였고 경찰이 입을 맞춰 얘기하니 어쩔 수 없었다고 변명하셨지. 하지만 말단이든 수뇌든 검사라는 직업은 바로 그분이 하지 못한 일을 하라고 국가가 월급을 주는 직업임을 지적하면서, 현직 판사가 다섯 명이나 그분의 대법관 임명을 공개적으로 반대했어. 아빠는 그분이 진실로 안타깝고 송구하다면 대법관 후보를 사퇴해야 한다고 생각했었어. 일본군 경력이 부끄러워서 3년 동안이나 야인으로 살았던 이종찬 장군을 본받아서 말이야.

"비록 알지는 못했으나 한 무고한 젊은이를 죽음에 이르게 했으며 그죽음마저도 은폐 조작하려던 국가적 범죄의 현장에 있었다는 것만으로 저는 수치심을 금할 수 없으며, 국민이 주인인 대한민국 전직 검사로서 대법관의 지위를 사양할 수밖에 없음을 유감으로 생각합니다"라면서 물러섰다면, 아마 그분은 지금도 '참군인'으로 불리는 이종찬 장군처럼 불운하게 부역자가 됐으나 더 큰 명예로 과오를 덮은 '참검사'로 남을 수 있었을 거야. 하지만 그럴 생각은 별로 없으셨던 것 같다. 역시나 싶어 헛웃음을 지어봤지만 쓰디쓴 입맛은 어찌할 수 없었던 기억이 새롭구나.

'친일파' 출신 이종찬 장군. 그는 반민특위에
스스로 출두하는 등 과오를 반성하는 모습을 보였다.

16

두 번의 5·18과 '29만원의 그 사람'

'정치 군인' 전두환은 1961년 5월 18일
5·16 군사 쿠데타를 지지하는 육사생도들의 행진을 조직했다.
그로부터 19년 뒤 전두환 일파는 '광주의 5·18'을 무참히 짓밟았다.
그리고 그는 오늘도 아주 잘살고 있다.

5·16 '군사정변' 시작되다

1961년 5월 16일 새벽이었어. 김포에서 출발한 해병대 트럭이 우릉우릉 소리를 내면서 서울로 들어오고 있었지. 지휘관은 해병 여단장 김윤근 준장. 그는 국방장관이나 참모총장의 명령이 아닌 별 두 개짜리 장군의 명령을 받고 출동하는 길이었단다. 별 두 개, 즉 소장小將 계급장을 단 장군의 이름은 박정희. 그는 서울 염창교 근처에서 해병대와 만나. "다른 부대는 나오지 못했소. 해병 여단만으로 강행해야겠소. 김 장군만 믿소."
해병대는 다시 서울 시내를 질주하기 시작해 당시 한강에 하나뿐인 다리
였던 한강대교를 건너. 이른바 5·16 '군사정변', 즉 쿠데타가 본격화하는
순간이었지.

낭시 정부가 제대로 된 정부였고 임무를 맡은 사람들이 제 몫만 했으면
이 '군사정변'은 한강을 건너지도 못하고 진압됐을지 몰라. 하지만 역사
는 그렇게 흘러가지 않았어. 참모총장은 해병대가 출동한다는 말을 듣고
도 군사정변의 주모자를 '설득'하고 있었고, 대통령(이때는 내각책임제여서
실제 권력은 총리에게 있었지만)은 "올 것이 왔구면"이라는 묘한 말을 하면
서 군사정변에 강력히 대응하지 않았지.

그럼 정부의 수반, 즉 최고 권력을 쥔 총리는 무얼 하고 있었을까? 이
름이 장면張勉이었던 이 대한민국 총리는 우리 현대사에서 매우 볼썽사나
운 '장면'을 연출해. 쿠데타 소식을 듣자마자 숙소에서 뛰쳐나가 가톨릭
수녀원에 숨어버린 거야. 그 긴박한 상황에서 무려 54시간이나. 주한 미
군 사령관 매그루더나 수십만 정예군을 거느린 1군 사령관 이한림은 쿠
데타 진압을 주장했지만 막상 그걸 지휘하고 명령할 총리가 수녀원에서
숨을 죽이고 있었던 거야. "뭐 그런 사람이 다 있어? 세월호 선장 같아!"
하고 투덜거릴 네 모습이 눈에 선하구나.

결국 군사정변은 현실이 되고 말았어. 처음에 "혁명 과업이 성취되면
원대 복귀하겠다"던 박정희 소장은 "다시는 나 같은 불행한 군인이 없기
를" 기원하면서 전역한 후 대통령이 됐고, 18년 6개월 뒤 '불행한' 최후를
맞기 전까지 그 자리를 지키게 되었단다.

1961년 5월 18일 육사생도들의 쿠데타 지지 행진

5·16 이틀 뒤인 5월 18일. 쿠데타가 거의 성공 단계에 접어들었지만 아직 확고해진 건 아니었던 날. 당시 쿠데타군의 핵심이었던 김종필 중령의 회고록에 따르면 그날 오전 10시까지도 주한 미군 사령관은 "원대 복귀"를 요구하고 있었다더구나. 그런데 거의 비슷한 시간대에 서울에서는 시민에게 군사정변이 사실상 성공했음을 각인시키는 이벤트가 펼쳐지고 있었어. 육군사관학교 생도들이 열을 지어 '혁명 지지' 퍼레이드를 벌인 거야.

육군사관학교의 사관생도와 장병들은 종로, 세종로, 태평로 등 수도의 심장부를 꿰뚫고 보무당당히 시가행진을 하면서 5·16 군사혁명을 지지 성원했다. …… 연도에 모여든 수만 시민들로부터 박수를 받았다 (《동아일보》 1961년 5월 19일).

아빠가 고2쯤 읽은 《제3공화국》이라는 책의 한 대목이 아직도 기억에 선명하다. "한 애국심에 불타는 대위"가 박정희 소장을 방문하여 용감하게 거사의 이유를 물었다고 해. 책 속에서 이 대위는 무슨 어린 날의 이순신쯤으로 묘사돼 있었지. 새까만 대위 주제에 쿠데타 최고 지휘관에게 전혀 주눅 들지 않고 대드는 영명한 사람으로. 그도 그럴 것이 대위의 이름은 **전두환**이었거든. 아빠가 그 책을 읽을 즈음의 대한민국 대통령. 그는 박정희 소장의 '혁명의 대의'를 인정한 뒤 육군사관학교 생도들의 행진을 조직했다고 해. 육사 11기, 4년제 정규 육사로는 첫 기수였던 그는 후배들에게 '말발'이 먹히는 선배였다더구나. 1961년 5월 18일, 전두환이라는 이름은 그렇게 역사에 등장하지. 박정희 소장은 이 눈치 빠른 장교를 아껴 대통령이 된 뒤에도 끼고 다녔다고 해. 대통령 박정희가 죽은 후, 역시 별 두 개였던 전두환 소장은 박정희 대통령과 비슷한 방식으로 피어나던 민주주의의 봄을 짓밟게 돼. '불행한 군인'이 또 나온 셈이야.

1980년 5월 18일 광주 시민들의 저항

그가 육사생도들을 채근해 행진에 나섰던 1961년 5월 18일로부터 정확히 19년 뒤인 1980년 5월 18일. 그 전날 전두환 일파는 힘없는 정부를 압박해 비상계엄을 선포했고 전국 각 도시에 군인을 출동시키고 총칼로 사람들을 억누르려 들었지.

그리고 마침내 광주에서 비극은 폭발하고 말아. 네가 영화 〈26년〉(2012)에서 본 그대로. 전두환의 군인들은 학생이든 시민이든 관계없이 몽둥이로 머리를 깨뜨렸고 군홧발로 얼굴을 뭉갰고 대검으로 배를 찔렀어. 남편의 귀가를 기다리며 거리에 나온 임신부가 총에 맞았고, 살려달라고 사정하던 사람들이 싸늘한 시체로 변했어. 육사생도 시위를 조직해서 5·16 군사정변의 한 장을 장식했던 전두환은 어쩌면 자신의 군대가 위용을 갖춰 행진하고 여차하면 짓밟아버릴 경우 19년 전의 5·18처럼 사람들이 순순히 자기 맘대로 되리라 생각했던 게 아닐까. 그러나 광주는 달랐어. 광주 시민들은 전두환의 군대에 저항해 무기를 들었거든.

어떤 사람들은 그렇게 얘기해. 아무리 그래도 군대에 맞서 총을 든 건 잘못 아니냐고. 부산 가면 할아버지도 그러시지. 하지만 아니야. 민주공화국 국민은 민주적으로 선출된 정부에 복종할 의무가 있지만 부당한 권력에 항거할 권리 또한 있어. 그 권리를 제대로 행사하지 못할 때 국민은 노예가 되는 거야. 총을 들고 저항한 게 잘못이라면 왜 미국인은 영국에 대항하여 봉기한 독립선언을 기념하고, 프랑스인은 시민들의 정부 요새 공격(프랑스혁명일)을 기리며 요즘도 몇 날 며칠을 축제로 지새우겠니. 광주 시민은 "모든 권력은 국민으로부터 나오는" 대한민국의 자존심을 세웠던 거란다. 비록 고립되고 포위돼서 아무도 도와주지 못하는 가운데 처절하게 스러져갔을지언정 말이다.

오늘도 잘 살고 있을 그를 떠올리며

악몽 같은 1980년 5월 18일 이후 수백 명이 죽었어. 그중 가장 어린 희생자는 아빠랑 동갑이었다. 1970년생 개띠였어. 우리 나이로 열한 살. 이름은 전재수. 동갑이니까 막 부른다고 치고, 재수는 동네 아이들과 놀다가 군인 아저씨들이 트럭을 타고 지나가는 걸 봐. 아빠가 어렸을 때 장래 희망을 물으면 꽤 많은 아이들이 '군인'이라고 대답했으니 재수 역시 신이 나서 군인 아저씨들을 향해 손을 흔들었을지도 몰라. 그런데 그 아저씨들은 재수를 향해 총을 겨눠. 시민에게 쫓겨 달아나다가 광주시 바깥에 진을 치고 있던 동료 군인들이 오해하고 쏜 총에 여럿이 죽고 다친 원한을 풀려던 거였을까. 아니면 열한 살 아이도 용서 못 할 폭도로 보였을까. 아빠랑 동갑이었던 재수는 무려 열 발이 넘는 총탄을 맞고 죽어갔단다.

그 총을 쏜 군인 아저씨도 아마 부모가 있었을 것이고, 재수만 한 조카가 있었을 거야. 하지만 그들은 열한 살 어린아이의 작은 몸뚱이에 열 발이 넘는 총알을 박아 넣는 악귀로 돌변했단다. 그들을 악귀로 만든 건 누구였을까. 바로 전두환이었어. 1961년 5월 18일 쿠데타군에게 승리의 신호를 보낸 육군사관학교 생도들의 퍼레이드 연출자이며, 1980년 5월 18

일 광주를 피눈물의 도시로 만들고 선량한 청년을 사람 잡는 악귀로 만들었던 사람. 눈치 챘는지 모르겠지만 아빠는 가급적 그 이름 뒤에는 대통령 칭호를 붙이지 않아. 그는 민주공화국에서 있어서는 안 될 '불행한 대통령'이었으니까. 해마다 5월 18일은 돌아오고 많은 이들이 그를 새삼 기억 밖으로 끄집어낸다. 아마 그에게도 5월 18일은 잊기 힘든 날일 거야. 육사생도들의 행진과 공수부대의 '활약'으로. 얼마 전 그의 아내 이순자 씨가 "우리도 5·18의 희생자였다"고 인터뷰를 했다지. 참 세상은 넓고 희한한 사람들은 많다.

전두환과 이순자(1981년 미국 방문 당시).

17

강기훈 유서 대필 사건, '인간의 판결'임을 이해해달라고?

강기훈 유서 대필 사건은 드레퓌스 대위 사건에 곧잘 비유된다.
2015년 5월 14일 강기훈 씨가 24년 만에 무죄판결을 받았다.
그사이 그는 암을 얻었다. 그를 음해했던
'어둠의 세력들' 보란 듯이 잘 살아주길 바랄 뿐이다.

남이 대신 써준 유서를 두고 자살하는 사람이 있다?

영화 보기 좋아하는 네게 숙제 하나 내볼까? 네가 시나리오 작가라고 치
고 조폭 악당이 누군가를 자살로 위장해서 죽이려 하는 장면을 상상해보
렴. 먼저 뭘 해야 할까? 그렇지! 유서. 자살(?)해야 하는 사람에게 "이걸
써 놓고 죽으면 네 가족은 우리가 책임진다"라고 꼬드기든 "곱게 죽을래,
아니면 고통 받으며 죽을래" 하며 협박을 하든 피해자로 하여금 직접 유

서를 쓰게 해야 할 거야. "부모님, 먼저 갑니다. 여보, 아이들 잘 키워 주세요" 하는 식으로 말이야. 그런데 피해자가 끝까지 유서 쓰기를 거부한다고 쳐. 그때 악당이 씩 웃으며 "그럼 우리가 써주지" 하면서 피해자 대신 유서를 쓰는 장면이 등장한다면 너는 어떻게 생각할까? 네 버릇처럼 이렇게 외칠 것 같구나. "장난해 지금? 남이 대신 써준 유서를 두고 자살하는 사람이 어디 있어?" 그런데 그런 일이 실제로 일어났단다. 아니, 일어났다고 대한민국 법정이 판결했단다. 지금으로부터 26년 전에.

1991년 4월과 5월은 더할 수 없이 잔인한 봄이었다. 4월 26일 서울 명지대학교 1학년 강경대 학생이 시위 도중 경찰에 붙잡혀 쇠파이프로 잔인하게 폭행당해 사망한 일이 벌어졌어. 백주대낮에 경찰이 사람을 때려 죽였다! 대학생들은 치를 떨었고 시민들도 분노했지. 수만 명 시위대가 전국 각 도시의 거리를 점거했고 정부는 전전긍긍했어. 그런데 분노가 너무 컸던 탓일까. 강경대가 죽은 며칠 후 전남대학교에서 한 여학생이 동료 학생들의 투쟁을 호소하며 온몸에 기름을 끼얹고 스스로 불을 붙이는 일이 벌어졌어. 이 분신焚身 사태는 전국으로 확산됐고.

분신자살 사건 그리고 유서 대필 조작 사건

1991년 5월 8일, 강경대 학생이 맞아 죽은 후 세 번째 분신 사건이 일어났어. 장소는 서강대학교. 죽은 사람은 대학생이 아니라 전국민족민주운동연합(줄여서 전민련)이라는 사회운동 단체에서 사회부장으로 활동하던 김기설이라는 사람이었어. 학생 셋이 불에 타 죽어가는 것을 보고 그는 동료들에게 자신도 분신하겠다는 뜻을 밝혔다고 해. 기절초풍한 동료들이 그를 '감시'하며 지켰지만 김기설은 그들을 따돌린 뒤 분신으로 짧은

생을 마감한단다.

아마 너는 도저히 이해를 못 할 거야. 왜들 그렇게 소중한 목숨을 내던 졌는지. "우리는 기계가 아니다"라고 부르짖으며 분신했던 전태일과도 달라. 전태일은 죽음을 택하기 전에 모든 노력을 다했고, 그 발버둥을 외 면하고 짓밟는 정부에 대한 마지막 항의 수단으로 분신을 택한 거였거 든. 하지만 이때의 분신은 "내가 이렇게 결의하고 몸을 불사르니 남은 이 들이여 내 대신 싸워다오" 하는 생각의 종점이었어. 사람들이 분노한 건 정권의 폭력으로 인해 한 목숨이 허무하게 사라졌기 때문이었는데, 그에 맞서 싸운다는 이들이 무더기로 목숨을 버리는 상황이 벌어진 거야. 결과 적으로 그 분신들은 도리어 국민의 반발을 불러일으켰단다. 분노의 방향 이 틀어져버린 거야. 위기에 몰린 정부는 기회를 놓치지 않았어.

김기설 씨가 분신한 5월 8일, 당시 정구영 검찰총장은 "분신자살 사건 의 배후에 이를 부추기는 조직적 세력이 있는지를 조사하라"고 전국 검찰 에 명령을 내려. 여기에 서강대학교 총장이었던 박홍 신부가 가세한다. 한때 반정부 활동도 했던 이 신부는 김기설 씨 분신 직후 기자들까지 부 른 공개설명회에서 성경을 손에 들고 "죽음을 선동하거나 이용한 반생명 적 세력의 실체가 있다"면서 언성을 높였어. 검찰총장이 전국 검찰에 명 령하고 성직자 대학 총장이 성경에 손을 얹고 선언하자 밑도 끝도 없던 '악의적인 소문'은 점차 '사실'의 외투를 입기 시작했어. "설마 그럴 리가" 하며 혀를 차던 사람들이 "혹시 그럴 수도"에 무게를 싣게 됐다고나 할까.

여기서 대한민국 검찰은 아빠가 이 글 첫머리에서 말한 "장난 같은" 혐 의를 누군가에게 뒤집어씌우게 돼. 전민련 동료였던 강기훈이라는 사람 이 김기설의 유서를 대신 써줬다는 거지. 검찰은 강기훈의 필적이 김기 설의 유서 필적과 같다고 우겼고 이 주장에 반하는 모든 증거를 물리쳤어. 검찰이 자신들의 주장을 부인하는 김기설의 여자친구 등 주변 인물에게 구속 협박까지 서슴지 않던 와중에 국립과학수사연구소는 "강기훈의 필적 맞음"이라고 회신을 보내. "친구가 자살하겠다는데 유서를 써줬다"는 자살 방조 혐의는 점점 사실이 되어갔어.

"신이 아닌 인간의 판결임을 이해해달라"

유서 쓰기조차 거절하는 친구의 유서를 대신 써주고 죽음으로 몰고갔다면 이건 '자살 방조'가 아니라 '살인'으로 다스려져야 할 일이야. 하지만 대한민국 법원은 '필적이 같다'는 국립과학수사연구소의 통보 외에는 어떠한 확증도 없이, 또 언제 어디서 어떻게 강기훈이 유서를 대필(?)했는지에 대한 소명도 없이 전도양양한 한 젊은이에게 친구의 '자살방조범', 즉 유서 쓰기를 망설이는 친구의 유서를 써주고 "이제 죽어라"고 뇌까리는 악마의 혐의를 뒤집어씌웠단다. 1심, 2심 그리고 대법원까지.

어떻게 그럴 수가 있어? 눈을 동그랗게 뜨고 아빠를 보지 말아주렴. 아빠는 그 시선을 맞받을 자신이 없구나. 1심 판사는 판결문에서 이렇게 얘기해. "이번 판결이 객관적으로 절대적 진실에 부합하는지 여부는 알 수 없으나 현재까지의 증거로 볼 때 피고인이 유서를 대신 썼다고 인정할 수밖에 없다." 그런 다음 이 판사는 묘한 한마디를 덧붙인단다. "신이 아닌 인간의 판결임을 이해해달라." 이 말을 들으면 넌 더 빌끈해서 말하겠지. "누가 신神씩이나 하래? 인간적으로 어떻게 그럴 수 있냐고!" 아빠도 물어보고 싶다. 지금도 호의호식하며 살아가는 당시의 판·검사들에게 정말로 저 젊은이가 유서를 대신 써주고 친구를 죽음으로 몰아넣었다고 믿었느냐고 말이야. 정말이지 '인간적으로'.

세월이 흘렀다. 당시 스물일곱 젊은이였던 강기훈 씨는 이제 쉰을 넘겼지. 부모님은 다 암으로 돌아가셨고, 본인도 암을 얻어 투병하는 상황에서 그는 재심을 청구했단다. 2012년 12월 재심 첫 공판에서 그는 과거 검찰이 자신을 "공산주의자 십대신조를 맹신하고 부모를 죽일 수 있는 인격의 소유자"라고 불렀음을 상기시키지. 그런 논고를 들은 부모와 자식의 가슴에서 암 덩어리가 자라지 않을 수 있었을까.

그는 1심과 2심에서 무죄를 받아냈어. 1991년 강기훈을 악마로 만든 결정적 공로자인 국립과학수사연구소도 사실상 유서의 필적이 분신자살한 김기설 씨의 것임을 인정했단다. 그런데! 참으로 부끄럽게도 그런데! 검찰은 이 무죄판결을 거부하고 대법원에 상고했어. 또 하염없이 시간이 갔고, 2015년 5월 14일에야 강기훈 씨는 최종 판결을 받게 됐단다. 무죄.

김기설 씨가 분신한 지 꼭 24년하고도 6일 뒤의 일이지. 이 사건은 19세기 말 프랑스에서 간첩 누명을 쓰고 오랜 옥살이를 하다가 진실이 밝혀지면서 명예를 회복했던 드레퓌스 대위 사건에 곧잘 비유돼. 누명을 벗은 드레퓌스 대위가 소령으로 진급하여 원대 복귀하던 날 수만 군중이 그 앞에서 "드레퓌스 만세, 진실 만세"를 부르짖었지.

2015년 5월 14일, 아빠는 아침부터 인터넷 검색을 하며 대법원 판결을 기다렸단다. 무죄 소식을 들은 소감은 기쁨이라기보다는 안도였지. 24년 야만의 터널이 이제야 끝났구나 하는 안도. 기쁨에 들떠 대한민국 만세, 진실 만세를 외치기에는 아직 우리나라가 어둡기 때문에서였던 듯하구나. 여하튼, 강기훈 씨의 건승을 기원한다.

2016년 11월, 강기훈 씨는 국가를 상대로 손해배상청구 소송을 제기했어. 그는 법원에서 1991년 당시의 검찰 조사를 회상하며 이렇게 말했지. "과학은 과학이 아니고 공권력은 공권력이 아니었습니다." 어디 과학이

나 공권력뿐이었겠니. 당시 대한민국의 법은 법이 아니었고, 성직자는 성직자가 아니었고, 진실은 진실이 아니었단다.

강기훈 유서 대필 사건은 19세기 말 프랑스에서 간첩 누명을 쓰고 옥살이를 하다가
진실이 밝혀진 드레퓌스 대위 사건에 비유되곤 한다.

18

2009년 봄, 어느 '바보'의 죽음

2016년은 병신년이었다. 120년 전 1896년(병신년)
1월 1일 단발령이 내려졌다. 단발령을 근대화의 한 조처로 알고 있지만
그 부작용은 컸다. 섣부른 단발령으로 갑오년·을미년에 태동한
개혁의 동력이 날아갔다.

2009년 봄 어느 날의 기억

2009년 봄 어느 날, 엄마가 이번 주말은 꼭 시간을 비워달라고 하더구나.
네가 피아노 콩쿠르에 나간다고. 그렇게 일을 미룬 토요일 오전, 책상에
앉아 인터넷에서 노닐고 있는데 이상한 뉴스가 떴어. '노무현 전 대통령
투신.' 투신은 중태로, 이어 사망으로, 서거로 바뀌었지만 아빠는 그다지
큰 느낌이 없었어. 전직 대통령으로서 형을 비롯한 가족의 돈 문제로 검

찰에 불려가 조사받는 등 철저하게 망신을 당하고 있었기에 저 자존심 강한 양반이 극단적인 선택을 할지 모른다는 짐작을 하고 있어서였을까. 아빠는 그렇게 큰 동요 없이 차를 몰고 으리으리한 건물로 가서 네가 흰색 드레스를 입고 예쁜 티아라를 쓴 채 피아노를 뚱땅거리는 걸 지켜봤단다.

다음 날은 일요일이었지만 아빠는 일을 나갔지. 택시를 타고 돌아오는 길에 시내를 통과하면서 아빠는 덕수궁 앞에서 내려달라고 했어. 덕수궁 앞에 시민이 자발적으로 세운 분향소에 들렀다가 목욕탕이라도 갈 참이었지. 하지만 아빠는 목욕탕에 가지 못했어. 줄이 덕수궁 돌담길 끝까지 늘어서서 아빠가 빈소 앞에 서기까지 세 시간이 넘게 걸렸거든. 그런데 지루한 기다림 끝에 노무현 대통령 영정 앞에 이르렀을 때 아빠는 뜻밖의 경험을 했어. 갑자기 눈물이 터져 나왔던 거야. 어, 왜 이러지 싶을 정도로. 의아했지만 걷잡을 수 없을 정도의 눈물이었어.

돌아오는 길에 코를 팽팽 풀면서 아빠는 고개를 계속 갸웃거렸어. 내가 왜 이럴까. 노무현 대통령을 열렬히 지지하지도 않았는데, 되레 정책에 고개를 저은 적이 많았는데, 주변 인물의 연이은 사고에는 입꼬리를 말아 올렸는데, 그런 나였는데. "당신도 별수 없군, 흥!" 그러던 아빠가, 왜 노무현의 영정 앞에서 무참히 허물어졌을까. 왜 그 후 1주일을 눈물 바람으로 지내야 했을까. 왜 그랬을 것 같니? 오늘은 아빠의 과거 흔적을 통해 답을 찾아보려 해.

수많은 '아빠'의 가슴에 불을 지른 '바보'

노무현 대통령이 퇴임한 다음 날, 그러니까 2008년 2월 26일, 아빠는 블로그에 이렇게 적었단다. '님에게 보내지는 마음들도 꽃다발 모양부터 화살 형상까지 다양각색일 것입니다. 저 개인적으로는 님의 행보에 유감없는 박수를 보낼 수는 없습니다. 솔직히 님은 제가 님에게 붓두껍을 갖다 댔던 이유에 부응해주시지 못하셨습니다.' 팔짱 낀 채 입술 삐죽이는 아빠를 거울 속에서 보는 것 같다. 더 읽어보자.

'저로 하여금 무관심의 담장 위에 성큼 올라서게 했던 것은 결국 당신, 아니 당신을 떠받친 사람들의 물결이었기 때문입니다. 담장 너머의 세상과 담장 이전의 세상을 깨우쳐준 사람이 당신으로 대변되는 희망이었기 때문입니다.' 1995년 사회에 나온 이래 아빠는 그야말로 사회와 담을 쌓고 살아야 했지. 일도 가장 많을 때였고, 결혼도 하고, 오빠와 네가 태어났고, 너희들의 옹알이에 즐거워했지만 또 IMF 구제금융이라는 국가적 위기가 닥치기도 했고. 그래서인지 사회적 이슈에는 그리 큰 관심을 두지 못했어. 노무현은, 그런 아빠에게, 네가 돌이 막 지났을 때쯤, 2002년 월드컵만큼이나 흥분을 안겨준 정치인이었단다.

영화 〈변호인〉에서 나왔던 대사 기억나니? "바위는 아무리 단단해도 죽은 기고 계란은 아무리 약해도 살은 기라꼬. 바위는 부서져 모래가 되지만 계란은 살아서 바위를 넘는 기라예." 말은 이렇게 하지만 정말 계란 같은 머리로 바위를 들이받은 사람은 흔치 않을 거야. 그런데 노무현은 몇 번씩이나 자신에게는 최악에 가까운 선택을 하며 원칙을 지켰던 사람이었어. 오죽하면 별명이 '바보'였겠니. 아빠 역시 그 바보에게 감동한 사람 중의 하나였단다. 그라는 존재 덕분에 아빠는 돌아보지 못했던, 아니 잊고 있었던 내 삶의 일부분을 다시 들여다볼 수 있었단다.

한국에서 부귀영화를 누리고자 하는 사람은 모두 권력에 줄서서 손바닥을 비비고 머리를 조아려야 했습니다. 그저 밥이나 먹고 살고 싶으면, 세상에서 어떤 부정이 저질러지고 있어도, 어떤 불의가 눈앞에서 저질러지고 있어도, 강자가 부당하게 약자를 짓밟고 있어도, 모른 척하고 고개 숙이고 외면했습니다(노무현 대통령 후보 출마 연설 중).

그건 아빠의 모습이었거든. 우리 가족이 어떻게 잘 먹고 잘 살까를 고민하는 게 절대 나쁜 일은 아니겠지만 남의 가족이 어떻게 먹고사는지는 나랑 상관이 없었고, 나한테 피해를 주지 않으면 '누가 뭘 해먹든, 악행을 저지르든, 나랑은 상관없어'만 생각하며 종종걸음 치던 사람 중 하나였다는 뜻이야. 그런 사람들의 가슴에 노무현은 불을 질렀어.

당신이 꿈꾸었던 세상을 일굴 수 있도록 ······

2002년 대통령 선거 전날이었다. 노무현 후보와 후보단일화 합의를 하고 물러섰던 정몽준 의원이 별안간 노무현 지지를 철회한다는 선언을 했지. 그날 아빠는 전화와 문자를 수십 통 받았다. 마치 자기 일처럼 발을 동동 구르는 평범한 아빠의 친구들로부터.

그 가운데 압권은 아빠의 선배가 보내 온 이메일이었을 거야. 얼굴 한 번 마주친 적이 있을까 말까, 근 10년을 전화 연락도 한 적 없는 증권사 직원이었지. 제목은 '나를 아는 모든 분들께'였어. 거기에는 노무현이 '전라도당'으로 낙인찍힌 당의 후보로 부산에서 출마했을 때, 사람들의 외면 속에서 꼬마들과 강아지들을 앞에 두고 피 토하듯 연설하는 동영상이 첨부되어 있었어. 이렇게 계란으로 바위에 돌진한 사람을 외면하지 말자고, 선배는 '자신을 아는 모든 사람들에게' 메일을 보냈던 거야. 모르긴 해도 그 선배는 수백 개 명함을 뒤적이며 메일 주소가 오타 날까봐 또박 또박 타이핑하면서 울었을 것 같구나.

그날 밤 수백만 통의 문자와 전화와 인터넷 포스팅이 대한민국의 허공을 갈랐을 거야. 새벽 1시에 아빠에게 전화한 아빠 후배처럼. 그는 숫제 통곡을 했어. "어떡해요 선배님. 어떡해요." 어떡하긴 뭘 어떡하냐고, 잠이나 자라고 타박하긴 했지만 아빠도 비슷한 마음이었지. 그날 밤 그 간절함과 뜨거움의 기억은 노무현만의 것도 아니었고, 노무현을 위한 것도 아니었고, 노무현에 의한 것도 아니었어. 최소한 세상은 이래야 한다, 이렇게 바뀌어야 한다고 믿는 이들의 일어섬이었고, 손 모음이었고, 터져 나오는 함성이었어. 노무현을 위해서가 아니라 우리 자신을 위한.

2009년 5월 덕수궁 앞에서 아빠가 별안간 눈물을 쏟아낸 건 노무현 개인의 비극에 대한 슬픔 때문이라기보다는 그를 대한민국 대통령으로 끌어올렸던 수많은 손들의 '희망과 용기'가 무참히 꺾이는 느낌 때문이 아니었을까 싶구나. 그리고 다음 날 아빠는 노무현 대통령에게 이렇게 편지를 썼지. 그로부터 8년, 아빠는 오늘도 그 내용을 주문처럼 외고 싶다. "당신으로 상징되었던 상식의 세상, 잔머리 굴리고 눈치 보지 않아도, 돈과 거리 멀고 '빽' 아주 없어도, 노력한 만큼 인정받고, 최소한의 사람으로서의 권리는 보장받는 그런 상식의 세상을 위해, 당신을 사랑하는 사람들이 나서주도록 그곳에서도 밀어주시기 바랍니다. 이제 숨이 끊어진 당신에게 집착할 것이 아니라, 당신을 미워하던 사람들을 미워하기만 할 것이 아니라, 당신만을 사랑하노라 목 놓아 울 것이 아니라, 당신을 넘어서서 당신이 가끔 보였던 오류와 실수를 극복하고 당신이 꿈꾸었던 사람 사는 세상을 일구는 데 힘을 보탤 수 있도록."

2009년 5월 29일,
고故 노무현 대통령 영결식에 참석한 시민들.

19

'지역감정'이라는 야만의 역사

지역 갈등의 뿌리는 조선시대까지 올라간다.
특정한 도에 산다는 이유만으로 그 지역 출신을 갈라치기하고 몰아댔던
참담한 역사는 지금도 계속되고 있다. 한국에 만연한 호남 혐오증이라는 망상은
'삶의 지혜'처럼 전수된다.

조선왕조의 평안도 차별

윤치호라는 이름을 들어봤을 거다. 개화사상가·교육자·종교운동가·계
몽운동가 등 여러 명함으로 남아 있는 인물이지만, 일제에 협력한 탓에
친일파로 낙인찍혀 있기도 하지. 그는 '언젠가는' 조선이 독립해야 한다
고 생각했지만, 당시 일본이 조선을 지배하는 건 어쩔 수 없는 일이라고
체념하고 있었어. 조선인이 그렇게 살아야 하는 이유 중의 하나로 그가

들었던 게 극심한 지역 갈등이었다.

"안창호가 이끄는 서북파가 기호파를 죽이고 싶을 만큼 증오한다는 건 널리 알려진 사실이다. 조선인이 살고 있는 모든 곳에서 이 두 파벌은 도저히 용해할 수 없는 적대감을 지니고 있다." 서북파와 기호파. 서북은 우리나라의 서북쪽인 평안도 지역을, 기호는 경기도와 충청도 일대를 에둘러 표현하는 말이라고 해. 윤치호는 도산 안창호 선생이 그런 증오심을 고취하고 있다고 비난하는데, 윤치호 자신이 기호파(?)이기 때문에 그랬던 것 같아. 어쨌든 서울 중심의 기호파와 평안도 중심의 서북파 간에 극심한 지역 갈등이 있었던 건 사실이야.

갈등의 배경에는 수백 년간 지속되어온 조선왕조의 평안도 차별이 도사리고 있어. "하늘이 한 시대의 인재를 내는 것은 한 세상의 쓰임에 넉넉하게 하기 위함인데, 어진 인재의 출생에 어찌 남방과 북방의 다름이 있겠으며, 참마음을 지닌 하늘이 어찌 지역을 가릴 리 있겠는가. 우리나라에서 인재를 등용하는 길은 그 범위가 넓지 않아서 서북 지방의 인재는 수용하지 않고 있다"(인조 3년 10월)라고 국왕이 한탄할 정도면 말 다한 거지. 캘리포니아의 절반도 안 되는 땅덩이에서 사람이 다르면 얼마나 다르겠니. 경상도에서 무더기로 나는 인재(?)가 평안도라고 없을 리 있었겠니.

국왕이 이렇게 얘기한 뒤로도 별로 바뀐 건 없었어. 1811년 평안도에서 반란을 일으킨 홍경래의 격문을 보면 평안도 차별에 대한 한恨의 불덩이가 뚝뚝 떨어져. "조정에서 서토(평안도)를 버림이 분토糞土(똥덩어리 땅)와 다름없다. 심지어 권문의 노비들도 서토 사람을 보면 반드시 평안도 놈[平漢]이라 일컫는다." 그런 사연이 있었기에 평안도 사람들은 개항 이후 세상의 변화를 빠르게 받아들였고, 마침내 서울에 맞먹는 세력(?)으로 자리잡을 수 있었는지도 모르지.

새롭게 등장한 또 하나의 희생양 전라도

하지만 아빠가 하고 싶은 얘기는 서북파와 기호파가 왜 생겼나 하는 문제가 아니야. 아빠가 네게 들려주려는 건 같은 나라 사람이면서도 말투가 좀 다르고 특정한 도에 산다는 이유만으로 그 지역 출신들을 갈라치기하고 몰아댔던 참담한 역사야. 친일파 윤치호가 "그것 하나로도 조선은 독립할 자격이 없다"라고 비웃었던 바로 그 역사 말이야. 남북이 분단되면서 조선왕조 내내 일종의 왕따였던 '평안도 놈들'은 시야에서 사라졌지만 대한민국에는 또 하나의 희생양이 등장했단다. 바로 전라도야.

역시 무슨 이유에서인지 정확히 알 수는 없지만 전라도 차별은 꽤 유구한 세월 동안 자행되어왔어. 일제 강점기 이래 가장 많이 수탈당했던, 산업화 이후에는 먹고살 일을 찾아 적잖은 인구가 타향살이를 해야 했던 호남 사람은 터무니없지만 강력한 편견에 시달려야 했지. 이를테면 이런 거. "거짓말 잘하고 음험하고 앞에서는 간이라도 빼줄 것 같다가 결국에는 뒤통수를 친다." 부산에서 자란 아빠는 골백번도 더 들은 이야기야.

그런데 이 말은 일제 강점기 내내 일본인이 '조센징'을 두고 하던 얘기와 그런 듯이 똑같아. 깍쟁이 서울내기건 화끈한 경상도 남자건 일본인보기에는 "잘해 봐야 조센징에 언제 뒤통수칠지 모르는" 놈들일 뿐이었다는 거야. 그럼에도 한국인은 일본인에게 당한 그 수법 그대로, 그리고 조선시대의 악습처럼, 우리 안에 홍경래가 말한 '서토'(평안도)를 하나 더 만들었어. 노비들까지도 평안도 사람들을 '평한'이라 불렀다는 꼭 그대로 전라도 사람들을 깔아뭉갰지. '평한'이 왜 비하냐고? 여기서 '한漢'은 '한 나라 한' 자가 아니라 '놈 한漢' 자야. "괴한怪漢이 나타났다"고 할 때의 그 한자. '평한'은 '평안도 놈'이란 뜻이었던 거야.

일본인 수법 그대로 전라도를 깔아뭉개다

언젠가 아빠는 수십 년 된 홍어집을 촬영한 적이 있어. 홍어 요리는 전라도 특산 요리이고, 당연히 주인 할머니는 토종 남도 사투리를 쓰는 전라도 분이었지. "옛날에 나가 어렸을 때 이 홍어를 잡아와 가꼬 장독대에 넣어 놨단 말이시. 근디 할아부지가 잡숴야 나가 묵을 거 아닝가. 너무 묵고 싶어서 혀로 핥아묵었당께. 요건 칠레산이여. 주둥이가 뾰쪽하고 살이 물러. 이거는 국산인디 연평도산이여. 흑산도 아니여." 청산유수로 설명하시는 통에 넋을 잃고 촬영만 하고 있는데, 할머니의 다음 말씀이 쨍하고 아빠 머리를 울렸단다. "내는 거짓말 안 한당께로. 나가 전라도 사람이지만."

아빠는 그만 카메라를 내리고 말았어. 당연히 방송에선 쓰지 못할 얘기여서인 점도 있었지. 하지만 이 순박하고 후덕하게 생긴 할머니의 말씀에서 빌어먹도록 몹쓸 우리들 속의 악마가 긁어놓은 상처를 봤기 때문이야. 그런데 아빠의 표정을 보더니 할머니가 처음으로 말을 더듬었어. "나…… 저…… 전라도 사람이지만 거짓말은 안 하는디. 내는 칠레 껀 칠레 꺼라고 허는디." 그때 아빠는 볼멘소리로 물었어. "할머니, 왜 그런 말씀을 하시는 겁니까?"

벌써 15년쯤 전의 일이지만 아빠는 그 질문을 후회해. 할머니의 더듬거림은 "이 홍어가 국산이라고? 아 역시 거짓말을 밥 먹듯이 하는구먼"이라거나 "역시 전라도 사람이구먼. 됐어요" 같은 소리를 수백, 수천 번 듣지 않았으면 나올 수 없는 거였어. 저 말이 자연스럽게 입에 배기까지 할머니는 얼마나 지독하고도 잔인한 말을 귀에 꽂아야 했을까. 저간의 사정을 충분히 짐작하면서도 아빠는 왜 할머니께 추궁하듯 물었던 걸까. 조정이 평안도를 버림이 '똥덩어리 땅' 보는 것과 같았다는 홍경래의 분노처럼 한국 사람은 입으로 똥을 내뱉어 한 지역 사람들을 똥 무더기에 빠뜨리고는 지레 자신들의 코를 싸쥐고 일본인들처럼 내뱉었던 거란다. "에이, 전라도 사람들."

호남 혐오증은 일종의 정신 질환

아빠가 단언하는데 이건 일종의 정신 질환이야. 정신의학 용어로 '망상妄想'이란 "병적으로 생긴 잘못된 판단이나 확신"을 뜻하지. 비합리적·비현실적인 내용을 계속 주장하며 외부의 자극이나 제지를 거부한다면 망상증 환자로 의심할 수 있는데, 한국에 만연한 '호남 혐오증'이 비슷한 증상을 보이거든. 아빠는 "정신병도 옮는다"는 말을 듣고 놀란 적이 있어. 무슨 세균을 통해 옮는다는 게 아니라 통제된 공간에서 일방적인 지식만을 주입받거나 공유할 경우 망상 체계까지 수용하게 된다는 거야. 지금도 어느 집안의 밥상머리에서는 "반드시 그 사람들은 뒤통수를 치니까 명심해라" 하면서 '망상'을 무슨 '삶의 지혜'인 양 네 또래에게 주입하고 있을 거야.

친일파 윤치호는 주위의 놀람을 뒤로하고 평안도 출신 사위를 얻어. 그 역시 "서북 사람들이 독립 전에 기호파의 씨를 말리려고 한다더라"는 '카더라 방송', 즉 망상의 속삭임에 휩쓸려. 그럼에도 편견을 무릅쓰고 평안도 사위를 받아들인 거야. "이 결혼이 서울 명문가에서 평양 출신을 사위로 맞는 첫 번째 사례이므로, 난 조롱과 비난의 표적이 될 것이다. 그러나 내가 현명했다는 것을 시간이 증명해줄 것이다." 비록 친일파로 비난할망정 아빠는 이 지점에서만은 윤치호에게 박수를 보낸다. 그가 지역 갈등

을 극복하지 못한 조선은 독립의 자격이 없다고 혹평했던 것처럼, 독립한
지 70년이 넘은 대한민국이 특정 지역을 폄하하고 멸시하는 버릇을 버리
지 못한다면 우리는 야만을 벗어나지 못할 거라고 감히 얘기하면서.

도산 안창호와 윤치호.
일제 강점기에도 극심한 지역 갈등이 있었다.

20

다시 불러보는 6월의 노래

1987년 6월 10일에서 6월 29일까지는
한국 현대사에서 가장 빛나던 날들이었다. 전두환 세력은 간선제로
정권 재창출을 하려 했으나 국민적 저항에 부딪혔다.
30년 전 그해 6월의 거리는 뜨거웠다.

"우리들은 일어섰다
 오직 맨주먹 피눈물로 동지를 불렀다"

오늘은 아빠가 대학 때 배운 노래 하나의 가사를 얘기하려 해. 제목은 〈6
월의 노래〉. 1987년 6월 항쟁을 소재로 한 노래지. 널리 알려지진 않았지
만 아빠에겐 인상 깊은 노래야.

　"우리들은 일어섰다. 오직 맨주먹 피눈물로 동지를 불렀다."

아빠가 고등학생 시절, 동네에 서울대 다니던 형이 있었어. 1986년 여름방학 때 부산에 내려온 그 형에게 아빠는 이런 질문을 했어. "분신자살한 사람들 말이에요. 그거 개죽음 아닌가요. 자기가 옳다면 살아서 싸워야지, 왜 불타 죽어요?" 그 무렵 서울대 학생 몇 명이 온몸에 기름을 끼얹고 스스로 불타 죽으며 '전두환 정권 물러가라'를 부르짖었거든. 홀어머니를 둔 효자로 데모 같은 거하고는 담을 쌓고 지낸다고 정평이 난 형이라 그리 자신 있게 물었는지도 모르겠다.

그런데 그 형의 얼굴이 무섭게 굳었어. "그런 소리 함부로 하지 마라. 나도 죽을 것 같았으니까. 아니면 누구를 죽일 것 같았으니까." 자기 몸에 불을 댕겨가면서까지 철벽을 향해 날아간 정의의 '계란'들의 역사가 1980년대 내내 펼쳐졌지만, 생각이 달라서 또 자신의 인생 목표가 있어서 도서관에서 책만 파던 사람들에게조차 그 시간은 녹록지 않았던 거야.

그러던 중 1987년, 언젠가 얘기한 박종철 고문치사 사건이 터졌다. 정권이 그 죽음의 과정마저도 조작하려 들었지만, 이 사실은 천주교 신부님들을 통해 세상에 폭로됐어. 이게 5월 18일이었는데, 그로부터 5일 뒤 대학생 수백 명이 종로 길바닥에 일제히 드러누웠단다. 돌을 들고 싸우지도 않고 팔짱 끼고 누워버린, 전원 연행을 각오한 '연와連臥' 시위.

잡혀가는 사람들은 목이 쉬었고, 지켜보는 사람들은 목이 메었어. 그리고 만화가 최규석의 걸작 《100℃》의 한 장면이 펼쳐지지. 시민들이 학생들을 끌고 가는 전경에게 달려가 항의하기 시작한 거야. 만화에 나왔듯이 "또 죽이려고? 우리 보는 데서 죽여 봐!" 하면서. 맨주먹으로 길바닥에 드러누웠던 학생과 그들을 바라보며 발을 동동 구르던 시민의 우산 사이에서 역사는 서서히 그 무거운 몸을 일으켜 세우고 있었어.

"독재타도 민주쟁취 하나 된 소리
민주와 해방의 나라 이뤘다"

그리고 6월이 왔다. 6월 10일은 당시 전두환이 총재로 있던 '민주정의당'
(이건 살인마 유영철의 정당이 생명애호당쯤 되는 아이러니다만)의 대통령 후
보가 선출되는 날이었어. 전두환이 7년 전 99.9퍼센트의 지지로 대통령
이 된 방식 그대로 다음 대통령을 뽑겠다(고 쓰고 넘겨준다고 읽는다)는 것
을 공식화하는 날이었지. 그날을 겨냥해서 민주화운동 세력은 '박종철 군
고문치사 조작은폐 규탄 및 호헌철폐 국민대회'라는 기다란 이름의 집회
를 예고해. 6월 10일은 우리 역사에 보기 드문 '결전'의 장이 된단다.

그런데 그 전날 6월 9일, 6·10대회 출정식이 벌어지던 연세대학교에서
연세대생 이한열이 최루탄을 머리에 맞고 사경을 헤매는 사건이 벌어져.
이 사건은 또 하나의 기폭제가 돼. 군대를 갔다 온 복학생들이 예비군복
을 입고 몰려들었어. 공수부대, 해병대, 육해공군, 심지어 전경 출신까지.
그 이전까지는 운동권과 별 관련이 없던 종교 동아리, 여행 동아리, 예술
동아리도 머리띠를 묶고 신발 끈을 동여맸어. 하이힐에 하늘거리는 치마
를 입은 여학생들이 자기 과 깃발을 찾아 운동장을 헤맸고, 어느 학교에
서는 자존심 높던 오케스트라가 관현악으로 〈임을 위한 행진곡〉 같은 민
중가요를 연주하는 파격도 연출했대. 이한열이 쓰러지던 바로 그날, 연세
대생들이 들었던 플래카드 글귀는 그린 듯 현실이 되고 말았지. "4천만이
단결했다. 군부독재 각오하라."

"아 우리들의 수난 우리들의 투쟁 우리들의 사랑 우리의 나라 …… 이
세상의 주인은 너와 나 투쟁하는 우리 사랑하는 우리."

그날부터 정권의 무조건 항복 선언이 있었던 6월 29일까지 20일은 대

한민국 현대사에서 가장 빛나는 날들이었을 거야. 대학생부터 넥타이를 맨 샐러리맨, 시장 아주머니, 택시 기사 아저씨, 대한민국의 평범한 국민 거개가 파도가 되고 물결이 돼서 전국을 휩쓸었어. 그때 외신기자들 사이에는 이런 농담이 나돌았다고 해. "최루탄에 무슨 마약 성분을 섞은 게 아니냐. 한국 사람들이 거기에 중독이 돼서 이렇게 매일같이 덤비는 게 아니냐." 부산은 6월 항쟁의 중심에 놓인 도시였어. 며칠 밤낮 계속되는 시위 때문에 기가 질린 전두환이 군대를 동원할 생각을 할 만큼.

당시 고3이었던 아빠는 어느 날 무서운 모습을 보게 돼. '백골단'이라는 으스스한 이름으로 불리던 사복 경찰이 대학생 하나를 말 그대로 개 패듯 때리고 있던 광경. 백골단은 학생이 필사적으로 끌어안고 있는 뭔가를 손에 넣으려고 했지만, 그걸 강제로 빼앗는 게 아니라 학생이 매에 못 이겨 내놓기를 바라는 듯 보였어. "놔. 내려놔." 그러면서 계속 때렸으니까. 결국 학생은 거의 실신할 지경이 돼서 품고 있던 물건을 내려놓았다. 그건 박종철 학생의 초상화였어.

지난세월 한없이 소중한 사람들을 빼앗기고, 그걸 슬퍼하거나 분노할 권리마저 틀어 막혔던 대한민국 국민은 그렇게 온몸으로 자신의 가치를 지키면서 일어섰단다. 최루탄에 쫓겨 도망가면서도 "쏘지 마!"를 합창할 줄 알게 됐고, 차마 데모에는 뛰어들지 못해도 박수를 치고, 도망가는 시위대를 숨겨 주고, 험악한 경찰 앞에서 "애들이 무슨 죄를 지었다고!"라 부르짖으며 '이 세상의 주인이 너와 나'임을 깨달아갔던 거린다.

"아 해방 통일의 우리 되살아오는 유월에"

그렇게 뜨거웠던 1987년 6월은 정권의 항복을 받아내면서 저물었어. 그런데 그해 실시된 대통령 선거에서는 우습게도 전두환이 두루뭉술하게 정권을 넘겨주려 했던 바로 그 사람, 전두환의 친구인 노태우가 대통령에 당선돼. 도대체 그게 무슨 일이며 6개월 사이에 어떤 일이 벌어진 거냐고 네가 물어본다면 아빠는 할 말이 없다.

하지만 분명한 건 지금 산 아래에 있다고 해서 우리가 힘겹게 올라 남겨둔 봉우리의 발자국이 없어지지 않듯, 6월 항쟁이라는 금자탑의 의미는 훼손되지 않고 남아 있다는 거야. 2015년 6월, 극장에서는 '수십 년 만에 GDP를 750배 끌어올린 유일한 나라'라는 공익광고 멘트가 울려 퍼지고 있었단다. 물론 그것도 자랑할 일은 맞겠지. 하지만 그 경제성장의 와중에 독재자들과 정면 대결하고 그들을 무릎 꿇리는 쾌거를 이뤄낸 기억은 더욱 자랑스러운 일 아니겠니.

6월 9일 최루탄을 맞고 쓰러진 이한열 학생은 한 달쯤 뒤 짧은 생애를 마감해. 그 장례식에는 대한민국 역사상 최대 인파라 할 100만 시민이 모여들었어. 그 인파가 들끓는 와중에 파랑새 한 마리가 만장 위에 사뿐히 내려앉아 기이할 만큼 오랫동안 떠나지 않았다고 해. 이한열의 영혼이 파랑새가 돼 왔다고 사람들이 수군댈 만큼 말이야. 이미 6월 항쟁이라는 '파랑새'는 어디로 갔는지 알 수 없고, 한국의 치르치르와 미치르는 그 파랑새를 찾아 헤매느라 발이 부르트고 있을지 모르지만, 결국 파랑새는 치르치르의 집 지붕 아래 있었던 것처럼 우리들 속 어딘가에서 다시 날갯짓하며 날아오를 준비를 하고 있지 않을까.

6월 항쟁 때 '백골단'이라 불리던 사복 경찰은 폭력적 연행으로 악명 높았다.
ⓒ 민주화운동기념사업회 제공

21

조선보다도 못한 21세기 전염병 대처법

조선시대에도 전염병에 이렇게 대처하지는 않았다.
역사를 돌아보면 문제를 키우는 건 방역 당국의 일방통행이다.
콜레라가 창궐하던 1946년 경북에서 숨진 박근혜 대통령의 큰아버지가
오늘의 모습을 보면 무어라 했을까.

천연두, 페스트, 콜레라 그리고 메르스

기억하니? 2015년 6월, 우리를 공포에 떨게 했던 메르스를. 공포의 가장
큰 원인은 '알 수 없어서'라는 점일 거야. 치료법도 예방법도 나와 있는
게 없고, 어떻게 전염되는지 얼마나 위험한지 어느 정도로 퍼졌는지 도통
알 수 없으니 무서운 거겠지. 그래도 우리는 메르스라는 바이러스의 존재
와 그 모양이라도 알지. 당최 원인을 알 수 없으면서 사람들을 픽픽 쓰러

뜨리던 저 옛날의 전염병은 아마 그 시절 사람들에게는 상어 떼 그득한 바다를 헤엄치는 공포와도 같았을 거야.

우리 역사에서 가장 파괴적인 전염병은 무엇이었을까. 언뜻 떠오르는 건 천연두야. 수천 년 인류 역사상 수많은 사람을 죽이고 또 역사를 여러 번 바꾸기도 한 병이지. 우리나라에서는 '마마'라는 극존칭으로 불릴 만큼 공포의 대상이었고. 그런데 19세기 이 천연두를 무색하게 하는 신흥 강호(?)가 조선을 휩쓸어. 페스트? 아니야. 페스트는 역사상 최대급의 괴물이긴 하지만 한국 사람들에게는 조금 관대했던 듯싶어. 기록에 따르면 다른 지역에 비해 페스트 발병이 두드러지지 않았으니까. 문제의 젊고도 강력한 전염병의 이름은 콜레라였어.

세계를 휩쓸던 콜레라가 중국을 거쳐 처음 조선에 들어온 건 1821년이었어. 그해 9월 《조선왕조실록》에 "이 병에 걸린 사람 열에 하나둘도 살아남지 못했다"라고 기록되어 있을 정도로 치사율 90퍼센트의 무서운 병마였지. 조선 인구를 1,000만 명으로 잡고 100만 명 정도가 콜레라의 제물이 됐다고 보더구나. 그 뒤 콜레라는 몇 번의 유행을 거쳐 '호열자虎列刺'라는 이름을 획득하지. '호랑이가 찢어발기는 듯한 고통'이라는 뜻이니 이 병이 어느 정도의 공포였는지 짐작할 수 있겠지?

이전에 콜레라가 발생하면 정부가 하는 일이라고는 성 밖에 움막을 지어 환자들을 데려다 놓고 병이 낫든가 죽든가를 기다리면서 무당에게 굿을 시키거나 제사를 올리는 게 다었어.

유행하는 괴질이 아직 가라앉지 않아 사망자가 날마다 늘어난다고 하니, 놀랍고 송구함을 말로 다 표현할 수 없다. 이것이 이미 백성을 위한 일이라면 사례의 유무에 구애받지 말고 …… 산천山川의 양재제禳災祭

를 정성껏 거행하도록 하라(《조선왕조실록》 순조 21년 8월).

조선 최초의 '콜레라 대책위원장' 에비슨

19세기의 막바지, 그러니까 청일전쟁과 갑오농민전쟁이 온 조선을 혼란으로 몰아넣던 그 시기에 호열자, 콜레라는 또다시 발생했어. 이때 조선 정부는 콜레라를 상대한 이래 처음으로 근대적인 방역을 실시하게 돼. "예방법을 행치 않고 편안히 앉아 인민의 어려움을 돌아보지 않으면 정부의 책임을 잃는 일"이라고 공언했던 내무대신 유길준은 캐나다 출신의 선교사 에비슨에게 전권을 위임하고 서울 일원의 콜레라 퇴치를 요청하지. 순검(경찰) 20여 명을 붙이고 명령에 따르지 않는 관리들에 대한 처벌권까지 줬다니 매우 파격적인 조치였던 셈이야.

에비슨은 서울에 와 있던 선교사들을 동원해 방역위원회를 만들고 방역 활동에 나서. 조선 사람들은 이때 에비슨이 장안에 써붙인 포고문을 보면서 호열자의 정체와 처음 마주하게 돼. "콜레라는 악귀에 의해서 발병하지 않습니다. 세균이라 불리는 아주 작은 생물에 의해서 발병합니다. 만약 당신이 콜레라를 막으려면 균을 받아들이지 않아야 합니다. 음식은 반드시 끓이고, 끓인 음식은 다시 감염되기 전에 먹는 것만 지키면 됩니다."

조선 최초의 '콜레라 대책위원장' 에비슨은 신분 귀천에 개의치 않고 환자를 치료했는데, 그 와중에 목숨이 위태롭던 박성춘이라는 백정을 구하게 돼. 고종의 주치의였으며 후일 명성황후가 죽은 뒤에는 권총 들고 겁에 질린 고종 곁을 지키기도 했던 에비슨이 백정 마을로 뛰어들어 그들을 치료한 건 큰 울림을 주었지. 이 일을 계기로 박성춘과 동료 백정들은 기독교를 받아들였고, 박성춘은 아들 봉출을 에비슨에게 맡겼어. 후일 박봉출은 박서양이라는 이름의 의사가 돼서 독립운동과 의료 활동을 함께하는 선각자가 되지.

또 에비슨은 자신에게 고마워하는 내무대신 유길준에게 탄원했어. "백정도 다른 이들처럼 갓을 쓰고 다닐 수 있게 해주시오." 그 후 에비슨은 거리에서 멋들어진 갓을 쓰고 활보하는 한 남자를 보게 돼. "내 아들을 맡아주시오. 백정으로 살게 하긴 싫소!" 하며 두 손 모으던 백정 박성춘이었어. 이 모습을 보고 에비슨은 환호한다. "내가 한국에 와 있는 이유가 인간을 인간답게 만드는 데 있지 않았던가."

'고위직 친척'이 있어야 검사도 받는구나

그 후로도 콜레라는 간간이 발생해서 식민지 조선 사람을 괴롭히고 일제 당국을 긴장시켰어. 일본 경찰이 기차에서 설사 여부를 조사하기 위해 바지를 내려보라고 하면 그대로 해야 했을 만큼 콜레라는 여전히 공포와 경계의 대상이었지. 그 후 또 한 번 콜레라가 대유행했는데, 1946년 광복 후 첫봄이었어. 중국 동포들이 귀국선을 타고 부산에 상륙했는데 그 중 한 청년이 구토와 설사를 거듭하다가 죽어버려. 콜레라였지. 콜레라는 무서운 기세로 확산됐어. 특히 대구에서 가장 심했단다. 식량난이 심각해서 사람들이 쇠약했던 데다가 대구가 워낙 더운 지역이라 냉수나 냉차를 마시던 습관 때문이라고 해.

문제를 키운 건 병에 대한 지나친 공포와 방역 당국의 일방통행이었어. 환자가 나오면 무조건 격리시켰는데, 감기몸살 환자나 영양실조로 누워 있는 사람들까지 끌고 가니까 겁먹은 사람들이 가족 중에 환자가 생겨도 벽장에 숨겼다가 나란히 콜레라에 걸려 죽어가기도 했거든. 또 병의 확산을 막기 위해 통행금지를 실시했는데, 이건 이곳저곳을 떠돌며 일하던 가난한 사람들한테는 굶어 죽으라는 명령과도 같았단다.

"병들어 죽으나 굶어 죽으나 마찬가지다! 식량을 다오!" 만성적인 식량난에 콜레라까지 덮쳤던 1946년 봄과 여름은 마침내 10월 1일 대구 봉기로 이어지게 돼. 좌익 세력의 개입도 있었다지만, 핵심은 굶주림과 전염병에 시달린 사람들의 생존을 위한 몸부림이었지. 당시 대구 근처 구미에서 인망 높았던 한 사람이 경찰과 봉기한 군중의 중재에 나섰다가 경찰의 총을 맞고 죽었단다. 이름은 박상희. 박근혜 전 대통령의 친삼촌 되시는 분이야.

세균과 바이러스, 그리고 그들이 일으키는 전염병은 인류가 직립보행을 시작하던 시절부터 인류를 대량학살하기도 하고, 또 인간에 의해 정복되기도 하면서 오랜 세월 인간과 함께 살아왔단다. 사람들은 전염병의 공포에 굴복하면서도 이를 극복하기 위해 노력해왔고, 그 와중에 스스로를 바꾸면서 역사의 페이지를 고쳐 써왔어. 이런 관점에서 2015년 우리의 메르스 사태를 돌아보면 과연 무엇을 발견할 수 있을까?

무엇보다 메르스는 21세기를 지나는 대한민국의 민낯을 그대로 보여주었어. 일선 병원에서 메르스 의심 환자의 바이러스 검사를 의뢰했을 때 질병관리본부는 검사를 거절했어. 환자가 "우리 친척 중에 고위직이 있다!"고 윽박지른 다음에야 검사를 시행했다지. 선교사 에비슨이 보면 "조선왕조 조정도 그러지는 않았습니다" 하고 혀를 찰 일이야.

정부는 메르스가 발생한 지 2주나 지나서야 '긴급' 회의를 열었단다. 그리고 그주 주말에는 난데없이 "손 잘 씻으라"는 '긴급 재난' 문자 메시지를 국민들에게 발송해. 정부는 무능하고 사람들은 공포에 휩싸이고 환자와 병원은 죄인 아닌 죄인이 되어 머리를 숙이고 수천 명이 '격리'를 요구 받은 상황이 됐어. 콜레라가 창궐하던 1946년 대구에서 눈에 핏발 선 사람들을 달래려고 애쓰던 박근혜 전 대통령의 큰아버지 박상희 선생이 이 모습을 봤다면 기막혀 하지 않았을까. "이런 호열자만도 못한 일이 있나!"

조선 최초의 '콜레라 대책위원장' 에비슨 선교사(맨 오른쪽)와
에비슨의 양아들 박서양(오른쪽에서 두 번째).

22

17세 학도병 이우근의 한국전쟁

1950년 8월, 학도병 71명이 포항여중을 지키고 있었다.
인민군과 싸우다 48명이 전사했다. 그중에 열일곱 먹은 학도병 이우근이 있었다.
이우근이 남긴 글은 전쟁이 무엇인가를 진술하고 처절하게 전해주고 있다.

이전과는 다른 전면전의 발발

네가 좋아하는 그룹 빅뱅의 '탑'과 권상우 아저씨가 주연한 영화 〈포화속
으로〉(2010) 기억나니? 학도병 71명이 포항여중을 근거지로 인민군의 공
격에 맞서 저항했던 실화를 근거로 만든 영화지. 실제로 그날 쓰러져간
학도병 48명 중에는 서울 동성중학교 3학년 이우근이라는 학생이 있었
어. 당시 나이 열일곱. 지금의 네 오빠보다도 어린 나이야.

〈포화속으로〉에 등장하는, 어머니에게 보내는 편지의 내레이션은 이우근 학생이 전사한 뒤 품에서 나온 종이에 휘갈겨 쓴 내용 그대로야. 그것 말고도 이우근 학생은 꽤 꼼꼼한 일기를 남겼는데 그 내용을 통해 아빠는 네게 한국전쟁 이야기를 들려주려고 해.

"오늘 새벽 38선에서는 공산군의 공격으로 전투가 벌어지고 있단다. 국군이 잘 싸우고 있다고 하니까 안심이다. 전에 38선에서는 가끔 전투가 벌어졌지만 이번에는 좀 양상이 다른 것 같다(1950년 6월 25일)."

'38선에서는 가끔 전투가 벌어졌지만'이라는 이우근 학생의 말에서 보듯, 한국전쟁은 1950년 6월 25일 새벽 4시 평화로운 일요일 새벽 갑자기 꽝 터진 전쟁이 아니란다. 그 이전부터 38선에서는 산발적인 전투가 벌어졌고, 꽤 많은 군인이 죽고 다쳤어. 그래서 어떤 이는 전쟁이 확대된 것뿐이지 누가 침략했는지는 따질 필요가 없다고 주장하기도 해. 하지만 6월 25일, '양상이 다른' 전쟁이 시작된 건 부인할 수 없어. '전면전', 한 국가가 다른 국가를 굴복시키려고 총력을 기울인 전쟁이 발발한 거지. 그 책임은 소련 모스크바의 스탈린에게 쫓아가서까지 "성공할 수 있습니다!"라고 주먹 쥐고 부르짖은 북한 지도자 김일성과 박헌영에게 가장 크게 돌아갈 거야. 지금까지도 우리 역사의 태반을 규정짓고 지배하는 전면전을 도발한 건 결국 그들이니까.

학생이 아닌 병사가 되어

"국방부는 서울을 사수한다고 안심하라는 가두방송을 했다. 안심해도 될까?"

6월 27일, 그러니까 서울 함락 하루 전 이우근 학생은 이런 기록을 남겨. 아마 그도 정부가 미심쩍었던 모양이야. 한국전쟁 때 대한민국 정부는 보여줄 수 있는 최악의 배신을 구사했어. 국방부가 서울 사수를 외칠 즈음 대통령은 몰래 대전으로 도망가 있었고, 거기에서 서울 사수 방송을 녹음해서는 서울로 올려 보내 틀어댔으며, 수백 명 서울 시민이 한강 다리 위에 있는데 다리를 폭파해버리는 짓도 서슴지 않았거든. 심지어 대통령과 국무위원들은 지레 남쪽으로 도망갔다가 너무 갔다 싶었던지 대전으로 다시 돌아오기도 해. 그 꼴을 보다 못한 여관 주인이 "다 나가!" 하고 국무위원들을 내쫓아버렸다는 거짓말 같은 실화까지 전해진단다.

그런 정부 밑에서도 일반 병사들은 용감히 싸웠어. 이우근 학생도 피란길에 한 군인을 만나게 돼. 복부에 총상을 입고 신음하는 국군 상사였지. 이우근 학생이 도와주겠다고 손을 내밀었지만 상사는 한사코 거부하면서 "최후까지 적을 죽이겠다"며 수류탄을 들고 인민군에게로 기어가더니 그들과 함께 산산조각 나서 죽어. 전말을 지켜본 이우근 학생은 이런 말을 한단다. "아! 인간이 죽을 자리를 선택한다는 것은 엄숙한 것이로구나."

이우근 학생은 독실한 가톨릭 신자였어. 피란길에 들른 김대건 신부(조선인으로서 첫 신부가 됐던)의 성지에서 "만약 국외로 쫓겨 간다면 언젠가는 다시 와서 빨갱이 세상에 포교의 씨앗이 되리라" 다짐하기도 했지. 그가 대한민국 절체절명의 위기에서 학도병으로 자원한 건 자기 앞에서 장렬히 죽어간 국군 상사의 마지막 모습이 떠올라서였을지도 모르겠구나.

"학도의용대라는 완장과 태극 마크를 그린 흰 띠를 받았다. 이로써 나는 학생이 아닌 병사가 된 것이다. 이제 적과의 싸움만이 나의 전부다. 용감한 학도병이 될 것을 다짐했다."

이렇게 군인 된 체를 했지만 그는 여전히 중학교 3학년이었어. 세일러복 입은 여학생을 보면 가슴이 뛰는 여드름투성이 청소년이었지. 8월 10

일 학도병들이 3사단 후방사령부가 설치된 포항여중으로 배치됐을 때 이 중3 소년은 이렇게 쓰고 있어. "초등학교 교실보다는 역시 여자중학교의 강당이 마음에 든다. 뭇 소녀가 여기서 노래하고 춤추었을 것이다." 그림이 그려지지 않니? 휘파람 휘휘 불면서 '여학생들 어디 갔어?' 농담도 하고 낄낄거리는 그들이. 너보다 1년 위 중3 오빠들의 모습과 하나도 다르지 않았을 그들이.

"어머니, 안녕. 안녕……"

8월 11일 새벽 4시. 학도병 소대장 김용섭은 학교 앞에 나타난 정체불명의 병력을 발견해. 소대장 김용섭은 인민군임을 직감하고 사격 개시를 명령하지. 전쟁의 폭풍이 71명 학도병들이 지키던 포항여중을 휩쓸기 시작한 거야. 영화 〈포화속으로〉와는 좀 다른 양상이지만 학도병들은 용감하게 자신의 임무를 다해. 그 와중에 이우근 학생은 어머니에게 보내는 마지막 편지를 남긴단다. 편지는 전쟁이 무엇인가를 진솔하게 그리고 처절하게 전해주고 있어.

어머님! 나는 사람을 죽였습니다. 그것도 돌담 하나를 사이에 두고 십여 명은 될 것입니다. 저는 두 명의 특공대원과 함께 수류탄이라는 무서운 폭발무기를 던져 일순간에 죽이고 말았습니다……. 괴뢰군의 다리가 떨어져 나가고 팔이 떨어져 나갔습니다……. 아무리 적이지만 그들도 사람이라고 생각하니, 더욱이 같은 언어와 같은 피를 나눈 동족이라고 생각하니 가슴이 답답하고 무겁습니다.

전쟁이 아니었다면 평생 사람을 죽이기는커녕 때릴 일조차 없었을 순박한 소년, 그 살벌한 순간에도 적군을 죽이고 환호하기보다는 그들이 사람이고 동족임을 잊지 않았던 착한 소년은 그렇게 사람 열 명을 죽였단다. 그리고 자신의 죽음도 직감하게 되지. "저 많은 적들이 저희들을 살려두고 그냥 물러날 것 같진 않으니까 말입니다."

겁에 질려서, 하지만 옆에 있는 친구들 두고 혼자 살지는 않겠다고 스스로를 다독이면서 총을 겨누던 소년이 마지막에 떠올린 건 상추쌈이었어. 텃밭에서 어머니가 숭덩숭덩 뽑아 씻은 상추에 양념 그득한 돼지고기를 얹은 상추쌈을 그는 '게걸스럽게' 먹고 싶다고 했어. 얼마나 배가 고팠겠니. 한 끼만 굶어도 집 떠나갈 듯이 "배고파"를 부르짖는 너나 네 오빠 또래의 소년이 말이야. 그의 마지막 말은 이것이었어. "어머니, 안녕. 안녕. 아뿔싸, 안녕이 아닙니다. 다시 쓸 테니까요. 그럼, 이따가 또……." 하지만 그는 다시 펜을 들지 못했어.

"어머님! 전쟁은 왜 해야 하나요?"

아빠가 어렸을 때 지겹게 부른 〈6·25의 노래〉는 이렇게 시작한다. "아아 잊으랴. 어찌 우리 이날을." 여기까지는 아빠도 동의해. 우리는 한국전쟁을 잊지 말아야 해. "원수의 하나까지 쳐서 무찌르기" 위해서가 아니라, 다시는 그런 전쟁이 일어나지 말아야 한다는 철석같은 당위를 근거로 그날을 기억해야 한다는 뜻이야. 또 한국전쟁 때 북한의 김일성처럼 전쟁으로 뭔가를 이뤄볼 마음이 있는 자들, 남한의 이승만 정부처럼 무책임한 정치인들을 끝없이 경계하고 견제해야 해.

남과 북 양측 모두 열대여섯 소년들까지 동원해서 서로 죽이게 만들고,

어머니 앞에서 상추쌈 게걸스레 먹고 싶었던 소년이 어머니에게 안녕조차 속 시원히 고하지 못한 채 숨이 끊기는 전쟁이 다시는 우리 역사에 들어서지 못하도록 만들어야 해. 그래야 이우근 소년이 마지막 순간에 던졌던 질문을 거두고 편안히 쉴 수 있을 테니까.

"어머님! 전쟁은 왜 해야 하나요? 이 복잡하고 괴로운 심정을 어머니께 알려드려야 내 마음이 가라앉을 것 같습니다."

'포항여중 전투'에서 숨진 중3 학도병 이우근.

23

〈돌아와요 부산항에〉 그리고 '표절'의 역사

한국에서 표절 사례는 수없이 많다.
〈돌아와요 부산항에〉도 노래의 작곡자 황 아무개 씨가
가수 김성술이 이전에 쓴 가사 일부를 바꾼 것이다. 2006년 법원은
황 씨가 김 씨 유족에게 3,000만 원을 배상하라고 판결했다.

"해 아래는 새것이 없나니"

《구약성경》〈전도서〉1장 9절에는 이런 구절이 나와. "이미 있던 것이 후에 다시 있겠고 이미 한 일을 후에 다시 할지라. 해 아래는 새것이 없나니." 인간은 신이 아니기에 무無에서 유有를 창조하는 건 불가능할 거야. 당장 노아의 홍수부터 바벨탑까지 성경에 등장하는 숱한 이야기도 거의 대부분 이전부터 전해 내려오던 중동 신화에서 가져온 거거든. 하지만 기억할 건 인류 역사에서 '이미 있던 것'과 '후에 다시 있을 일'은 항상 달랐고, 답습을 넘어선 변형과 개선이 끊임없이 이뤄져왔다는 사실이야. 그런가 하면 '이미 있었던 것'을 감추고 자신이 세상에 처음 내놓은 양하거나 '태양 아래 새것이 어디 있어?' 하면서 남의 성과를 가로채는 얌체 짓도 늘 있어왔단다. '표절'이라는 행위지.

음악 시간에 네가 '음악의 어머니'라는 별칭으로 배웠을 음악가 헨델은 표절의 귀재였어. "헨델은 도둑질을 통해 뭔가를 만들어낸 사람이다. 위대한 정복자로서 다른 사람의 재산을 빼앗았을 뿐만 아니라 거기서 이윤을 얻어냈다"(음악학자 알프레드 아인슈타인). 왕년의 명배우 클린트 이스트우드의 출세작 〈황야의 무법자〉(1964)는 일본의 유명한 영화감독 구로사와 아키라의 〈요짐보〉(1961)를 베낀 거였지. 구로사와 감독은 〈황야의 무법자〉의 세르지오 레오네 감독에게 항의해서 영화의 동아시아 배급권과 수익의 15퍼센트를 받아냈단다. 저 유명한 비틀스 출신 조지 해리슨의 노래 한 곡도 표절 혐의를 받았어. 조지 해리슨은 부인했지만, 비록 고의로 한 건 아니라 해도 잠재의식 속에 묻혀 있던 다른 곡의 멜로디를 끌어낸 '잠재적 표절'이라는 판결에 울어야 했단다.

〈돌아와요 충무항에〉와 〈돌아와요 부산항에〉

우리나라도 한번 볼까. 한국의 표절 사례는 동해 물을 채우고 남고 백두산까지 쌓고도 너끈할 것 같구나. 아빠가 어렸을 때 할머니 몰래 이불 속에서 읽어대던 만화들 대부분은 일본 만화를 베끼거나 일본어를 지우고 한국어를 채워 넣은 해적판이었어. 어떤 가요가 히트하면 반사적이라 할 만큼 표절 시비가 잇따랐지. 미술에서조차 누구 것을 베꼈네 아니네 팔

뚝질하는 경우가 많았고, 각종 학위 논문들은 표절을 넘어 복사본이 판을 쳤어. 논문의 20퍼센트를 통으로 베끼고 심지어 오타까지 똑같이 내고도 박사학위를 받은 분이 국회의원까지 하고 계시니 더 말할 필요가 없을 거야.

1971년 12월 25일 서울 대연각호텔에서 대형 화재가 발생해. 150여 명이라는 엄청난 희생자를 낸 사건이었지. 그 희생자 가운데 김성술이라는 가수가 있었어. 1970년 유니버설 레코드가 만든 음반에서 〈돌아와요 충무항에〉라는 노랫말을 짓고 부른 가수였지. 그 가사는 이렇다. "꽃피는 미륵산에 봄이 왔건만 님 떠난 충무항엔 갈매기만 슬피 우네. 세병관 둥근 기둥에 기대어 서서 목메어 불러 봐도 소리 없는 그 사람. 돌아와요 충무항에 야속한 내 님아." 가사를 들으면서 아마 너는 분명 귀를 쫑긋 세울 거야. "어, 그거 〈돌아와요 부산항에〉 아니야?" 그래 맞아. '가왕' 조용필의 출세작이자 한·일 양국에서 불러 국민가요가 된 〈돌아와요 부산항에〉의 가사와 80퍼센트가 같지.

원래 〈돌아와요 충무항에〉는 김성술이 작곡가 황 아무개 씨에게 가사를 주고 곡을 받아 불렀던 노래였어. 김성술은 이후 입대했고, 1971년 12월 25일 휴가를 나와 투숙한 대연각호텔 화재 현장에서 목숨을 잃었단다. 그 후 유족은 고인의 음반도 모두 불태웠고, 김성술의 노래는 역사 속으로 사라지는 듯했지. 하지만 작곡가 황 아무개 씨가 노래 가사 일부를 바꿔 〈돌아와요 부산항에〉로 개명하고 이를 조용필이 부르면서 화려하게 되살아났어. 문제는 김성술 또는 그의 예명이었던 김해일의 이름을 어디에서도 찾을 수 없었다는 거야.

2004년 김성술의 음반이 뒤늦게 발견되면서 김성술의 유족은 작곡가 황 씨에게 손해배상을 요구했고, 2006년 법원은 3,000만 원 배상 판결을 내려. 〈돌아와요 충무항에〉가 이별한 연인을 그리워하는 내용이며 〈돌아와요 부산항에〉는 떠나간 형제를 그리워하는 내용으로 창작성이 더해졌던" 점은 인정했지만 "가수 김 씨의 동의 없이 〈돌아와요 충무항에〉 가사를 토대로 〈돌아와요 부산항에〉를 만들고 그에 곡을 붙인 노래가 수록된 조용필의 음반을 제사 발표함으로 김 씨의 저작권을 침해했다"고 법원이 판단한 거란다.

젊은 나이에 불의의 사고로 죽어간 김성술이 국민가요의 작사자로 인정받은 건 다행스런 일이야. 하지만 아빠의 머리에는 여러 질문이 떠오른다. "조금 수정했다" 해도 그 가사의 원 창작자가 김성술이라는 사실을 외면했던 이유는 무엇이었을까. 그리고 그게 표절이 될 수 있다는 사실 자체는 인식하고 있었을까. 당시에는 '이 정도는 가져다 써도 괜찮아' 하는 마음이 자연스럽고 일반적이었던 게 아니었을까.

표절보다 더 큰 잘못은 '부끄러움의 실종'

"이만한 작가를 만들어내기 위해 한국 문학이 엄청난 공을 들였고 해외에서 이만큼 알려진 귀한"(작가회의 사무총장의 표현) 작가 신경숙 씨가 표절 시비에 휘말렸던 건 너도 알고 있을 거야. 아마 너도 고등학교에 가면 수업 시간에든 짬나는 시간에든 그 작품들을 읽게 되리라 믿는다. 하지만 신경숙 작가는 누가 봐도 아니라고 단언하기 어려운 표절의 혐의를 빚었단다. '이 정도는 조금 수정해서 쓰면 괜찮아'라고 생각했던 걸까. 아니면 비틀스의 조지 해리슨처럼 자기도 모르게 '잠재적 표절'을 했던 걸까. 어느 쪽이든 "나를 믿어달라"는 말 외에는 어떤 말도 하지 않고 침묵에 빠졌던 작가의 행동은 표절만큼이나 안타까웠지.

신경숙 작가는 일주일 만에 "표절 지적이 맞다고 생각한다"는 묘한 표현으로 '사과'를 했어. 표절 대상으로 지목된 일본 작가의 책을 읽은 기억은 없지만 그 기억을 믿을 수 없게 됐다고 말하면서. 즉 비틀스의 조지 해리슨이 범했던 '잠재적 표절'을 인정한 셈이야. 하지만 사과와 인정은 흔쾌하지 않았어. 굳이 표현하자면 일본 사람이 하는 '사과'를 표절한 것 같았다고나 할까. 그리고 이미 이 표절 주장이 17년 전에 제기되었음에도 "그럴 리 없다는 믿음"만 가지고 검토해보지 않았다는 고백은 아빠를 무척 실망시켰단다. 작가로서 영혼에 대한 칼질과도 같은 표절 문제에 그녀 스스로 너무나 관대했다는, 나아가 무심했다는 거니까.

내친김에 아빠도 네게 고백 하나 하자. 요즘은 그 정도와 양상이 많이 달라졌다지만 꽤 오랜 시간 한국 방송이 일본 방송을 쉴 새 없이 베껴왔던 건 부인할 수 없는 '흑역사'란다. 언젠가 일본에 갔을 때 아빠는 가이드 분과 대화하다가 얼굴이 달아오른 적이 있어. "한국에서 인기 있는 프로라고 해서 보면 일본에서 다 하던 걸 너무 똑같이 재연하고 있더라고요." 그분은 차마 '베꼈다'고는 말하지 않고 '재연'이라고 했지만 아빠는 지레 말문이 닫혔지. 이 지면을 빌려서 아빠는 개인적으로(아빠가 건방지게 뭘 대표할 수는 없으므로) 그 어두운(?) 시절의 표절 행위에 대한 잘못을 인정하고 고개를 숙이고 싶어.

제작 여건이 훨씬 좋고 제작 능력도 우수했던 일본 방송을 모방할 수는 있었다고 봐. 모방은 죄가 아니야. 오히려 제대로 된 모방은 창조의 어머니겠지. 하지만 가장 부끄러운 건 역시 내가 뭘 베끼고 있는지를 밝히지 않았다는 점, 그게 우리가 만든 것인 양 굴거나 "태양 아래 새것이 어디 있어?" 하면서 애써 어깨를 폈던 점이란다. 표절보다 더 큰 잘못이라 할 부끄러움의 실종이었지.

1971년 대연각호텔 화재 때 〈돌아와요 충무항에〉의
가사를 짓고 부른 가수 김성술이 숨졌다. 이 노래는 작곡가 황 아무개 씨에 의해
〈돌아와요 부산항에〉로 되살아났다. 그러나 이 과정에서
원작자 김성술의 이름은 찾을 수 없었다.

24

2002년 6월의 기억, 월드컵과 연평해전

2002년 월드컵 3, 4위전이 열리던 날
북한 해군이 남한 해군을 공격해 6명이 숨지고 19명이 부상당했다.
이 실화를 바탕으로 한 영화가 〈연평해전〉이다.
이 영화와 남북의 해상 교전은 서글픈 질문을 남긴다.

〈연평해전〉과 '슬픔'

4년 전 6월 어느 날, 아빠는 신문을 보다가 크게 웃은 적이 있었어. 한 영화에 관한 대문짝만 한 기사 가운데 이런 대목이 나온 걸 보고서. "관객은 영화관 화장실에서 가장 솔직해진다. 영화가 끝나고 들어간 남자 화장실에서 가장 많이 들린 소리는 '슬프네' '너도 울었지?'였다." 아빠가 웃은 이유는 '안 울면 안 돼! 울어! 울어야 돼!' 하면서 애처롭게 부르짖는 듯한 기자의 글쓰기가 안쓰러워서였어. 이를테면 아빠가 하는 프로그램에서 MC가 "시청자 여러분, 이 아니 슬프십니까? 눈물을 흘리셔야죠?"라며 손수건을 들이미는 듯한 '느낌적 느낌'?

오해하지 말아주길. 아빠는 기사를 보고 웃은 거지 영화 때문에 웃은 건 아니야. 오히려 영화 자체는 눈물이 날 만한 영화야. 〈연평해전〉(2015)이라는 영화. 2002년 한국과 터키의 월드컵 3, 4위전 경기가 벌어지던 그 날 북한 해군이 남한 해군을 공격해서 해군 여섯 명이 목숨을 잃고 열아홉 명이 부상당한 실화를 바탕으로 한 영화거든. 태양 같은 젊음들이 속절없이 빛을 잃어가는 모습이 어찌 슬프지 않겠니. 그들의 최후 외에도 한반도의 동해와 서해에 서린 또 다른 이들의 최후에 생각이 미치면 더 슬퍼지기 마련이고.

1967년 1월 19일 당포함의 비극

50년 전, 1967년 1월의 동해. 요즘은 거의 씨가 말랐지만 동해안의 명태는 한국인의 식탁에 가장 즐겨 오르는 생선 중 하나였어. 그런데 명태 어장은 주로 함경도 앞바다를 중심으로 형성됐단다. 강원도 속초나 고성 앞바다에서도 명태가 잡히긴 했지만, 어선이 명태를 쫓다보면 덜커덕 우리 바다를 넘어 북한 해역으로 들어가는 일이 한두 번이 아니었어. 당시 해군 장교 한 명의 증언을 들어보자.

동해는 우리 바다이지만 우리 어선이 조업을 할 수 없는 구역이 있다. 우리 어선은 이 슬픈 현실을 실감할 수 없다. 그래서 어선들은 고기 떼를 따라 어로 저지선 가까이 갈 때도 있는 것이다. 우리 전함은 우리의 바다에서마저 북괴의 위협을 받으며 고기잡이를 하는 어선을 보호해야 한다.

1967년 무렵 남한의 국력은 북한에 미치지 못했어. 그래도 해군은 미국에서 구닥다리 배라도 얻어 쓰던 터라 북한보다 낫다 싶었는데, 1960년대 후반이 되면 북한 해군도 꽤 규모를 갖추고 남한을 위협하게 돼.

1967년 1월 19일 임무를 수행하던 해군 56함, 당포함에 급박한 함장의 목소리가 울려. "전원 비상 대기! 우리 어선단을 보호하라." 장전항에서 출항한 1,500톤급 북한 초계정이 조업 중인 어선단을 향해 고속으로 달려온 거야. 650톤급의 왜소한 당포함이 다급히 그들과 어선 사이를 가로막자마자 갑자기 천둥 같은 포성이 동해를 뒤흔들어. 북한의 해안포海岸砲가 불을 뿜은 거야. 그로부터 무려 286발 포탄이 당포함을 목표로 발사됐어. 당포함의 무기는 3인치 함포가 고작이었는데 그걸로는 북한의 포대를 어찌할 수가 없었지.

"우리가 죽어도 어선은 보호해야 한다." 명령은 막중했지만 절망적인 외침도 늘어났지. "발전실 완파", "감속기어 장치 침몰"…… 갑판 여기저기에는 피투성이 병사들이 쓰러져 있었고, 북한의 잔인한 포격은 인정사정없었지. 아마도 누군가는 절망적으로 외쳤을 거야. "북한 괴뢰(소련의 꼭두각시라는 이유로 '북한 괴뢰'라는 표현을 썼어) 놈들아. 이 원수는 꼭 갚아주마." 그리고는 포격에 부서진 포를 붙들고 울부짖었을 거야. "조금만 더 성능 좋은 함포였다면 저놈들을 물리칠 수 있었을 텐데." 부상을 입은 채 맨 마지막에 배에서 빠져나온 당포함 함장은 병상에 누워서도 "56함(당포함)으로 나를 돌려보내라!"고 악을 썼다는구나. 얼마나 서글프고 비장하니. 북한 놈들, 이 나쁜 놈들, 소리가 절로 나오지?

북한이 참패했던 1999년 6월의 '1차 연평해전'

32년 뒤인 1999년 6월. 서해는 떼로 몰려온 손님들 덕에 정신이 없었어. 꽃게였지. 1990년만 해도 188톤(연평도 기준) 정도였던 꽃게 어획량이 1999년쯤에는 2,000톤을 훌쩍 넘겨서 '황금어장'을 형성해. 이 꽃게 역시 명태처럼 휴전선 따위 아랑곳하지 않고 남과 북의 바다를 넘나들었고 남과 북 모두가 꽃게에 눈독을 들이게 되지. 1967년 명태 상자 한 짝에 목숨을 걸었던 가난한 남한 어부들처럼, 최소 수십만이 굶어죽는 세계 최빈국으로 전락한 1999년의 북한은 꽃게를 한 마리라도 더 잡아야 할 처지였어. 북한 어선은 슬금슬금 남한 수역으로 넘어들었고, 북한 해군은 또 이를 보호해야 할 입장이 되었단다. 한국 해군은 월등한 장비와 위력으로 북한을 압도했고 말이야. 32년 전과는 완전히 정반대 상황에 놓인 거지.

6월 15일, 남과 북의 해군은 격렬한 전투를 벌이게 돼. 덩치가 큰 남한 해군은 구식에 낡기까지 한 북한 함정을 향해 이른바 '박치기 공격'을 개시했고, 기가 질린 북한 해군이 발포하자 남한 해군도 응사를 시작한 거지. 하지만 상대가 되지 못했어. 1,200톤급 남한 초계함(1967년 동해를 달리던 북한의 구축함과 비슷한 크기)이 올망졸망한 북한 해군에게 포화를 퍼부었단다. 이미 컴퓨터로 과녁을 조준하고 사격하는 시스템을 갖춘 남한 해군 앞에서 "날래날래 하라우!" 하면서 함포 각도를 수동으로 맞추는 북한 해군은, 1967년 북한 해안포대를 향해 울분을 터뜨리던 당포함과 같은 처지일 뿐이었어. 우리 해군은 거의 손실이 없었지만 북한 해군은 어뢰정 1척, 경비정 1척과 병사 수십 명을 잃었단다.

"동무들! 너무 마이 가면 안 됩네다" 하면서 북한의 꽃게잡이 어선들에게 소리 질렀을, "일없소(괜찮소)!" 하면서 꽃게에 정신을 파는 어부들을 보며 발을 동동 구르다가 남한의 초계함이 먼발치에서라도 나타나면 허둥지둥 "어선들을 보위하라우" 하면서 구식 기관포 총알을 쟀을 그 청춘들도 피눈물을 흘리며 싸우다가 죽어갔어. 그들도 복수를 다짐했겠지. 거기서 부상당한 인민군들도 병상에 누워 "장산곶(북한 해군 기지)으로 돌아가갔어!"라고 부르짖지 않았을까.

사람들이 보고 눈물 흘린다는 영화 〈연평해전〉의 모티브인 실제 연평해전은 바로 이 1999년 6월의 참패에 대한 북한의 복수라고 해석하는 이가 많아. 영화의 배경이 된 2차 연평해전의 경우, 북한 해군이 작심하고 기습 공격을 가했고 그 때문에 우리 피해가 컸거든.

명태와 꽃게를 나눠서라도 서로 죽이는 일이 없기를

아빠는 어선단을 구하려다가 북한 해안포대의 포탄에 장렬히 산화한 당포함의 병사들에게 감사해. 그들은 피 흘려 자신의 임무를 다했고, 죽음으로써 국민의 목숨을 지켰어. 당시 어떤 어부는 그들의 희생에 죄의식을 느끼고 목숨을 끊기도 했지. 〈연평해전〉 영화 속의 병사들도 다르지 않았을 거야. 하지만 동시에 압도적인 남한 해군의 공세에 죽어간 북한 해군역시 피가 흐르고 살이 뜨거운, 그리고 누구보다 용감한 사람들이었을지도 몰라.

나라를 지키기 위해, 사랑하는 이들을 위해 목숨 바친 사람의 피와 땀보다 값진 건 없어. 하지만 또 하나, 세상에서 가장 무익하고 무용한 일은흘리지 않아도 되는 피를 흘리고 잃지 않아도 될 목숨을 잃는 일이야. 동해안에서 명태가 자취를 감추자 동해에서 벌어지던 남북의 혈투가 사라졌어. 아마 서해안에 꽃게가 없었다면 연평해전 같은 일은 벌어지지 않았을지도 몰라. 고작 명태와 꽃게 때문에 우리는 죽고 죽이기를 반복하며 죽은 이의 장렬함을 기려야 했을까? 앞으로도 그래야 할까? 명태와 꽃게를 나눠서 죽고 죽이지 않는 길은 과연 없었을까? 〈연평해전〉의 눈물(?) 이후 생각해봐야 할 질문이야.

2차 연평해전을 그린 영화 〈연평해전〉. 2002년 6월 벌어진 2차 연평해전은 1999년 6월 있었던 1차 연평해전의 참패에 대한 북한의 복수라고 해석하는 이가 많다.

25

뉘우치며 써내려간 노랫말 〈어메이징 그레이스〉

오바마 대통령이 부른
〈어메이징 그레이스〉(새찬송가 305장 〈나 같은 죄인 살리신〉)에는
수많은 역사가 얽히고설켜 있다.
이 노래는 교회 안에서보다 밖에서 더 절실하다.

오바마 대통령과 〈어메이징 그레이스〉

2015년 6월 26일, 미국 대통령 버락 오바마는 백인 인종주의자의 무차별 총격에 희생된 흑인교회 성도들의 장례식에 참석했어. 그가 연설 도중 찬송가 〈어메이징 그레이스Amazing Grace〉를 부르는 동영상을 보면서 아빠는 가슴이 뭉클해졌어. 그야말로 역사적 인물이 부르는 역사적 노래를 듣는 느낌이랄까. 오바마는 미국인들이 흔히 '하프Half'라고 부르는 흑백 혼

혈이지. 비非백인의 피가 조금이라도 섞이면 유색인종으로 분류해 차별 대상이 되던 미국에서 그는 존재 자체로 역사적인 사람이야. 그가 부른 〈어메이징 그레이스〉 역시 수많은 역사가 얽히고설킨 노래란다.

이 노래는 존 뉴턴이라는 사람이 쓴 노랫말에 곡을 붙인 거야. 뉴턴은 열한 살 때부터 노예선을 탔고, 급기야 노예선 선장이 돼서 수많은 노예를 실어 날랐다가 자신의 죄를 뉘우치면서 이 가사를 썼다고 해. 뉴턴은 한 자 한 자 써 내려갈 때마다 자신을 거쳐간 노예 수만 명을 떠올렸을 거야. 짐짝처럼 노예선에 실려 아프리카가 멀어지면 황소같이 울부짖던 사람들, 옴짝달싹도 못할 만큼 빽빽이 실려 멀미에 신음하며 토사물과 배설물에 문드러져 죽어가던 사람들을. 그러면서 스스로를 돌아봤겠지. "나 같은 죄인 살리신 주 은혜 놀라워. 잃었던 생명 찾았고 광명을 얻었네."

'노예무역 방치한 이들은 모두 유죄'

아프리카 대륙에서 신대륙으로 실려 간 흑인 노예의 수가 무려 1,200만 명에 달했단다. 뉴턴이 가담한 노예무역은 실로 인류사적 범죄였던 거지. 여생 내내 노예제도 철폐를 부르짖던 뉴턴은 성직자를 지망하는 유능한 젊은이에게 "당신이 가진 힘으로 불의와 싸우라"고 설득해 정치인의 길을 걷게 했는데, 이 사람이 바로 영국 노예제도 철폐의 주역 윌리엄 윌버포스란다. 그는 이렇게 외쳤어. "이 끔찍한 노예무역을 방치했다는 점에서 영국 의회와 더불어 저 자신은 죄인임을 고백합니다. 우리 모두는 유죄를 인정해야만 합니다."

노예무역은 막대한 이익을 낳는 거래였고 노예제도는 부富를 창출하는 원천이었어. 그런 점 때문에 수많은 사람이 그 비인간성을 고발했음에도 오래도록 존속할 수 있었지. 영국은 뉴턴이 죽던 해(1807) 노예무역을 폐지하고 윌버포스가 죽던 해(1833)에는 노예제도 자체를 철폐해. 하지만 여전히 도처에서 인간이 인간을 태연히 노예로 만드는 죄악이 기승을 부리고 있었단다. 존 뉴턴의 〈어메이징 그레이스〉가 지금 우리가 부르는 찬송가의 멜로디와 만난 건 1830년대라고 해. 이 노래의 멜로디는 아일랜드나 스코틀랜드의 민요라는 설이 유력하지만 아메리카 인디언 체로키 족의 가락이었다는 설도 전하지(그들이 찬송가 가락을 익혀 불렀을 가능성이 크겠지만).

체로키 인디언의 '눈물의 길'과 〈어메이징 그레이스〉

1838년 미국 정부는 체로키 인디언에게 터전을 떠나 수천 리 떨어진 오클라호마의 보호구역으로 갈 것을 명령했어. 체로키 부족 1만 5,000여 명은 살을 에는 겨울을 헤치며 4,000명이 쓰러져 죽어간 '눈물의 길'을 떠나야 했단다. 그 모습을 지켜본 미군 병사 존 버넷은 이렇게 회고해. "그날 아침의 비애와 엄숙함을 잊을 수 없다. 추장 존 로스의 기도가 끝나자 나팔이 울렸다. 마차가 움직이기 시작했다. 아이들은 일제히 일어서서 고사리손을 흔들며 낯익은 산과 집에 이별을 고했다. 그들은 다시 돌아오지 못한다는 것을 알고 있었다." 체로키 인디언은 체로키 말로 〈어메이징 그레이스〉를 부르며 죽어가는 이들을 끌어안고 서로를 일으키면서 서쪽으로 서쪽으로 나아갔다지.

이런 과정을 거치면서 점차 이 노래는 죄인임을 고백하고 자신을 구원한 신을 찬양하는 원래의 뜻을 넘어서는 의미를 갖게 되었어. 인간이 인간을 차별하는 죄악에 대항하고, 인간이 다른 인간을 열등하다고 규정하는 오만에 맞서는 사람들의 노래로, 가장 어둡고 암담한 순간 홀연 눈앞을 가르는 햇살 같은 노래로, 목마른 사람의 갈라진 혀를 적시는 냉수 같은 노래로 기능하게 된 거지.

백인 폭력배들이 불을 질러 잿더미가 된 흑인교회 앞에서 흑인들은 이 노래를 불렀어. 소방 호스에서 뿜어져 나오는 물줄기를 맞고 경찰견에 물리면서도 '그 은혜 놀라워' 목이 메어 노래했어. 마틴 루서 킹 목사가 수만 군중 앞에서 "나에게 꿈이 있습니다"라고 역사적인 연설을 하던 날에도, 베트남 전쟁에 반대하는 시위대가 거리로 나서던 날에도 이 노래가 울려 퍼졌단다. 가깝게는 세월호 유족 앞에서 미국 대학 합창단이 불러 좌중을 울음바다로 만들었지. 이렇게 보면 〈어메이징 그레이스〉는 단순한 새찬송가 305장이 아닌, 좀 더 많은 자유와 더 넓은 평등을 위해 생명을 위협하는 어둠의 세력에 맞서 싸워온 인류의 친구로 자리매김하지 않을까.

"우리는 노예가 아니다"

이제 그만 은퇴하시라는 주변의 청에 "아프리카의 무도한 신성모독자가 어찌 말을 멈출 수 있는가!"라고 소리칠 만큼 늙어서도 피가 뜨거웠던 존 뉴턴 목사. 그가 자신이 죽은 뒤 진행된 역사를 알았다면 수만 번 화를 냈을지도 모르겠구나. 미국 남북전쟁 때 노예제도를 지키겠다고 총을 든 남부인이 이 노래를 부를 때에도 벌컥 책상을 쳤을 것이고, 체로키 인디언이 겪은 죽음의 행진을 봤다면 이 죄를 어찌 감당할 거냐고 펄쩍 뛰었겠지. 오늘날 세상을 굽어봤다 해도 마찬가지였을 듯해. 젊은 시절의 자신을 빼닮은 이들이 열등하다고 규정된 자들의 등을 쳐 돈벌이 수단으로 삼는 꼬락서니 앞에서 "주여, 저 죄인들을 어찌합니까"라고 외치며 두 팔을 벌릴지도 모를 일이다.

2015년의 우리나라는 그에게 어떻게 비쳤을까. 똑같은 일을 하고 똑같은 밥을 먹는데 한쪽의 월급은 다른 쪽의 두 배를 넘는 게 너무도 당연한 이 나라는. 아무리 열심히 일하는 노동자라 해도 고용주의 이익과 필요에 따라 자유롭게 해고할 수 있어야 선진국이라는 이 나라는. 자신의 권리를 찾기 위한 움직임에는 너무도 쉽게 불법의 딱지가 붙는 이 대한민국은 과연 존 뉴턴 보기에 아름다울까. 아니면 그가 젊은 날 활약했던 노예무역을 연상시킬까.

산 위에서 내려다보면 서울 시내는 붉은 십자가 천지고 휘황찬란한 대리석 교회에서는 허구한 날 "나 같은 죄인 살리신 그 은혜 놀라워" 하는 찬송이 울려 퍼져. 하지만 이 찬송이 가장 절실한 사람은 교회 안보다는 밖에 있을 것 같다. 그중에서도 아빠는 자신의 권리와 생존을 위해 전국의 굴뚝과 옥상에 올라가서 추위와 더위, 태양과 비, 그리고 외로움과 사투를 벌이는 사람들을 떠올려보고 싶구나.

2015년 7월, 무려 407일간 굴뚝에 올라가 고공농성을 벌여온 스타케미칼이라는 회사의 해고 노동자 차광호 아저씨가 농성을 끝내고 땅을 밟았었지. 407일. 1년을 훌쩍 넘는 시간을 굴뚝 위에서 먹고 자며 하늘과 땅 중간에 떠 있던 그 아저씨의 심경을 아빠는 짐작조차 할 수 없구나. 그리고 적잖이 고맙다. 언젠가 어떤 아저씨는 크레인 위에서 몇 달 지내다가 절망감을 이기지 못하고 끝내 세상을 등진 적도 있거든.

왜 그들은 세상과 단절하다시피 그 꼭대기에 올라가야 했느냐고? 많은 이유가 있겠지만 아빠는 그분들이 "우리는 노예가 아니다"라고 말하고 싶었다고 생각해. 주는 대로 받고, 시키면 따르고, 자르면 순순히 잘려서 집으로 돌아가는 노예가 아니라고 말이지. 휘청거리면서 사다리를 내려와 또다시 지상의 거친 파도에 몸을 맡겨야 할 노동자에게 아빠는 못 부르는 노래나마 불러주고 싶구나. "잃었던 생명 찾았고 광명을 얻었네."

체로키 인디언의 강제 이주를 묘사한 〈눈물의 길〉.
체로키 인디언은 〈어메이징 그레이스〉를 부르며 서쪽으로 이동했다.

26

왕의 목을 치고 대통령을 파면시킨 나라

어느 시대든 왕은 엄청난 권력을 휘둘렀지만
대대로 잘 먹고 잘 살다가 죽은 것만은 아니다.
'왕답지 않은 왕'을 몰아낸 세력에 의해 허무하게 스러지기도 했다.
고구려의 봉상왕과 모본왕의 사례가 대표적이다.

왕 목도 한번 못 쳐본 나라?

언젠가 네 오빠가 어디서 들었는지 귀에 익은 푸념을 하더구나. "왕 목도
한번 못 쳐본 나란데, 뭐." 영국이나 프랑스같이 국민이 들고일어나서 왕
을 끌어내리고 단두대에 올려 뎅겅 목을 자른 역사가 없는 착한(?) 백성이
라는 의미일 거야. 그런데 이 말은 과연 사실일까? 조선왕조만이라면 틀
리지 않아. 적어도 국왕이 분노한 백성이나 반란자의 손에 참살당한 예는

없고, 최대의 폭군이라 할 연산군도 기록상으로는 살해되지 않았으니까. 권세 부리는 서울 양반을 쳐 없애자고 죽창을 치켜들었던 동학 농민도, 왕비를 죽이겠다고 궁궐에 뛰어든 임오군란 때 군인들도 '주상 전하'만은 건드리지 못했으니까. 그럼 우리나라 역대 왕들은 대대로 잘 먹고 잘 살다가 잘 죽기까지 했을까? 꼭 그런 건 아니야.

고구려에서 있었던 일 두 가지를 얘기해줄게. 고구려 14대 봉상왕은 상당히 의심 많고 잔인한 왕이었어. 즉위한 뒤 자기 삼촌에게 누명을 씌워서 죽였고 자기 동생마저 자살하게 만들고 동생의 아들, 즉 조카 을불마저 잡아들이라고 명령을 내릴 정도였으니까. 을불이 도망가서 소금장수 행세하며 숨어 살았다는 얘긴 알지?

봉상왕 3년(294) 왕은 창조리라는 이를 국상國相, 즉 수상에 임명해. 그즈음 고구려는 선비족의 등쌀에 시달리고 있었는데, 몇 년간의 일진일퇴 끝에 296년 전쟁이 마무리돼. 그러자 봉상왕은 특유의 허영을 드러내지. 흉년이 들었는데도 궁궐 증축 공사를 감행한 거야. 의심 많은 사람은 허영도 많은 법이지. 자신감 없는 사람의 특징이니까. 이제 자신의 자리를 위협할 왕족도 없고, 전쟁도 끝났다 싶으니 더 화려하고 널찍한 궁궐에서 여봐라 하면서 살고 싶었던 거겠지. 백성이야 좀 고되겠지만 그건 자신의 팔다리 아픈 게 아니니까 나 몰라라 했을 거고. 혹 백성이 "대왕! 흉년이 심하옵니다" 하면, 눈에서 레이저를 쏘면서 "책임 있는 자의 옷을 벗기리로다" 했을 가능성이 크지.

"임금이 백성을 살피지 않으면 임금이 아니다!"

보다 못한 국상 창조리가 봉상왕에게 이러시면 안 된다고 얘기하자 봉상왕은 이렇게 반문해. "임금은 백성들로부터 우러름을 받는 이인데, 궁궐이 초라하면 무엇으로 위엄이 서겠는가?" 그리고는 창조리에게 묘한 말을 해. "지금 나를 비방하여 백성들로부터 신망을 얻겠다는 거요, 국상?" 그러니까 지금 네가 누구 덕에 이 자리에 올랐는데 이런 '배신의 정치'를 하겠다는 거냐, 뭐 그런 본심이 담겨 있었을 거야.

그래도 국상 창조리는 강단이 있는 사람이었어. 창조리는 "임금이 백성을 불쌍히 여기지 않으면 어진 임금이 아니요, 신하가 임금에게 충언하지 않으면 충신이 아닙니다"라고 말해. 그러자 봉상왕은 '웃었다'고 기록되어 있어. 웃으면서 이렇게 얘기했다고 해. "백성을 위해서 죽기라도 하겠소?" 임금이 이런 말을 하는데 자라목이 되지 않을 사람이 어디 있겠어. 창조리는 입을 다물었단다.

그러나 그는 입을 다물고만 있었던 게 아니고 국상 자리를 때려치우지도 않았어. 은밀히 자신의 세력을 규합하고, 시골로 도망가 숨어버린 왕의 조카 을불을 찾아 데려오는 등 만반의 준비를 해. 아마 그가 사람을 모을 때 가장 많이 속삭인 얘기는 동서고금 왕조 국가의 기본이자 원칙이요 알파요 오메가인 말이었을 거야. "임금이 백성을 살피지 않으면 임금이 아니다!"

마침내 때가 왔어. 봉상왕이 신하들을 데리고 사냥을 나간 거야. 국상 창조리도 동행했는데, 그는 왕이 궁궐을 떠난 유고有故 상황을 이용했지. 왕이 사냥에 정신 팔린 틈을 타서 창조리는 신하들을 모았어. 여기서 창조리는 결연하게 선언하지. "나와 뜻을 같이하는 자는 관에 갈잎을 꽂으시오." 이 선언은 입에서 입으로 전해져 이심전심으로 많은 이들이 그 의미를 알아차리게 된단다.

절풍 모자(고구려 벽화에 보이는 그 모자)에 갈잎을 꽂고, 사냥터라 저마다 활을 차고 칼을 움켜쥔 고구려인들은 서로의 갈잎을 보고 전율했을 거야. "그래. 우리 전부 갈잎을 꽂았으니 무엇이 두려우랴." 고구려판 '마그나카르타'(세계사 시간에 배웠지?) 사태였지. 창조리는 국왕 폐위를 선언하고 봉상왕을 가둬버려. 그리고 을불에게 옥새를 바치니 이 사람이 미천왕이야. 봉상왕은 자신의 두 아들과 함께 목을 매 죽어.

"나를 사랑하면 임금이고 나를 학대하면 원수"

그래도 '왕의 목을 친' 건 아니지 않냐고 한다면 얘기 하나를 더 해줄게. 유명한 호동왕자와 낙랑공주 이야기 알지? 이 호동왕자는 태자 자리를 놓고 다툼을 벌이다가 스스로 목숨을 끊어. 그 동생으로 후일 왕위에 오른 게 모본왕慕本王이야. 그는 중국 각지를 공격하여 용맹을 떨치기도 했지만 백성에게도 무척 용맹한(?) 왕이었어. 기록으로만 보면 봉상왕보다 한 수 위더구나. 신하가 이러지 마십사 하면 대뜸 활로 쏴 죽이기도 했다고 하니까. 더 못된 버릇은 앉을 때는 사람을 깔고 앉고[居常坐時] 누울 때는 사람을 베고 눕고[臥則枕人] 만일 사람이 조금만 움직이면[人或動搖] 사정없이 죽여버린다는 거였어.

　모본왕이 정말 이런 변태스러운 버릇을 가졌을 수도 있지만 아빠는 이렇게 해석하고 싶네. 왕이 신하와 백성을 사람 대하듯 하지 않고 베개나 이불 대하듯, 자신의 손 하나에 죽고 살 수 있는 하찮은 존재로 봤다는 거야. 백성을 자기가 눈 부라리면 납작 엎드리고 말이라도 하면 다 받아 적어야 하는 존재, 자신을 불쾌하게 하는 조그만 움직임도 용납할 수 없는 어리석고 우매한 존재로 여겼던 거지. 그깟 백성 수백 명이 어떻게 물에 빠져 죽든 살든, 몹쓸 전염병에 걸리든 말든, 자신의 권력이 우선인

왕이었다는 거지. 그게 왜 자신의 책임이냐, 책임 맡은 벼슬아치 목을 쳐 내걸어라 하는 왕이었다는 거지.

당시 두로라는 왕의 근신近臣이 있었는데, 그는 하루하루가 파리 목숨과 진배없었지. 언제 왕이 불러서 엎드리게 하고는 등에 앉았다가 여차하면 칼을 휘두를지 알 수 없으니 말이야. 날만 새면 걱정에 눈물바람만 하고 있는데 누군가 그의 귀에 대고 이렇게 속삭여. "사내자식이 울기는! 옛사람 말에 '나를 사랑하면 임금이고 나를 학대하면 원수'라고 했어. 왕이 포악해서 사람을 막 죽이니 이건 왕이 아니라 백성의 원수라고. 여차하면 죽여버려." 어느 날 두로는 모본왕이 자신을 끌어당겨 앉으려 하자 품속에 있던 칼을 꺼내서 단칼에 왕의 목을 쳐버렸단다. 칼을 휘두르면서 두로는 이렇게 절규했을지도 몰라. "나는 사람이야. 이 빌어먹을 왕 같으니. 나는 의자가 아니라, 짐승이 아니라, 사람이란 말이다."

어때? 이제 "왕의 목을 쳐본 적이 없는 나라"라는 한탄은 안 해도 되겠지? 어느 나라, 어느 시대든 왕은 오늘날 민주공화국 대통령에 비하면 엄청난 권력을 휘둘렀지만 "백성을 불쌍히 여기지 않으면 임금이 아니다"라는 외침과 "나를 사랑하면 임금, 나를 학대하면 원수"라는 절규 앞에 허무하게 스러지기도 했어. 왕답지 못한 왕을 몰아내지 못하는 백성은 어떻게 살았을까? 아주 간단해. 자식이 굶어 죽는 상황에서도 궁궐 공사에 나가 돌을 날라야 하고, 왕의 호출이 있으면 납작 엎드려 엉덩이를 받치다가 조금만 움직이면 목이 잘리는 삶이라도 아득바득 살아낼 밖에.

2016년 겨울과 2017년 봄에 걸쳐서 한국 사람들은 전 세계가 놀랄 만한 시민의식으로 민주주의에 대한 의지를 폭발시켰고 저 하늘 위에서 신민臣民 내려다보듯 하던 올림머리 공주님을 끌어내리는 데 성공했단다. 국민의 항거와 국회의 화답, 그리고 헌법재판소의 결정, '대통령 박근혜를 파면한다'에 이르기까지 우리는 평화적으로 한 암울한 통치자의 권력을 빼앗았어.

누군가는 그를 처벌하지 않는 것이 국격(?)에 도움이 된다고 주장하더구나. 그러나 잘못된 생각이야. 왕의 목을 친다고, 요즘 식으로 말하면 법적으로 구속시킨다고 나라의 격이 떨어진다는 건 그야말로 광화문 해태상 하품할 소리란다. 고구려만 해도 모본왕 이후에 고구려를 반석 위에 올려놓았다 할 태조왕이 나오고 목 매달고 죽은 봉상왕의 뒤를 이은 건 끝내 이 땅에서 낙랑군을 축출한 미천왕이었거든.

왼쪽부터 고구려 봉상왕, 미천왕(을불), 모본왕의 상상도.
ⓒ 대한민국 5000년사 역대왕조실록

27

스파이 조르게와 한국 국정원의 '흑역사'

역사를 돌아보면 외부의 적에 무능하고 내부에 잔혹한 정보기관은
결과적으로 나라에 엄청난 타격을 입혔다. 댓글 공작,
남북정상회담 회의록 공개에 이어
도·감청 의혹에 휩싸였던 한국의 국정원도 다르지 않다.

정보기관원의 숙명

많은 영화에서 첩보원은 대개 그림같이 잘생긴데다가 아무리 어려운 일
이라도 너끈히 해내는 멋쟁이로 등장해. 하지만 현실의 첩보원이나 정보
요원은 그렇게 멋있는 직업이 아니야.

예를 하나 들어줄까? 미국과 소련이 날카롭게 대립하던 냉전 시대 때
소련의 실력자가 미국을 방문하면 미국의 정보기관인 CIA는 하수관을

통해 실력자의 배설물을 확보(!)해서 조사했다고 해. 적성국 국가원수의 건강 상태를 체크할 수 있는 훌륭한 시료(?)이기 때문이지. 아마도 CIA 국장 방에는 며칠 뒤 다음과 같은 근사한 보고서가 올라갔을지도 몰라. "소련 수상 아무개스키는 채식보다는 육식을 즐기고 소화 기능이 나이에 비해 떨어져 있으며 기생충에도 감염되어 있음."

이렇게 "음지에서 일하며 양지를 지향하는"(과거 한국 중앙정보부 슬로건) 이들은 "진리가 너희를 자유케 하리라"(미국 CIA 슬로건)고 부르짖으면서도 항상 "부주의한 말을 조심하라. 누군가 듣고 있다"(영국 MI6 슬로건)는 긴장 속에서, "기만을 통해"(이스라엘 모사드 슬로건) 생존해나가는 이들이야. 그게 정보기관원의 숙명이지.

"우리는 모르는 사람이오"

20세기 현대사에서는 국가 간 정보전이 불꽃 튀도록 치열하게 펼쳐졌어. 그래서인지 그야말로 '역사를 바꾼' 스파이들도 몇몇 있었단다. 그 쟁쟁한 스파이 가운데 아빠는 우선 리하르트 조르게라는 사람의 이야기를 들려주고 싶구나. 독일 사람이지만 투철한 공산주의자이고 '사회주의의 조국' 소련을 위해 일했지. 독일어 외에도 프랑스어·영어·러시아어·중국어·일본어까지 구사할 수 있던 조르게는 소련 정보국의 지시를 받고 독일 신문의 특파원 신분으로 일본에까지 스며들었어.

일본에서 그는 그야말로 전설적인 스파이 조직을 건설해. 독일의 동맹국인 관계로 일본 정부는 독일의 일급비밀을 공유하는데, 리하르트 조르게는 그걸 몽땅 가로챘지. 심지어 히틀러가 상호 불가침 약속을 깨고 소련을 전면 침공하는 날짜까지 빼내 모스크바에 전달했단다. 하지만 스탈린은 고개를 저었어. "그럴 리가 없다!" 독일군은 준비가 되지 않은 소련군을 거침없이 몰아치며 드넓은 러시아 땅을 짓밟고 스탈린은 절체절명의 위기에 몰리지.

수천 킬로미터 밖 시베리아에도 소련군 병력이 있지만 일본의 침공이 두려워서 함부로 옮길 수도 없었어. 그때 해답을 준 것도 조르게였지. "일본은 시베리아에 욕심이 없습니다. 동남아시아로 진출할 겁니다." 이번에는 스탈린이 조르게의 말을 믿고 시베리아의 소련군을 독일과의 전쟁으로 돌릴 수 있었지. 이 정보 때문에 전쟁은 새로운 전환점을 맞아.

"일본에서 빼낼 정보는 더 이상 없다"고 할 만큼 대활약을 하던 조르게는 결국 일본 정보기관에 덜미가 잡히게 돼. 하지만 소련은 이 유능한 스파이를 외면해버렸지. "우리는 모르는 사람이오." 조르게는 일본 땅에서 사형을 당한단다.

외부의 적에 무능하고 내부에는 잔혹한 정보기관

독일인이지만 소련에 충성하고 일본에서 인생의 절정을 보낸 언어 천재 조르게는 유언으론 일본어를 선택했다고 해. 사형대 앞에서 그는 일본어로 이렇게 얘기했다는구나. "소비에트, 붉은 군대, 공산당." 자신을 버린 소련을 원망하지 않고 자신이 신봉한 깃발과 이상을 되뇌며 죽음을 담담히 받아들였던 거야.

조르게는 뛰어난 스파이였지만 그를 스파이로 만든 소련 정보기관은 그렇지 않았어. 소련의 정보기관은 조르게가 죽어가면서까지 읊조린 '소비에트'를 위해서가 아니라, 소련 지도자 스탈린에게만 충성하는 사냥개로 전락한 지 오래였거든. 스탈린 개인의 판단에 따라 소련의 수억 인구를 빈틈없이 감시하며, 스탈린을 거스른다는 이유만으로, 스탈린에게 불평을 토로한다는 고발만으로 수많은 이들의 뒤통수에 총알을 꽂았단다. 물론 '소비에트의 배신자'를 처단한다는 핑계로 말이야. 조르게를 스파이로 만든 사람도 그 후계자도 모두 목숨을 잃고 조르게의 아내조차 유형지로 끌려가 죽었어.

일급 스파이 조르게가 예고한 독일의 침공 날짜에 소련 정보기관의 수장 베리야는 이렇게 스탈린에게 아첨하고 있었다는구나. "우리 국민과 저는 독일이 결코 소련에 쳐들어오지 않으리라는 당신의 현명한 예언을 기억합니다." 새로운 사회 건설이라는 가치와 공산주의라는 이상에 헌신하는 유능한 정보원들 덕에 소련 정보기관은 세계 최고의 정보망을 자랑했어. 하지만 정작 그 가치와 이상을 배신한 정보기관은 외부의 적에 무능하고 내부에는 잔혹한 '찌질이'로 전락해서 급기야 조국에 엄청난 타격을 입혔던 거야.

국정원이 가장 먼저 갖춰야 할 것

요 몇 년 사이 우리나라 정보기관 국정원도 세계 정보기관 역사를 세 번씩이나 새로 쓰는 '쾌거'를 이뤘어.

첫 번째 쾌거. 지난 대통령 선거 때 국정원장은 "인터넷을 청소한다는 마음으로" 야당 후보와 지지자에 대한 저열하고도 사악한 댓글 공작을 지시했단다. 스탈린에 반대하면 다 반동분자라 우기던 소련 정보기관처럼, 현 정부에 반항하면 다 종북從北이라는 식이었지. 영화 〈베를린〉(2012)에서 폼 나는 첩보원 한석규 아저씨가, 〈7급 공무원〉(2009)의 김하늘 언니가 골방에 들어앉아 "좌익들 목을 치고 …… 전라도 홍어 같은 사람들……" 어쩌고 하는 댓글을 다는, 이 지질하다 못해 처절한 풍경을 상상해보렴.

두 번째 쾌거. 2013년 6월 25일 우리나라 정보기관의 최고 수장인 국가정보원장은 야당이 자신들을 공격한다는 이유로 '조직의 명예를 위해' 국가 2급 기밀이던 남북정상회담 회의록을 자기 손으로 공개해버렸단다. 얼마나 많은 스파이들이 자신의 비밀을 지키고 상대방의 비밀을 캐내기 위해 목숨을 걸었는데, 혹시 누가 비밀을 들추려 하면 '내 무덤을 열고 보라'고 호통을 쳐야 할 스파이 대장이 "우리 조직의 명예를 위해" 국가 비밀을 널름 쏟아버리는 희한한 풍경. 저승의 조르게가 옆에 있었다면 일본어로 외치지 않았을까. "바가야로."

세 번째 쾌거. 우리가 가진 휴대전화와 컴퓨터를 몽땅 해킹할 수 있는 장비를 국정원이 몰래 사들이고 사용했다는 의혹이야. 여론이 들끓는 가운데 부담감을 이기지 못한 국정원 직원 한 명이 스스로 목숨을 끊었지. 그러자 서로 무슨 일을 하는지 모르는 게 원칙이며 자신들의 존재를 드러내는 자체가 죄악시되는 한국 정보기관원 '일동'은 "정치 공세 때문에 동료가 죽었다"며 공동성명을 발표했단다. 역사상 전무후무한 스파이 공동성명. 전 세계 정보기관들은 열심히 한국 국정원을 분석했을 거야. "과연 한국 국정원은 무엇인가"라는 주제로.

아빠는 정보기관은 꼭 필요한 조직이라고 생각해. 하지만 이 같은 국정원의 행태를 돌아보면 물음표만 떠오르는구나. 과연 이런 조직이 대한민국에 필요한가? 국정원이 가장 먼저 갖춰야 할 건 능력이 아니라 신뢰야. 자신의 힘과 능력을 자국민에게 부당하게 사용하지 않는다는 믿음 말이야. 그들은 여전히 이에 대한 믿음을 주지 못하고 있단다. "자유와 진리를 향한 무명無名의 헌신"(국정원 슬로건)이란 소련 정보기관이 자행한 것처럼 '권력과 권력자를 향한 무모한 맹종'이 결코 아니야. 아빠도 한 시민으로서 그들의 반성을 요청하고 싶다. "먼저 고민하라. 그러면 그 뒤가 즐거워질 것이다[先憂後樂]"(일본 정보기관 공안조사청 슬로건).

전설적인 스파이 리하르트 조르게.

28

〈암살〉보다 비장하고 영화보다 감동적인, 김상옥과 이동수

영화 〈암살〉 속 인물에는 우리 역사의 여러 인물이 겹쳐 보인다.
이 영화는 무수히 스쳐 지나간 독립운동사의 영웅을 떠올리게 한다.
김상옥과 이동수 같은 의혈지사들이 숨가쁜 삶을 살다가
역사 속으로 사라졌다.

영화 소재의 노천광 한국 독립운동사

우리 독립운동사는 영화 소재의 노천광과도 같단다. 온갖 영화 소재가 길 바닥에 굴러다니는 역사라는 뜻이야. 영화 〈암살〉(2015)을 함께 보면서 몇 번이나 물었지? "저런 사람들이 실제로 있었어?" 그때 아빠는 바람을 일으킬 듯 세차게 고개를 끄덕였지. "그럼!" 실제로 있다뿐이겠니? 영화 보다 안타깝고 영화를 압도할 만큼 비장하며 영화처럼 부끄럽게 어처구니없고 영화 이상으로 감동적인 일들이 지천으로 널린 게 우리 독립운동사인데.

하지만 "영화의 주인공이 각각 누구를 모델로 한 거야?"라고 물으면 말문이 막히네. 영화 속 한 인물에도 여러 사람이 겹쳐 보이기 때문이야. 네가 크게 분노한 일본 밀정이 읊는 대사만 해도 여러 사람의 목소리가 녹아 있거든. 일본에 몸을 맡기면서 밀정이 호방하게 외치는 "물지 않으려거든 짖지도 마라"는 말은 개화의 선구자이면서도 "조선이 일본에 지배당하는 것은 당연하다"라고 했던 윤치호가 쓴 말이고, "다 민족을 위해 그런 거요"는 광복 뒤 반민특위에 끌려온 춘원 이광수가 내뱉은 변명이란다. 응징의 순간 "해방이 안 올 줄 알았지! 해방이 올 줄 알았으면 내가 그랬겠나" 하는 어이없는 항변은 바로 '우리말을 가장 아름답게 구사한 시인'이라는 찬사를 받았던 미당 서정주가 한 말이고.

김상옥, 종로경찰서에 폭탄을 투척하다

오늘은 영화를 보며 무수히 스쳐 지나간 독립운동사의 영웅 가운데 두 사람의 이야기를 들려주려 해. 둘 다 '암살'을 목적으로 '경성京城'에 스며들었던 분이란다. 먼저 김상옥이라는 분은 영화에 등장하는 속사포 아저씨처럼 '1800년대', 즉 1890년에 태어났어. 말발굽 만들어 파는 가난한 생활의 와중에도 교회 야학에 나가 세상을 배우던 기독교인이었시. 그린데 나이 스물에 나라가 망하고 말았어. 1919년 3·1 항쟁에 참여했다가 여학생을 칼로 내리치려는 일본 경찰을 때려눕힌 뒤 그는 분연히 집을 떠나 만주로 향해. 그리고 바로 영화에 등장하는 약산 김원봉이 조직한 의열단에 가입해서 당시 조선 총독 사이토 마코토 암살이라는 임무를 띠고 압록강을 건너온단다. "나는 자결하여 뜻을 지킬지언정 적의 포로가 되지는 않겠소"라는 맹세를 남기고.

1923년 1월 12일 밤 8시 조선 독립운동가들에게 원수의 소굴이라 할, 영화 〈암살〉에서 이정재 아저씨가 끌려간 종로경찰서에 폭탄이 떨어져. 김상옥의 거사였지. 원래 총독이 종로경찰서 앞을 지나간다는 정보를 듣고 잠복해 있었는데 총독이 나타나지 않자 폭탄을 종로경찰서에 던지고 사라져버린 거야(다른 설도 있기는 해). 이후 김상옥은 후암동의 친척집에 숨었어. 서울역에서 가까운 동네에 있다가 서울역에 행차하는 사이토 총독을 때려잡을 계획이었지. 그런데 끄나풀의 밀고로 종로경찰서 형사대에 포위돼. 경찰 14명이 집을 에워싼 상황에서 김상옥은 놀라운 사격 실력을 발휘하며 현장을 빠져나간단다. 종로경찰서 유도 사범 다무라는 유도 실력을 발휘할 새도 없이 총을 맞아 죽고 두 명은 중상을 입었어.

경성은 발칵 뒤집혔어. 전 경찰력이 김상옥 하나만을 쫓았다고 해도 과언이 아닐 거야. 이쯤 했으면 몸을 빼서 만주로 도망가도 좋으련만 김상옥은 오히려 사이토 총독에게 한 발 더 가까운 곳, 종로구 효제동으로 숨어들고 있었어. 하지만 안타깝게도 김상옥은 일본 경찰에 발각되고 말아. 이번에는 놓치지 않겠다는 듯 일본 경찰은 경기도 경찰부장 지휘하에 무장 경관을 무려 1,000여 명이나 출동시켰단다.

김상옥은 그로부터 장장 3시간 35분 동안 쌍권총을 들고 인근의 지붕을 타고 오르내리면서 1,000대 1로 총격전을 벌여. 영화라고 해도 리얼리티가 떨어진다고 핀잔 들어 마땅한 상황에서 김상옥은 기죽지 않고 싸워. 총알 열한 발을 맞으면서도 일본 경찰 수십 명을 죽이거나 다치게 한 김상옥은 '대한독립만세'를 부르짖고 마지막 총알로 목숨을 끊어. 당시 신문에서는 이렇게 표현하고 있어. "숨이 진 후에도 육혈포에 건 손가락을 쥐고 펴지 아니하고 숨이 넘어가면서도 손가락으로 쏘는 시늉을 했다"(《동아일보》 호외).

이동수, 이완용 제거를 위해 호랑이굴에 들어가다

다음으로 이동수라는 분이야. 이 이름을 아는 사람은 거의 없을 거야. 이분은 1909년 12월 22일 이재명 열사가 매국노의 대명사 이완용을 칼로 찔러 중상을 입힐 때 함께한 동료였어. 이완용이 명동성당에서 열린 벨기에 황제 추도식에 참석한다는 소식을 듣고 이재명·이동수 등은 명동성당 들머리에서 이완용을 기다린단다. 지금도 명동성당 언덕을 내려오면 갈림길이 있잖니. 어느 쪽으로 향할지 모르니 양쪽 모두를 지켜야 했던 거야. 이완용의 행차는 이재명 쪽으로 왔고, 이재명의 칼이 번득였지. 그러나 안타깝게도 이완용은 목숨을 부지하고 이재명은 체포되어 사형을 당해.

이완용의 인력거가 다른 쪽으로 갔다면 아마 이동수가 칼을 휘두르고 사형장의 이슬이 되었겠지. 이동수는 용케 체포되지 않고 궐석(결석)재판을 통해 15년 징역을 선고받아. 하지만 그는 일본 경찰이 눈에 불을 켜고 찾는 수배자였음에도 3·1운동에 참여하는 등 독립운동을 행해. 일설에 따르면 이완용의 집에 고용인으로 들어가 3년 동안이나 호시탐탐 그의 목숨을 노렸다고 해. 호랑이굴에 들어가야 호랑이를 잡는다지만 정말로 호랑이를 잡으러 굴에 들어갈 사람이 얼마나 될까.

그렇게 매국노를 죽이고 싶어 했던 이동수는 1924년 12월 20일 밤 11시 30분, 그러니까 공소시효 만료를 단 37시간 앞두고 일본 경찰에 체포되고 말았단다. 37시간만 지나면 자유인으로 살 수 있었던 그는 변호사와 방청객, 심지어 일본 판사까지도 "참 안타깝다"라고 한숨을 쉬는 가운데에서도 태연했다고 해. 변호를 맡은 이인(후일 대한민국 초대 법무부장관) 변호사가 "이런 사람이야말로 의혈지사義血志士로구나" 하고 감탄할 정도로.

"아아 뜨거운 피 뛰는 가슴 달랠 길 없네"

흔히들 대한제국이 총칼 한 번 들지 않고 일본에 고스란히 먹혔다고 오해하는 사람들이 많아. 사실 황제는 그랬고, 잘 먹고 잘살던 양반 귀족들 일부는 더 잘 먹고 잘살기 위해 나라를 팔았지. 하지만 나라에서 은혜를 받기는커녕 빼앗기기만 했던 사람들은 무수히 일어나서 일제에 맞섰고 매국노를 처단하고 일본 총독을 노리고 십 수 년을 숨어 살면서도 뜻을 포기하지 않은 채 숨가쁜 삶을 살다가 역사 속으로 사라졌단다.

그들은 "매국노, 일본 놈 몇 놈 죽인다고 해방이 돼?" 하고 똑똑한 사람들이 냉소하는 동안 "그놈들이라도 죽이지 않고 어떻게 우리가 후손한테 사람이라 불리겠어?" 반문하며 총을 재고 칼을 갈았어. 오늘 우리가 우리말을 하고 우리글을 쓰며 조상이 물려준 성姓으로 살아가는 건 바로 그들이 있었기 때문일 거야. 그분들이 불렀다고 전해지는 노래 하나를 들려줄게. 그분들의 마음을 천분지 일이나마 느낄 수 있을 거야.

"거센 바람 북만주 고향은 먼데." 꿈에도 그리운 고향을 박차고 압록강 두만강 건너 춥고 낯선 땅을 헤매면서 그들은 때로 탄식했을 거야. "꿈 키운 내 젊음 어데로 갔나." 때로는 전투와 죽음의 피비린내 속에서 쓸쓸해하기도 했겠지. "피로 물든 광야의 말 울음소리. 내 젊음 내 야망 찾을 길 없네." 그러나 그들은 다시 광야의 말울음보다 더 크게 외쳤을 거야.

다음과 같이. "아아 뜨거운 피 뛰는 가슴 달랠 길 없네. 참을 길 없네 찾을 길 없네." 그 피는 살아서 뜨겁고 심장은 북소리로 만주벌판을 울렸어. 결코 우리가 잊지 말아야 할 온기로, 그리고 소리로.

김상옥은 의열단에 가입해 사이토 조선 총독을 암살하려 했으나 실패했고 나중에 자결했다. ⓒ 김상옥의사기념사업회

29
'친일'의 스펙트럼

친일 스펙트럼은 70여 년의 세월 속에서 수십 가지 색깔로 갈라져 있다.
우리가 역사에서 배워야 할 건 도덕이 아니라 지혜다.
중요한 건 이름도 없이 스러져간
수많은 독립운동가의 삶과 독립운동의 역사를 되찾는 일이다.

"그러는 동안에 드디어 서른여섯 해가 지나갔다"

1945년 8월 15일, 우리 민족은 '해방'을 맞았다. 1910년 일본과 한국을 합친다는 선언이 공표된 건 8월 29일이었지만 이미 1주일 전인 8월 22일 양국 대표가 조약에 서명을 끝냈다고 하니, 일제 강점은 딱 1주일 모자라는 만 35년이었던 셈이야. 영화 〈암살〉을 보면서 가장 뭉클했던 장면 중 하나는 일본의 항복 모습을 지켜보며 환호하던 독립운동가들이 "집에 가자!"를 합창하는 장면이었어. 짧아도 몇 년, 길게는 수십 년 동안 집에 가지 못하고 고향 풍경을 그리워하기만 한 사람들이지 않았겠니.

어쨌든 일제는 물러갔어. 하지만 일제 강점 35년은 지울 수 없는 기억으로 우리 역사에 남게 돼. 신석정이라는 시인은 〈꽃덤불〉이라는 시에서 이렇게 노래하지.

…… 그러는 동안에 영영 잃어버린 벗도 있다.
그러는 동안에 멀리 떠나 버린 벗도 있다.
그러는 동안에 몸을 팔아 버린 벗도 있다.
그러는 동안에 맘을 팔아 버린 벗도 있다.
그러는 동안에 드디어 서른여섯 해가 지나갔다. ……

맞아. 기어이 그날을 보고자 했지만 끝내 먼 길 떠난 벗들은 얼마며, 천만 리 머나먼 어딘가에서 그리움을 부르는 친구는 좀 많았겠어.

하지만 문제는 '맘을 팔고 몸을 팔아버린' 벗들이었지. 나라를 팔아치워 팔자 고치려던 인간이나 일제의 앞잡이 노릇 하며 설치던 말종은 '벗'도 아니겠지만 그들 말고 많은 '벗'들도 35년을 살아내야 했거든. 결연히 일본 제국주의에 맞섰지만 나중에는 일제의 충실한 앞잡이가 된 '몸을 팔아버린 벗들'도 있고, 해방은 올 것 같지 않으니 일단 먹고살 궁리나 하자며 순응했던 '맘을 팔아버린' 벗들까지 있었지. 우리는 그 모두를 일컬어 '친일파'라 뭉뚱그려 부른단다.

하판락, 평생 잘 먹고 잘 산 친일파

일제 치하에서 인간 이하의 짓을 했던 악질 친일파를 솎아내지 못한 건 정말로 안타까운 일이야. 영화 〈암살〉에서 리얼리티가 떨어지는 장면은 마지막 장면일 거다. 우리나라 친일파들이 그렇게 '응징'을 받은 예는 극히 드무니까. 하판락이라는 사람 얘길 해보자.

하판락은 독립운동 등 일본에 저항하는 이들 때려잡기를 주 임무로 했던 고등계 형사였어. 악독한 고문의 명수였던 그가 즐겨했던 고문 중의 하나는 '착혈고문'이었다고 해. 2007년 사망한 독립운동가 이광우 선생은 하판락이 "자신이 원하는 대로 진술하지 않는 사람의 혈관에 주사기를 삽입했다. 그러곤 혈관을 통해 주사기 하나 가득 피를 뽑아내서는 뽑아낸 사람에게 뿌렸다"라고 증언하고 있어. '사람의 피를 짜낸' 이 악마는 해방 후 반민특위에 회부되지만 끝끝내 자신이 아닌 부하가 고문을 했다고 잡아떼서 증거불충분으로 풀려나. 그리고 평생을 잘 먹고 잘산단다. 부산에서 무슨 노인회 회장도 하고 부산시장 표창까지 받으면서 말이지.

그의 존재가 다시 드러난 건 그에게 고문을 당해 평생을 불구로 산 독립운동가 덕분이었어. 투옥 기록 등 독립운동의 증거가 사라져 독립운동 서훈을 받지 못하는 걸 안타까워한 이 독립운동가의 아들이 하판락의 생존 사실을 알아내고, 하판락의 진술과 그 주변 서류를 통해 아버지의 독립운동 사실을 증명했거든. 하판락을 만나러 가는 아들에게 아버지는 이렇게 한 맺힌 말을 던졌다는구나. "하판락을 만나면 직이뿌라(죽여버려라). 그놈은 인두겁을 쓴 짐승이다."

이런 악마들을 때려잡지 못한 것, 그들이 짓밟은 사람의 무덤 위에서 잘 먹고 잘살며 한평생 보내게 한 건 우리 역사의 수치야. 그들조차 제대로 단죄하지 못했으니 다른 친일파에 대해서도 서슬을 세울 겨를이 없었지. 그런 상태에서 전쟁과 독재의 폭풍이 우리 역사를 휩쓸고 지나가면서 친일이라는 키워드는 어느새 일종의 블랙홀이 되어버렸어. 모든 것을 빨아들일 만큼 강력하지만 그 깊이와 범위를 알 수 없고, 어디서 시작하고 어디서 끝맺어야 할지 알 수 없는.

그 아동문학가는 '친일파'일까?

조금 다른 예를 들어보자. 이원수라는 아동문학가가 계셔. 남북한 사람들이 합창할 수 있는 몇 안 되는 노래라는 〈고향의 봄〉 작사가지. 부인 최순애 씨는 역시 유명한 동요 〈오빠 생각〉을 작사한 분이고. 그 노래 가사를 쓸 때 놀랍게도 두 분은 10대 소년 소녀였고, 각각 수원과 경상도에 살면서 편지로만 데이트를 했어. 어느 날 마침내 소년 이원수가 경부선 열차를 타고 올라오기로 했지만 수원역에서 기다리던 소녀 최순애는 이원수를 만나지 못해. 독립운동 혐의로 잡혀가서 감옥에 갇혀버렸거든. 이원수 선생은 그 후 평생 조선의 아이들, 한국의 소년들을 위해 아름다운 작품을 만들었고, 어린이들에게 식민지의 현실과 전쟁의 아픔과 가난의 고통에 대한 위로를 선사해주었어.

　아동문학가 이오덕 선생에 따르면 "이 세상에서 만났던 분 가운데 가장 맑고 바르고 따뜻한 마음을 가진 분"으로 "4·19와 전태일을 동화로 쓴 유일한" 분이었지. 하지만 일제 말기에 동시 두 편, 자유시 한 편, 수필 두 편 해서 모두 다섯 편의 친일 작품을 조선금융조합연합회 기관지 《반도의 빛半島の光》에 발표한 게 드러나면서 이분은 '친일파' 명단에 오른단

다. 〈고향의 봄〉도 한때 교과서에서 삭제됐고, 고향 창원에서 진행하려던 이원수 기념사업은 "자유·정의·인권·평화와 같은 인류 보편적인 가치관을 가진 세계인들의 비웃음을 살 일이며 죄 없는 창원 시민을 망신시키는 일"이라는 반대에 부딪혀야 했어.

과연 이분은 친일파일까? 하판락 같은 망종까지는 아니더라도 '맘을 팔아버린 벗', '몸을 팔아버린 벗'으로서 결국은 하판락과 같은 범주에 올라야 마땅한 사람이고 그를 기리는 게 "세계인의 비웃음을 살 일"이라는 말까지 들어야 했던 걸까? 아빠는 고개를 끄덕이기 어렵구나. 그렇게 '친일'의 스펙트럼은 70년 세월의 두께 속에서 수십 가지 색깔로 갈라지고 있음도 우리는 기억해야 해.

우리에게 '친일 청산'이란?

우리에게 '친일 청산'이란 무엇일까. 먼저 필요한 건 역사의 온전한 복원이라고 생각해. 하판락 같은 악질 친일파부터 '맘을 팔아버린' 벗들까지 그 모두의 행적이 지금보다 더 선명하고 소상히 드러나야겠지. 그런 의미에서 이원수 선생의 친일 작품이 밝혀지고 사전에 오른 자체는 당연한 일이고, 하판락 같은 자들의 행적은 깡그리 까발려져야 한다고 봐. 하지만 그 후 우리가 해야 할 일은 단순한 단죄와 규정이 아니라 오늘에 필요한 교훈을 얻는 일일 거야.

나이 아흔셋에 죽었으니 명도 지독하게 길었던 하판락의 악행을 저주하고 그에게 천벌을 내리지 않은 신과 그를 때려죽이지 못한 할아버지들을 원망하는 건 어렵지 않아. 이원수 선생의 친일시를 낭독하며 그 과오를 규탄하는 것도 마음먹으면 쉽게 할 수 있는 일이야. 하지만 역사에서 배워야 할 건 도덕이 아니라 지혜란다. 왜 그들은 그렇게 되었는가를 분석하고 그들의 삶을 종합적으로 파악하여 다시는 역사에서 그런 일이 반복되지 않도록 해야 해. 과거의 면을 오늘을 비추는 거울로 만들어야 한다는 뜻이야.

이뿐만이 아니란다. 가장 중요한 건 잃어버린 독립운동의 역사를 되찾는 일이야. 이름 없이 보상도 없이 스러져간 독립운동가들의 삶을 더듬어 꿰맞추고 그 희생의 무게에 짓눌려 힘겹게 살아온 후손에게 미처 기리지 못했던 애국자들의 명예와 공적을 뒤늦게나마 보답할 때 '친일'은 청산될 수 있는 게 아닐까?

하판락은 독립운동가들을 고문하던 고등계 형사였다.
해방 후 반민특위에 회부됐지만 풀려났다.

30

국정교과서, 역사 왜곡이 우려된다

국정교과서는 '권정權定교과서'의 다른 말이다.
교과서를 만들 당시 권력을 쥔 사람들의 입맛에 맞는 내용이 들어갈 수밖에
없기 때문이다. 김무성 전 새누리당 대표의 '긍정적인 역사관'에
숨겨진 맥락을 제대로 이해해야 한다.

국정교과서와 '긍정적인 역사관'

아빠는 주말이 다가오면 이번엔 네게 무슨 얘기를 들려줄까 고민에 휩싸이곤 한다. 그래서 괜히 신문도 뒤적이고 인터넷도 뒤지곤 하지. 오늘은 '국정교과서' 관련 얘기를 해주는 게 어떨까 싶구나. 2015년 8월, 당시 여당이던 새누리당(지금은 자유한국당과 바른정당으로 갈라졌지만) 대표 김무성 의원은 '국정교과서'를 통한 역사 교육이 필요하다고 목청을 높이고

있었단다.

먼저 이분의 말을 잠깐 옮겨볼게.

(현재 역사 교육은) 우리의 현대사를 '정의가 패배하고, 기회주의가 득세한 굴욕의 역사'라고 학생들에게 가르치고 있다. …… 어린이들에게 부정적 역사관을 심어주는 역사 교육체계를 바꾸기 위해 국정교과서로 바꿔야 한다.

국정교과서를 한자로 쓰면 '國定敎科書', 즉 나라에서 이렇게 저렇게 가르치라고 허용한 내용만 담은 교과서라는 뜻이야. 그런데 과연 이런 교과서로 공부하면 아이들의 역사관이 일사불란하게 긍정적이 되고, 우리 역사에 자긍심을 갖게 될까?

아빠는 전 여당 대표의 말씀이 새빨간 거짓말이거나 정말이지 뭘 모르고 하시는 말씀이라는 걸 3초 내에 증명할 수 있어. 바로 아빠가 증거야. 아빠 세대와 그 이전 세대 전부가 '국정교과서'를 통해 역사를 배웠거든. 하지만 아빠나 아빠 친구들 대부분은 저분들 보기에 '긍정적인' 역사관을 지니고 있지 않구나.

국정國定교과서는 권정權定교과서

국정교과서의 문제가 뭘까? 우선 '나라가 정한다'는 말의 사기성이야. 나라가 정하는 게 아니라 교과서를 만들 당시에 권력을 쥔 사람들의 입맛에 맞는 '권정교과서權定敎科書'라는 거지. 예를 들어줄까? 아빠가 청소년기를 보낸 1980년대 초반 국정교과서는 제5공화국 출범을 이렇게 설명하고 있단다.

10월 유신 이후 성립한 제4공화국은 박정희 대통령의 장기 집권적 징후를 보였다. …… 정치적 불안이 계속되는 가운데, 10·26 사태(박정희 대통령 피살)를 맞았다. 이러한 혼란 속에서 북한 공산군의 남침 위기에서 벗어나고 국내 질서를 회복하기 위하여 정부는 국가보위비상대책위원회를 구성한 뒤, 각 부문에 걸쳐 과감한 개혁을 추진했다. 그 후 국민투표로 확정된 새 헌법에 따라 당선된 전두환 대통령이 취임하여 새 정부를 이끌어 나감으로써 제5공화국이 출범했다.

어럽쇼? 이 교과서에는 전두환이 1980년 광주에서 무슨 일을 저질렀는지 단 한 마디도 나오지 않고, 그 사건이 왜 일어났는지에 대한 언급도 없어. 그리고 전두환은 새 헌법이 나오기 전, 즉 제5공화국 출범 전에 이미 대통령이었단다.

그는 '통일주체국민회의'라는 대통령 선거인단을 체육관에 모아 놓고 실시한 선거에서 총 2,525명 투표자 중 2,524명의 찬성표를 받아 11대 대통령으로 당선됐지. 찬성표가 아닌 한 표도 반대표가 아니라 기표 실수로 나온 무효표였어. 그런데 바로 그 무렵 아빠가 배우던 국정교과서는 북한 선거가 "100퍼센트 투표에 100퍼센트 찬성"을 자랑한다며 그게 무슨 선거냐고 비웃고 있었단다. 그러면서 덧붙이는 제5공화국에 대한 묘사는 지금 읽어도 '헐' 소리가 터질 지경이네.

"제5공화국은 정의사회를 구현하기 위해 모든 비능률, 모순, 비리를 척결하는 동시에, 국민의 진정한 행복을 위해 민주 복지국가 건설을 지향하고 있는 만큼, 우리나라의 장래는 밝게 빛날 것이다." 아, 이 얼마나 긍정적인 역사관이냐. 이쯤 되면 너도 '국정교과서'를 고집하는 이들의 심사를 짐작할 수 있을 거야.

"서울 사수" 대통령 방송 믿은 국민만 당했다

역사 속으로 사라진 듯했던 국정교과서를 계속 끄집어내던 당시 여당 대표는 이런 말씀도 하셨더구나.

> 이승만 대통령은 우리 민족사 최초로 자유 민주 선거를 시행하고 이 땅에 자유민주주의 체제를 다진 대통령이며, 한국전쟁 때는 외교력을 발휘해 공산화되는 것을 막았고, …… 이제 건국의 대통령으로 제대로 대우해 드릴 때가 됐다.

당연히 그분이 국정교과서에 담고 싶은 내용도 이 부분이었겠지. 이승만을 '국부國父'로 모시자는 말도 했으니까 말이야. 하지만 아빠는 네가 그런 교과서로 역사를 배우기를 바라지 않는다. 틀린 얘기니까.

첫째, 그는 자유민주주의를 파괴한 사람이야. 자신이 대통령으로 당선될 가능성이 희박해지자(제헌헌법은 대통령을 국회에서 선출하도록 했지) 전쟁 중인 군대를 동원해 국회의원들을 잡아 가두고는 억지로 개헌안을 통과시켰고, 수백만 표를 얻은 야당 후보를 간첩으로 몰아 죽였으며, 신문사를 강제로 폐간시키면서 자유민주주의의 기본이라 할 언론의 자유를 짓밟았어.

결국 그는 '자유 민주 선거'의 심장에 칼을 꽂은, 세계 역사에서도 기념비적인 부정선거를 자행한 사람이야. 이런 이가 어찌 대한민국의 '자유민주주의를 다진' 인물로 격상될 수 있겠니. 아니, 고기를 '다지다' 할 때의 그 '다지다'라면 맞을 수도 있겠다. 자유민주주의를 "여러 번 칼질하여 잘게 썰어버린" 사람이라는 뜻이라면.

둘째, 한국전쟁의 참화에서 대한민국이 살아남은 건 맞지만, 이승만 대통령이 '있었음에도 불구하고' 공산화되지 않은 게 더 사실에 가깝단다. 그는 전쟁이 나자마자 자기 혼자 살겠다고 내뺀 것도 모자라 도망간 곳에서 "서울 사수" 방송을 녹음하고, 장정들 수십만을 모집해설랑 그들을 먹이고 입힐 것을 빼돌려 수만 명을 굶겨 죽이고 얼려 죽인 자를 극력 옹호했으며, 제 나라 양민을 학살한 군인들을 두고 "부끄러운 치마 속은 보는 게 아닙네다"라고 말하던 사람이었거든.

교과서가 잔망스러워서는 안 된다

2015년 아빠의 이모와 외삼촌이 연이어 돌아가셨지? 아빠의 외삼촌은 참전용사로 국립묘지에 안장되셨어. 아빠의 식구들은 한국전쟁 초기 피란을 가지 못하고 서울에 남아 있었어. "수도 서울을 사수합네다" 하는 한국말 서툰 대통령의 방송을 믿었기 때문이지. 아빠의 외삼촌은 국군이 서울을 다시 탈환하기 전까지 석 달간 인민군을 피해 죽을힘을 다해 도망 다녔고, 서울 수복 후 북진하는 국군에 입대하셨어.

아빠의 이모는 당신의 아버지, 즉 아빠의 외할아버지의 목숨을 구하러 사방을 헤매셨지. 아빠의 외할아버지는 철도원이었는데 어쩔 수 없이 끌려가 서울역에서 일을 했고, 이게 '죽을죄'가 돼서 총살만 기다리는 처지였거든. 참전군인의 가족인데도 말이지.

어찌어찌 외할아버지는 구명이 되었지만 그때 서울 시내에는 국군과 경찰, 우익 청년단에 의해 죽임을 당한 '부역자'들의 시체가 굴러다녔다고 해. 아빠의 이모는 생전에 그렇게 말씀하셨단다. "아버지를 구하기 전에는 아무것도 안 보였는데 한숨 돌리고 나니 내가 그 시체들 머리를 차며 뛰어다녔더라."

그 사람들은 대부분 이승만 대통령을 믿고 피란가지 않은 서울 시민이었고, 인민군 따발총과 동네 공산주의자들의 죽창이 무서워서 인민군이 시키는 대로 일하고 노래 배우고 구호를 외친 사람들이었어.

그런데 이승만 정부는 자신들의 죄는 모르쇠로 일관하면서 이 같은 국민의 행동에는 추상같은 책임을 물었고, 자신이 국민들을 팽개친 배신은 생각지 않고 버려진 국민의 '부역'에만 총부리를 들이댔지. 단 한 마디 사과도 없었고, 단 한 점 거리낌도 없었어. 아빠는 이런 사람이 대통령으로 전쟁을 지휘한 나라가 없어지지 않은 것만 해도 기적이라고 생각해.

하물며 이 사람을 '국부'로 모시자는 말에는 그저 아득해질 뿐이야. 요즘 '헬조선'이라고까지 불리는 팍팍하고 암담한 분위기의 나라이지만, 아빠는 적어도 이 나라의 '애비'가 이승만처럼 잔망스러운 사람이라고 생각하지 않아. 당연히 네가 배워야 할 교과서도 그렇게 잔망스러워서는 안 되고 말이야.

북한의 남침 직후 폭파됐다가 2년여 만인 1952년 7월 22일 복구된 한강철교를 지나는 이승만 대통령. 이승만 대통령은 한국전쟁 발발 시 '수도 서울을 사수한다'는 방송을 했지만 자신은 이미 서울을 떠난 뒤였다.

31

원균, 이각, 김경징 …… 적보다 무서운 우리 편 장수들

전쟁에서 가장 무서운 존재는 유능한 적이 아니라 무능한 우리 편이다.
역사를 살펴보면 원균이 그랬고, 이각이 그랬고,
김경징이 그랬다. 목침지뢰 사건 이후
일련의 뉴스를 보며 내 가족과 이 나라의 안전을 회의했다.

무능한 장군은 우리 편을 죽음으로 몰고간다

오래된 농담이라 너도 들어본 적 있지 않을까 싶다. 알프스 산맥을 넘던
나폴레옹이 병사를 다그치며 "고지가 바로 저기다!" 하고 외치다가 갑자
기 우뚝 선다. 그리고 머리를 긁으며 소리를 지르지. "이 산이 아닌갑다."
병사들이 허탈하게 발걸음을 돌려 또 다른 봉우리 정상에 닿았지만 또 한
번 나폴레옹이 내지르는 소리에 쓰러지고 말지. "아까 그 산인 갑다." 물

론 군사 천재인 나폴레옹이 이런 실수를 한 적은 없어. 나폴레옹의 이름만 빌려 무능한 장군의 폐해를 비꼰 거지. 기실 전쟁에서 가장 무서운 존재는 유능한 적이 아니라 무능한 우리 편이야. 그게 우리 편 대장이라면 말할 것도 없겠지. 유능한 적은 우리를 고생시킬 뿐이지만 무능한 장군은 우리 편 전체를 죽음으로 몰고 가니까.

1597년 3월 25일 《선조실록》에는 이순신이 잡혀간 뒤 부임한 원균이 적선 세 척을 포획하고 일본군 머리 47개를 바쳤다는 기록이 등장해. 기이할 만큼 이순신을 싫어했던 선조 임금의 입이 벌어지지. "통제사 임명을 받자마자 공을 세우니 가상하도다." 그런데 신하들은 삐딱했어. 그들은 다른 정보를 가지고 있었거든. "원균이 바친 왜군의 머리가 만약 나무를 베러 온 이들의 것이라면 문제가 다릅니다." 이게 무슨 얘길까.

다른 보고에 따르면 이 일본군은 3월 초, 조선군과의 양해하에(당시는 휴전 비슷한 상태여서 이런 일이 가능했어) 나무를 베러 온 병력이었어. 조선 수군이 나타나자 기겁을 하고 땅에 엎드렸고, 원균도 얘기를 듣고 고개를 끄덕이면서 술까지 먹었다고 해. 일본군들은 코가 땅에 닿도록 절을 하고 벌개진 얼굴로 자기들 배를 타고 돌아가는데, 갑자기 원균이 공격 명령을 내려. 정예병이 아니라 보급 임무를 맡은 일본군이었지만 이들은 배신감에 치를 떨면서 목숨을 걸고 싸워. 일본군의 서슬 퍼런 반격에 고성 고을 사또였던 조응도가 전사하고 배마저 빼앗겼다가 그 배를 불태우고서야 왜군들을 '전멸'시킬 수 있었단다.

폼 잡고 싶었던 원균

이게 도대체 무슨 뜻일까. 원균은 이른바 '폼'을 잡고 싶었던 것 같아. 이순신이 통제사로 있을 때 "내가 통제사라면 부산까지 들이칠 겁니다!"라고 기염을 토하고서 통제사가 되었으니 임금에게 '원균이 하면 다르다'는 것을 어필해야 했고, 결국 나무하러 온 배를 공격하는 무리수를 두고 만 거야. 그것도 그냥 쳐버리면 욕먹을 것 같으니 '도망가게' 한 뒤 추격(?)하는 쇼까지 벌인 거지. 하지만 세상에 비밀이 있나. 일본군 장수가 부들부들 떨면서 항의해왔거든. "땔감 장만하러 간 병사들을 이렇게 할 수 있소? 우리는 조선 백성들에게 분풀이를 하겠소."

후일 원균은 수군만으로 부산 단독 공격에 나섰다가 칠천량해전에서 대패하고 자신도 목숨을 잃어. 이순신이 어명을 어기면서까지 피하려 했던 그 전장이었지. 무능한 사람이 과욕을 부릴 때, 더구나 그가 수만 명의 목숨을 책임진 장군일 때 무슨 일이 벌어지는지를 극명하게 보여주는 사례. 전쟁 발발 이후 한 번도 진 적 없는 조선 함대는 그 한 번의 싸움으로 괴멸하고 말았으니까.

무능한 이들이 탐욕을 부리는 경우 필연적으로 발생하는 게 부패야. 얼마 전만 해도 우리나라에서 "무능한 청렴보다 유능한 부패가 낫다"라는 말이 돌아다닌 적이 있는데, 그야말로 헛소리란다. 왜냐하면 부패 자체가 최악의 무능이고, 자신뿐 아니라 주변 사람들까지 무능하게 만들어버리는 병균 같은 것이기 때문이지.

임진왜란이 터지고 부산진이 함락되었을 때, 경상도 울산에 주둔하던 경상좌병사 이각은 군대를 이끌고 동래성으로 왔어. 하지만 막상 일본군의 전력을 보니 입이 다물어지지 않는 거야. 겁에 질린 이각은 성 밖에서 싸우겠다는 핑계를 대고는 줄행랑을 쳐버리지. 경상좌도, 즉 낙동강 동쪽 지역의 총사령관이 말이야. 이 무능한 자가 울산의 병영에 돌아가서 한 일은 자신의 애첩과 함께 무명 1,000필을 나귀에 실어 서울로 보내버린 거였어. "이런 법은 없습니다!" 행정 책임을 맡은 부하가 막아서자 이각은 서슴없이 그의 목을 쳐. 무능한 자가 탐욕을 부리면 부패하기 마련이고, 자신의 부패를 방해하는 이들에게 잔인하기 마련이야.

원균도 한숨 쉬게 만들 국방부장관의 번복

이런 자들이 나라의 운명이 달린 막중한 책임을 맡는다는 건 참으로 끔찍한 일이야. 하지만 슬프게도 우리 역사에는 그런 일이 빈번했단다. 그 가운데 돋보이는 이름 하나를 들면 김경징이라는 사람이야. 영화 〈최종병기 활〉(2011)에서 봤듯 병자호란이 발발했을 때 만주족 기병대는 그야말로 전광석화처럼 압록강에서 서울까지 단숨에 내달렸어. 예상치 못한 빠른 진격에 임금과 세자는 원래 피란 예정지인 강화도에 가지도 못한 채 남한산성으로 들어갔단다. 강화도에는 세자빈과 세손, 왕자들이 먼저 피신해 있었는데 이 강화도의 수비 책임자가 바로 김경징이었어. 그는 당시 영의정인 김류의 아들이기도 했지.

이 인간이 강화도의 수비 책임자로서 한 일은 오로지 술 마시고 노는 거였어. 식량을 징발한 뒤에는 자기 아는 사람한테만 나눠줘서 원성을 샀고, 청나라 군대가 배를 만들고 있다는 보고를 받고서도 아무런 방비책을 세우지 않았지. "청나라 놈들이 날개가 있지 않고서야 어찌 저 바다를 건넌단 말이냐." 요즘 말로 "이미 아무것도 하지 않고 있지만 더욱 격렬하게 아무것도 하지 않고 싶었던" 이 무능한 장군은 청나라 군대가 배를 타고 강화도에 들이닥치자 누구보다도 재빠르게 튀어버린단다. 얼간이 장수의 뒤에서 조선 백성의 비명은 하늘을 찌르고 바다를 덮었어. 후일 이 말도 안 되는 범죄적 무능에 대한 책임을 지고 김경징은 사약을 받지만,

영의정 집안의 귀한 자식이니 죽이지는 말자는 건의가 힘을 얻기도 했어.

아빠는 네게 이 모든 건 옛날이야기일 뿐이며 요즘은 찾으려야 찾아볼 수 없는 과거의 괴담에 지나지 않는다고 말하고 싶단다. 하지만 아빠의 소망은 이루어질 것 같지 않구나. 너도 기억하지? 비무장지대DMZ에서 지뢰 폭발로 군인 두 명이 부상을 당했던 일 말이야. 북한이 묻었다는 지뢰가 터진 뒤 국방부장관은 북한 소행으로 추정된다는 보고를 2015년 8월 4일 청와대에 했다고 밝혔는데, 청와대에서 8월 5일 보고받았다고 펄쩍 뛰자 자신이 착각한 것 같다고 말을 바꿨어. 국방부장관이 보고 날짜를 헷갈린 것이면 허무할 정도로 무능한 일이고, 청와대 처지를 생각해서 덤터기를 쓴 거라면 자리를 지키려는 욕심에 진실을 가리는 일이야. 임금에게 잘 보이겠다고 나무하러 온 일본군을 공격한 원균조차도 한숨을 쉴 작태 아니겠니.

지뢰 폭발로 젊은 하사관 두 명이 다리를 잃었다는 소식을 들은 다음 날 폭탄주를 들이켰다는 합참의장님을 보면 강화도를 지키던 김경징이 떠오르지 않을 수 없고, 참모총장 등 고위직을 지낸 이들이 뇌물을 받아 챙긴 죄로 처벌받은 사건까지 끄집어내면 창고에서 무명 1,000필을 빼내 첩과 함께 빼돌렸던 경상좌병사 이각이 오히려 순진해 보이는 황망함에 처하게 돼. 대체 이들이 우리를 지켜줄 수 있을까. 이 원균 같고 이각 같고 김경징 같은 장군님들에게 내 가족과 나라의 안전을 맡길 수 있을까. 이런 대한민국 장군님들이 벌인 무능과 부패와 탐욕의 퍼레이드를 보면 아빠는 이렇게 외치고 싶어진단다. "이 나라가 (내가 살아왔고 살아가야 할) 내 나라가 아닌갑다."

원균은 칠천량해전에서 대패했다.
전쟁 발발 이후 조선 수군이 유일하게 패배한 해전이다.
ⓒ 거제관광개발공사 제공

32

캄보디아 현대사에서 한국을 엿보다

한때는 동남아를 호령하는 강대국이었던 캄보디아의
역사를 살펴보면 기시감이 든다. 북한 지도자의 모습에서
폴 포트의 그림자를 발견하게 되기도 한다.
참혹했던 킬링필드의 역사를 반복하지 않을 수 있을까.

폴 포트와 캄보디아의 백골

2014년 겨울 떠났던 캄보디아 여행 생각나니? 앙코르와트를 구경하고
나온 뒤 들른 작은 사원 기억나는지 모르겠구나. 학교를 지으려고 땅을
파다가 나왔다는 백골 수백 구가 전시되어 있었지. 1970년대 중반 캄보
디아를 다스린 폴 포트라는 사람이 캄보디아를 '킬링필드', 즉 살육의 벌
판으로 만들어버렸던 참혹한 과거의 흔적 가운데 하나야.

백골 앞에서 아빠는 잠시 캄보디아의 지난 역사를 떠올렸단다. 캄보디아 땅에는 한때 동남아를 호령하는 강대국이던 크메르 제국이 있었어. 그러나 이민족의 침입과 지배자의 폭정 등 여러 이유로 앙코르와트는 버려졌고, 크메르 제국과 그 이후의 캄보디아는 점점 쪼그라들고 말았지. 특히 한때 크메르 제국의 지배하에 있었던 사이암(타이)에게 캄보디아는 허구한 날 두들겨 맞고 속국 노릇을 해야 했어. 이를 해결하려고 캄보디아의 지배자들은 스스로 강해지기보다는 또 다른 외세, 인도차이나 반도 동쪽 해안가에서 세력을 떨치던 베트남을 끌어들였단다.

캄보디아 왕은 베트남과 혼인 동맹을 맺지만, 예나 지금이나 강한 쪽과 약한 쪽의 '동맹'이란 "엎드려뻗쳐서 두 손 들어" 하는 구령처럼 말이 안 되는 소리. 베트남은 거침없이 캄보디아를 잠식해 들어갔고, 19세기 중반에는 아예 베트남의 일부로 만들어버리려고 해. 사이암과 베트남, 동남아시아의 두 강국은 캄보디아를 사이에 두고 티격태격하기를 그치지 않는단다. 캄보디아의 지배층도 친사이암파와 친베트남파로 나뉘어 서로 팔을 걷어붙였고.

기세등등하던 베트남이 프랑스의 식민지가 되면서 캄보디아의 운명도 정해졌지. 어차피 망할 거 센 놈에게 붙자는 심리였을까. 캄보디아는 1864년 프랑스의 보호령을 자처하고 1884년에는 아예 통치권을 프랑스에 넘겨버려. 제2차 세계대전 후 프랑스가 인도차이나반도에서 물러나면서 캄보디아도 해방을 맞세 돼. 그즈음 프랑스와 맞서 싸우던 베트남 공산주의자 사이에는 캄보디아 공산주의자도 끼어 있었는데 "과묵하고 예의 발랐던" 수더분한 인상의 '살롯 샤'도 그중 하나였어. 이 살롯 사의 가명 또는 암호명이 바로 '폴 포트'였지.

"우리 식대로 살아가겠다"

폴 포트는 공산주의 비밀 활동을 하다가 발각될 위기에 처하자 정글로 들어가서 게릴라전을 펼쳤는데, 이 때 그의 세력을 키워준 건 다름 아닌 미국이었어. 베트남 전쟁을 치르던 미국이 캄보디아에 자신들의 꼭두각시인 론 놀 정권을 세우고, 캄보디아를 거쳐가던 베트남 공산군, 즉 월맹군의 보급로를 맹폭격한 거야. 베트남 땅에서 벌어진 전쟁 때문에 애꿎은 캄보디아 사람들 수십만 명이 죽었어. 이걸 1차 킬링필드라고 해. 수십만 동포를 폭격으로 죽인 미국에 대한 캄보디아 사람들의 감정이 좋을 리가 있겠니? 폴 포트와 그가 이끄는 '크메르루주' 조직은 이를 철저히 이용해 힘을 길러. 그런 후 결국 "론 놀이 얘기하면 부하들은 무조건 졸기 시작한다"라는 말을 들을 만큼 무능했던 론 놀 정권을 타도하고 캄보디아를 장악해. 나라 이름은 '민주 캄푸치아'였지.

그런데 한때 성실한 교사이던 폴 포트는 공산주의자이기 전에 상당히 과격한 민족주의자였어. 캄보디아 민족 제일주의라고나 할까. 그는 '골고루 잘사는 공산주의 낙원' 건설에도 관심이 있긴 했지만, 앙코르와트로 대변되는 과거 크메르 제국의 영광 재현에 더 많은 열정을 쏟아부었어. 봉건제도를 타파하겠다는 사회주의 혁명에 '성공'한 캄푸치아의 국기에 봉건 시대의 대표적 흔적인 앙코르와트를 그려 넣은 걸 보면 짐작할 수 있지 않을까. 1975년 수도 프놈펜을 함락시킨 후 승리 연설에서 그는 이렇게 얘기했다고 해. "우리는 어떤 외부 세력과도 연계되지 않은 깨끗한 승리를 거두었다. 민주 캄푸치아는 앞으로 고립을 택할 것이다." 그러니까 "우리 식대로 살아가겠다"는 선언이었어. 그리고 폴 포트와 크메르루주 간부들은 자신의 이상理想을 그야말로 '우리 식대로' 실천에 옮겼어.

"도시는 개조될 수 없지만 인간은 개조될 수 있습니다. 인간은 땀을 흘리며 농사를 지어봐야 농사일의 진정한 가치를 알게 됩니다"(《폴 포트 평전》 중에서)라는 말대로 그들은 도시민을 모조리 농촌으로 내려보내 농사를 짓게 했어. 이에 반대하는 사람은 동료라도 죽여버렸지.

킬링필드의 주역 폴 포트의 최후

폴 포트의 선언은 그저 과대망상이었지만 캄보디아 사람에게는 현실로 닥쳐왔어. 온 나라에 피바람이 불었지. 농민 외에는 다 가짜라고 봤던 크메르루주는 영어를 할 줄 안다는 이유로, 손바닥에 굳은살이 없다는 명목으로, 심지어 안경을 썼다는 이유로 자국민을 사회의 장애물로 취급하고 죽여버렸어. 아이들을 나무에 패대기쳐 죽이면서 나무에 스피커를 달아 온 마을 사람들이 듣게 했다는 일화, 유독 가시가 많은 설탕나무로 매질해서 죽였다는 사연 등 캄보디아의 킬링필드는 그야말로 '상상 그 이상'이었어.

위대한 캄보디아를 재현하기 위해서는 내부의 적을 없애고 외부의 적을 물리쳐야 했지. 캄보디아에 살던 참족(앙코르와트 벽에는 이 민족과의 전투 부조가 그려져 있어)은 폴 포트 치하에서 내부의 적으로 몰려 참담한 민족 말살을 당하고 말아. 한때 공산주의 투쟁 동지이던 베트남은 외부의 적으로 변화한단다. 역사적인 이유에 더해서 현실적으로 캄보디아에 많이 살던 베트남 사람들도 '외세의 위협'으로 봤고. 인구 1,000만이 안 되는 형편에 그나마 100만 명 정도를(정확히는 아무도 몰라) 스스로의 손으로 죽여버린 캄보디아의 지도자 폴 포트는, 급기야 6,000만 인구에 미국과의 전쟁으로 단련된 베트남을 공격하는 광기를 보여. "베트남 놈들을 정글 속 원숭이들처럼 깩깩거리며 죽게 하라." 베트남은 여지없이 침략군을 무찌르고 과거 그들의 조상이 했던 대로 캄보디아로 밀고 들어가 크메르루주를 몰아낸 뒤 친베트남 정권을 세우지. 크메르루주는 정글로 쫓겨났고 그곳에서 폴 포트는 저지른 죄악에 비하면 너무나 편안한 최후를 맞았단다.

더 이상은 캄보디아와 닮지 않기를 바라며

캄보디아라는 나라의 역사를 길게 들려주는 이유는 기시감旣視感이 들 만큼 우리나라의 역사와 공통점이 많기 때문이야. 강대국 사이에 끼어서 이 눈치 저 눈치를 보다가 고래 싸움에 새우등 터진 역사며, 스스로 뭘 해보려 하기보다는 강대국에게 업혀 가려고 친청파·친일파·친미파·친러파 하며 치고받은 일이며, 이념 갈등 때문에 같은 민족의 손으로 같은 민족 수백만의 생명을 앗아버린 과거부터 그렇지.

더욱이 "우리 식대로 살아가자"고 부르짖는 우리 민족 제일주의에 '최고 존엄'에만 몰두하고, 고모부부터 최고 서열 장군에 이르기까지 별 죄목도 없이 죽여 없애버리고, 정말 전면전이 벌어지면 자신부터 몰락할 처지인데도 기이한 도발을 감행하는 북한 지도자에게서도 캄보디아와 폴 포트의 영상이 스쳐 지나가기 때문일 거야. 물론 북한 지도자들은 폴 포트보다는 현명할 거야. 아니, 그래야 해. 한국의 '킬링필드'는 떠올리기도 싫으니까.

동시에 아빠는 남한의 지도자들도 사상 최악으로 무능한 미국의 꼭두각시였던 캄보디아의 론 놀 정권보다는 어리석지 않기를 바란다. 이건 아빠를 비롯한 어른들이 그렇게 만들어야 해. 너희들이 킬링필드에서 누군가를 죽이고 죽임을 당하지 않게 만들기 위해. 우리가 캄보디아에서 봤던 그 깊은 좌절과 슬픔의 눈망울이 다시는 이 땅을 배회하는 일이 없게 하기 위해. 캄보디아의 발전을 기원하며. 그리고 우리가 캄보디아와 더 이상 닮지 않기를 기대하며.

킬링필드 학살 희생자들의 유골로 채워진 위령 사리탑.

33

프라하의 봄, '우리는 잊지 않을 것이다'

자본주의든 사회주의든 인간의 존엄과 자유에 대한
존중이 사라진 체제는 그 순간 부패하기 시작한다.
2015년 청주의 한 공장에서 일어난 일을 접하고서 50여 년 전
체코슬로바키아에서 있었던 '프라하의 봄'을 떠올렸다.

사회주의 혁명, 20세기 최대의 사건

1917년 러시아에서 일어난 사회주의 혁명은 20세기 최대의 사건이라 할
만해. "세상은 바야흐로 밑바닥부터 뒤바뀌고 아무것도 아니었던 우리들
이 전부가 되리라"(노동자의 국제연대를 상징하는 노래 〈인터내셔널〉 후렴구)
는 희망은 세계를 뒤흔들었어. 러시아혁명은 점차 확산되었고 제2차 세
계대전 이후 세상은 소련, 즉 러시아혁명으로 탄생한 소비에트 연방이 이

끄는 '동방'과 자본주의 체제를 고수하는 '서방'으로 나뉘어 팽팽하게 맞서게 되지. 이 시기를 냉전 시대라고 해.

그러다 보니 양쪽 진영은 서로에 대해 민감하게 대응하며 내부 단속을 강화했지. 자유로운 나라라고 자부하는 미국에서도 '매카시즘'이라는 무지막지한 공산주의자(사실은 공산주의자로 몰린 사람들) 사냥이 있었어. 이른바 동방의 사성도 열악했지. 사회주의를 지킨다는 명목으로 수백만 명을 우습게 죽이는 일도 벌어졌고, 인간의 자유와 평등을 기치로 한 사회주의가 오히려 자본주의만도 못한 속박과 불평등을 낳기도 했어.

둡체크와 '인간의 얼굴을 한 사회주의'

냉전이 한창이던 1968년, 공산 치하의 체코슬로바키아에서 젊고 패기만만한 정치인 알렉산드르 둡체크가 등장해. 네 살 때 공산주의자 아버지를 따라 소련으로 건너가서 소년기와 청소년기를 보낸 이 2대째 공산주의자는 혁명에 대한 신념도 갖고 있었지만 스탈린 이래의 억압적인 사회주의를 넘어선 '인간의 얼굴을 한 사회주의'를 주창하지. "우리가 단합하면 사회주의는 자본주의보다도 더 큰 성과를 거둘 수 있습니다. 물론 어려운 일이겠지요. 우리 모두 참여하여 이를 가능하도록 만들어야 합니다."

둡체크는 민주적 선거를 통한 의회제도 확립, 검열 철폐, 언론·출판·집회·여행의 자유 보장, 경찰정치 종식 등 그때껏 일그러져 있던 '인간의 얼굴'을 펴기 위한 노력에 나섰고, 체코인들은 '프라하의 봄'을 만끽하며 새로운 시대의 꿈에 부풀지. "우리는 사회주의자다. 인간의 행복을 위한 사회주의자다."

하지만 '인간의 얼굴'을 영 마뜩지 않게 여기는 이들이 있었어. 바로 사회주의 종주국 소련과 주변 공산국가들. 1968년 3월 열린 바르샤바 조약기구(공산권 국가들의 군사협의체) 회의에서 둡체크는 일종의 '몰매'를 맞아. 둡체크는 자신의 사회주의에 대한 신심을 애타게 재확인했지만 반응은 싸늘했고, 소련과 그 위성국들은 체코슬로바키아를 그냥 두지 않겠다는 결심을 굳히게 돼. 드디어 1968년 8월 20일, 소련과 동독·폴란드·헝가리 연합군 20만 대군이 체코슬로바키아 국경을 넘고 이튿날 새벽이 오기 전 프라하는 그들의 군홧발 아래에 놓이게 된단다.

체코 국민들은 눈물겹게 저항했어. 프라하의 모든 교회의 종이 찢어질 듯 울렸고, 시민들은 소련군의 탱크를 맨몸으로 저지하며 울부짖어. 소련군 이하 공산군에게 일체의 음식 팔기를 거부하고, 표지판을 죄다 뒤바꿔 놓아서 전차 부대를 헤매게 만들었지. 방송국 기술자들이 뜯어낸 방송 장비로 지하 방송국을 운영하면서 시시각각 상황을 국민에게 전달했고, 시민들은 거기에 호응했단다. 체코 국민이 곳곳에 내다 붙인 '저항 10계명'은 지금 읽어도 뭉클한 감동이 일어.

"1. 우리는 배운 것이 없다. 2. 우리는 아무것도 모른다. 3. 우리는 아무것도 없다. 4. 우리는 줄 것이 없다. 5. 우리는 아무것도 할 줄 모른다. 6. 우리는 팔 물건도 없다. 7. 우리는 해줄 것이 없다. 8. 우리는 무슨 말인지 모른다. 9. 우리는 배반하지 않는다." 그리고 마지막 열 번째 계명은 녹슬지 않는 화살로 체코슬로바키아 국민들의 가슴에 틀어박혀. "10. 우리는 잊지 않을 것이다." 이 열 번째 계명은 항상 대문자로 쓰였다고 해.

'인간의 얼굴을 한 사회주의'는 무참히 쓰러지고 말았어. 그러나 인간적 사회주의가 쓰러진 그 순간은 현실 사회주의 체제 종말의 시작이기도 했어. 인간의 존엄과 자유에 대한 존중이 사라진 체제는 바로 그때부터 썩기 시작하는 법이거든. 마치 시신이 숨을 멎는 그 즉시 부패해들어가는 것처럼. 이 간단한 원리는 자본주의에도 마찬가지로 적용돼.

인간의 얼굴을 잃어버린 '지금 여기'의 자본주의

2015년 7월, 전 청주의 한 공장에서 노동자 한 명이 지게차에 치이는 사고가 일어났단다. 네가 가끔 마트에서 보는, 물건을 엄청 쌓아서 싣고 옮기는 그 지게차 말이야. 그런데 이 때 아무리 이해하려 해봐도 납득이 되지 않는 일이 벌어져. 사람이 나동그라지고 의식을 잃었는데 회사 측은 기껏 신고해서 달려온 119 구급차를 돌려보내버린 거야. "별일 아닙니다. 찰과상입니다" 하고 말이지. 회사는 지정 병원의 구급차를 불렀다고 주장했지만 한참 지나서 온 건 구급차는커녕 회사의 승합차였어. 제대로 된 응급조치를 받지 못한 한 소중한 생명은 결국 꺾이고 말았단다.

왜 이런 일이 일어난 걸까. 이 일을 '산업재해'로 처리하지 않으려는 회사 측의 꼼수 때문이야. 산업재해로 판명나면 벌점에 벌금에, 여러 가지로 '돈 버는 데' 불편한 일이 많거든. 그래서 119 등 공식 절차와 객관적인 의료시설보다는 자신들과 '말이 통하는' 지정 병원으로 옮기려 했던 거란다. 그 돈 세는 소리에 다친 이의 고통스러운 비명은 묻혔고, 우주보다 귀하다는 생명은 치료 한 번 받아보지 못한 채 사그라들었어.

처음에 회사는 '교통사고'로 처리하려 들었고, 경찰도 '교통사고로 합의할 거냐?'라고 유족들에게 물었다고 해. 뒤늦게나마 진상이 공공연하게 알려지고서야 산업재해 처리가 되었는데 또 기막힌 일이 벌어졌어. "근로복지공단에서 산재 처리를 하면서 구상권을 지입차 주인에게 청구했다. 지입차주의 인생은 이 사고로 사실상 끝이 났다"는 거야(당시 새정치민주연합 한정애 의원). 지입차란 운수회사 명의로 등록된 개인 소유의 차량을 뜻해. 즉 사고를 낸 사람도 가해자이긴 하지만 지게차 한 대가 전 재산일 가능성이 큰 서민이야. 그런데 회사 일을 하다가 발생한 사고에서 회사의 책임은 온데간데없고 나라가 나서서 지게차 운전자 한 사람에게 책임을 지우는 셈이야.

"우리는 잊지 않을 것이다"

일을 시킨 회사, 그로부터 돈을 벌어들이는 회사, 그들을 감독하고 산업 안전을 지켜야 할 의무가 있는 나라의 책임은 안드로메다로 가버린다면, 불쌍한 사람들만 속절없이 죽음을 맞아야 하고 살인자로서 모든 책임을 뒤집어써야 한다면, 그게 법이고 자유민주주의고 자본의 논리라면, 이 사회의 얼굴은 과연 '인간적'일까? 만약 자본주의가 인간의 얼굴을 버린 다면, 인간의 존엄을 부정하고 '돈 벌 자유'만 무한대로 보장할 뿐인 체제 라면 그건 인간의 얼굴을 버린 사회주의와 다를 바 없을 거야. '사회주의' 지키겠다고 20만 대군을 동원해 한 나라를 덮친 소련과 그 졸개들의 만 행으로부터 그다지 멀지 않을 거야.

숨진 분은 서른다섯, 지게차 운전자는 서른일곱 살이었어. 저 한창 나 이에 둘은 돌이킬 수 없는 파멸을 맞고 나라와 회사는 "그러게 조심했어 야지. 결국 너희 책임이야" 하며 무심히 혀만 차는 나라라면 이건 인간을 위한 나라가 아닐 터. 밀려드는 공산군에게 '인간의 얼굴'로 맞섰던 체코 슬로바키아 국민들의 결연한 열 번째 계명을 떠올리면서 아빠 역시 저 사 건을 잊지 말자고 굵직하게 새겨 넣고 싶구나. 인간의 얼굴을 한 '자유민 주주의'를 위하여. "우리는 잊지 않을 것이다."

정치인 둡체크.

34

'이순신의 한탄'은 옛 이야기가 아니란다

1597년 조선은 전쟁의 소용돌이에 휘말려들어갔다.
조정과 장수들은 우왕좌왕했다. 이때 이순신은 우리 역사에서 드물게
진귀한 리더십을 보여주었다. 자신이 부서질 각오로
위기에 맞서는 리더십이 새삼 그립다.

'알아서' 살아남아라

1597년 정유년으로 거슬러 올라가보자. 강화 협상이 결렬되고 14만 일본
군이 재침략을 시작하자 조선은 다시금 전쟁의 소용돌이에 휘말려들어
갔어. 특히 첫 침략 때 별다른 참화를 겪지 않았던 전라도 남해안 지역은
정유년에 벌어진 칠천량해전에서 조선 수군이 전멸한 후 그야말로 대혼
란에 빠져들어.

전라도를 맡은 조선군 장수는 전라병사 이복남이었는데, 일본 대군이 들이닥친 남원성으로 가서 싸우다 죽은 용감한 이였어. 하지만 그 대담한 사람도 남원성으로 가기 전 곡식 창고를 모조리 불태우라 명령했지. "어차피 적의 것! 태워 없애라." 물론 그 말도 일리가 있긴 하지만 어떻게든 옮겨두면 요긴한 식량을 깡그리 불태워버린 건 이복남 역시 당황했기 때문일 거야. 자신들이 농사해서 쌓아 올린 곡식에다가 우리 군대가 불을 지르는 모습을 보고 조선 백성은 무슨 생각이 들었겠니. 그저 공포였겠지. 남은 건 '각자도생各自圖生'이었어. 무슨 수를 쓰든 나라의 방비나 법의 보호나 체제의 도움 없이 '알아서' 살아남아야 한다는 것.

사람들은 무질서하게 쏟아져 나와 피란길에 올랐고, 각처에 남아 있던 수비군도 자기 식구들 건사하기 위해 임무를 팽개쳤으며, 사또들도 도망가거나 어찌할 줄 모르고 관아에 우두커니 앉아만 있었단다. 그런데 그 혼란한 와중에도 전라도 남해안 곳곳을 돌아다니는 사람이 있었어. 바로 이순신이야. 휘하 장교도 군대도 없는 허울뿐인 수군통제사로 임명된 그는 일본군을 아슬아슬하게 피해 곳곳을 누비며 망해버린 수군을 재건해보려고 발버둥 쳐. 그가 쓴 《난중일기》를 보면 무표정할 정도로 담담하지만 참혹한 가슴을 꾹꾹 눌러 쓴 듯한 구절들이 제법 있어. "패잔병들에게 말 세 필, 그리고 활과 화살을 빼앗아왔다." 명색 해군 사령관이 도망다니는 탈영병들의 무기를 빼앗아 수군 장비로 재정비하는 모습을 상상해봐.

험하고 고독한 지도자의 길

8월 5일 일기에는 전라도 곡성군 옥과 근처에서 피란민을 만난 기록이 나와. "피란 가는 사람들로 길이 찼다. 놀라운 일이다. 말에서 내려 타일렀다." 여기서 가장 중요한 말은 '말에서 내려 타일렀다[下坐開諭]'일 거야. 높은 말안장 위에 앉아 "모두 들어라! 나라가 위기에 처했으니……" 어쩌고 하는 게 아니라, 말에서 내려 피란민들 틈에 들어가 설득하고 달랬던 거야.

피란민도 이순신의 사정을 모르지는 않았어. 백전백승의 명장이었다지만 지금은 배도 군대도 없는 허깨비. 엄할 때는 말도 못 하게 엄했던 이순신이었어. 하지만 그런 장군이 말에서 내려 자신들을 위로하고 설득하니 사람들은 더 감동받았지. '이 양반은 남한테만 엄한 게 아니라 자기 책임도 다하는 사람이구나. 믿을 수 있겠구나.' 1597년 8월 9일의《난중일기》에서 아빠는 이순신을 대하는 사람들의 마음을 느껴. "늙은이들이 길가에 늘어서서 다투어 술병을 가져다 바치는데, 받지 않으면 울먹이며 강권하는 것이었다."

"선비는 자신을 알아주는 사람을 위해 목숨을 바치고[士爲知己者死], 여인은 자신을 사랑해주는 사람을 위해 화장을 한다[女爲悅己者容]"는 말이 있어. 네가 들으면 "선비? 여인? 웃겨!" 하겠지만 까마득한 옛날 사람 얘기니 용서해주기로 하고, 아빠는 이 말에서 요즘 말하는 '리더십'의 얼개를 잡는단다. 자신을 알아주는 사람, 자신을 아낀다고 믿는 사람을 위해 사람들은 최선을 다하게 되어 있어. 자신을 알아준다고 믿게 하는 과정, 자신을 아끼는 사람이라고 생각하게 만드는 과정이 험하고 고독한 지도자의 길이겠지. 이순신에게 술 권하던 노인들이 무슨 말을 했는지는 또다른 일기에서 유추해볼 수 있어. "울면서 '사또가 이제 다시 오셨으니 우리는 살았습니다' 했다"(1597년 8월 6일《난중일기》).

'살고자 하면 죽고 죽고자 하면 살 것이다'

박박 긁어모은 배 13척으로 일본군 대함대와 정면 격돌을 앞둔 9월 15일 밤, 이순신은 꿈을 꾸지. 신선이 나타나서 "이렇게 하면 크게 이기고 이렇게 하면 진다"라고 가르쳐줘. 이때 신선이 무슨 말을 했는지는 아무도 몰라. 아빠 생각으로는 이순신에게 이렇게 말한 것 같아. "네가 선봉에 서라. 네가 죽고자 하면 부하들이 살 것이고 네가 살고자 하면 모두 죽는다."

왜 이런 생각을 하느냐면, 1597년 9월 16일(음력) 벌어진 명량해전이야말로 실로 이순신의 리더십이 빛을 발한 순간이었거든. 진도와 해남 사이, 우리나라에서 제일 물살이 세고 좁은 물길에서 이순신은 역류를 버티기 위해 닻을 내리고 자신의 배만으로 일본군을 막아서. 《난중일기》에 적은바, 장수들도 "낙심하여 회피할 꾀만 내는" 상황에서 총사령관이 홀로 나선 거야. 물러서 있긴 했지만 장수들은 도망가지도 못했어. 상관의 사투를 지켜보면서 그들 역시 그들 안의 비겁과 싸우고 있었던 거야. 장수들뿐 아니라 병사들, 노 젓는 격군들 모두의 가슴에서 탁탁 불꽃이 튀고 "도망가면 어디로 가서 살 것 같으냐?" 하는 이순신의 절규가 기름을 끼었었을 때 13척 미니 함대는 그야말로 하늘나라 군대가 돼서 일본 함대에게 천둥처럼 들이닥치게 돼. 명량해전의 기적이지.

엄할 때는 서릿발 같지만 그 기준에 공감할 수 있고, 자신에게도 그만한 엄격함을 보여주는 리더십. 고달픈 상황을 만든 사람에게조차 책임을 돌리지 않고(원균을 싫어했던 이순신이지만 적어도 명량해전까지의 일기에서는 원균에 대한 원망은 일절 비치지 않아. 남이 하는 얘기를 들을 뿐이지) 자신이 할 수 있는 일을 찾아서 제시할 줄 알며, 최악의 상황에서는 부서질 각오로 먼저 나서서 위기에 맞서는 리더십. 이순신은 우리 역사에서 드물게 진귀한 리더십을 보여준 사람이야.

지금 머릿속에 맴도는 이순신의 한탄

2015년 9월 2일, 전 여당 대표께서 또 한 번의 파격 발언으로 뉴스의 중심이 됐지. "노조가 파이프 휘두르지 않았으면 국민소득 3만 달러……." 이 말을 들으며 아빠는 임진왜란을 떠올렸어. 혼자 살겠다고 도망간 장수들은 죄다 그런 식이었거든. "신은 최선을 다했으나 아무개 때문에……." 뭐 이런 장계는 임진왜란 내내 썩어날 정도로 많아.

한국의 노동조합 조직률은 10퍼센트를 왔다 갔다 해(유럽 복지국가들은 50퍼센트를 우습게 넘지). 그 10퍼센트가 나라를 좌지우지했다는 말도 어이가 없었지만, 그 정치인은 이익과 생존을 둘러싼 집단 간 충돌을 중재하고 조율하는 게 정치의 본래 책무라는 사실을 망각한 채, 오히려 책임을 노조에 떠넘기는 행보를 당당하게 하고 계셨던 거야. 임진왜란 때 조선의 흑역사를 장식한 여러 졸장들의 리더십처럼.

감정을 드러내는 일이 흔치 않았던 이순신이지만 간간이 인간적인 불만을 쏟아내곤 했지. 한 번은 사사건건 비위를 건드리던 경상우수사 배설을 두고 이렇게 써.

"자기가 감히 감당하지 못할 지위에 올라 국가의 일을 그르치는데 조정에선 살피지를 못하니 이 일을 어찌하랴. 이 일을 어찌하랴."

이순신은 무능하고 무책임한 조정의 리더십을 한탄한 거야. 왜 우리 역사에서 이순신은 진귀하기만 하고, 똬리를 틀고 한 백 년 해먹는 고약한, 리더 아닌 지배자들은 어찌 이리도 흔한지. 이순신의 한탄은 옛 얘기가 아니야. "자기가 감당하지 못할 지위에 올라 국가의 일을 그르치는데……."

에도시대 후기 도요토미 히데요시의 일생을 그린
《회본태합기絵本太閤記》에 나오는 명량해전.

35

히틀러나 스탈린도 '공7 과3'으로 평가할까

2015년 10월, 김정배 신임 국사편찬위원장은
"지도자 품평에 공7, 과3의 상식 기준을 적용하는 것이 타당하다"라고 말했다.
자신의 스승이자 독재에 맞섰던 김준엽 고려대 총장에게도
똑같은 기준을 주장할 수 있을까.

기관원을 내쫓은 총장

아빠가 대학에 막 들어갔을 무렵 대학가는 안팎으로 시끄러웠어. 정권에
맞서는 학생운동도 활발했지만 '학민싸움', 즉 학교 당국에 반대하는 학
내 민주화 투쟁도 그에 못지않았지. 학교마다 총장실이 무시로 학생들에
게 점령당하기 일쑤였단다. 그런데 고려대학교는 조금 달랐어. 학생운동
이 활발하기로는 어느 학교에 뒤지지 않았지만, 1989년 이전까지는 총장

실 점거 같은 일은 일어나지 않았어. 이런 배경에는 특별한 이름 하나가 빛나고 있어. 고려대학교 제9대 김준엽 총장님이야.

이분은 일제 말엽 학병에 끌려갔다가 탈출해서 광복군의 일원이 된 독립운동가였고, 중국사에 정통한 역사학자였으며, 동시에 한국 현대사의 파도 속에 뛰어든 제자들을 위해 모든 것을 건 진정한 교육자였어. 이분의 일생을 설명하기에는 지면이 너무나 짧으니 1980년대 고려대 총장으로서의 그분의 모습을 잠깐 얘기해주려고 해.

1980년대 초반의 대학은 네가 상상도 하지 못할 공포 분위기에 휩싸여 있었어. 각종 정보기관원이 학교에 출근해 상주했고, 경찰 병력도 대학 내에서 눈을 번득였지. 서너 명이 모여서 얘기라도 할라 치면 "어이 어이 해산들 하지?" 하면서 건들거리는 '요원'이 있었고, 시위라도 할라 치면 "학우여!"를 외치기도 전에 "학!"에서 입이 막혀 끌려간다고 해서 "학시위"라는 말이 씁쓸하게 유행했어. 대학가는 어두운 침묵에 짓눌려 있었단다.

김준엽 총장에 따르면, 총장 비서실장 사무실 소파에는 10명이 넘는 '기관원'들이 득시글거리면서 비서실장으로부터 학교 돌아가는 사정을 보고받았다고 해. 김준엽 총장이 가장 먼저 총장으로서의 위엄을 드러낸 일은 이들을 내보낸 거였단다. 하루는 비서실장이 쭈뼛거리며 오더래. "기관원들에게 밥이나 술도 좀 사고 그러셔야 학교에도 총장님에게도 좋습니다." 그 직후 비서실장의 머리에는 제우스의 벼락보다 무서운 김준엽표 벼락이 떨어졌단다. "이 돈은 가난한 학생들이 낸 등록금이오. 부모님들이 옳게 식사도 못하면서 자식들 장래를 위해 보낸 소중한 돈이란 말이오." 밥과 술을 잃은 기관원들은 자신들이 어떤 존재인지를 모르는 총장에 대한 험담을 있는 대로 담아 보고서를 올렸다고 해. 당연히 김준엽 총장은 정부에 눈엣가시로 찍히기 시작했지.

학생들이 시위를 벌이다가 학생회관을 점거하는 일이 벌어졌어. 당연히 경찰은 학생회관에 들어가서 시위 학생들을 밟아버릴 태세를 갖췄지. 그때 김준엽 총장이 핸드 마이크를 들고 나타나.

"다친 학생들이 있으면 내보내라. 앰뷸런스가 대기 중이다. 즉시 병원으로 데려갈 것이다. 학생 여러분, 몸을 다치지 마라."

이제나저제나 경찰이 들어오면 죽도록 두들겨 맞고 감옥에 갈 것을 각오하고 있던 학생에게 총장의 방송이 어떻게 들렸을지는 굳이 얘기하지 않아도 되리라고 봐. 총장은 밤새 학교에 머물며 경찰 당국을 설득했고, 결국 농성 학생 전원은 무사히 귀가할 수 있었단다. 저 서슬 퍼런 '빛나리' 대통령 시대의 역사에서 이런 해피엔딩은 현미경으로 들여다봐도 찾기 어려워. 하지만 정권이 보기에는 결코 해피엔딩이 아니었지.

"총장님, 힘을 내십시오!"

1984년 11월, 당시 대학생들이 여당인 민주정의당 당사를 기습 점거하는 일이 벌어졌어. 여당의 본부가 학생들에 의해 일순 장악된 셈이니 정권의 분노는 하늘을 찌르다 못해 곰보로 만들고도 남았지. 당시 권익현 민주정의당 사무총장의 말은 이랬다. "폭도들과 대화는 무슨 대화야! 전기 끊고 물 끊어!" 글쎄, 누가 폭도였는지는 역사가 증언하겠지만, 아무튼 학생들은 경찰 손에 질질 끌려나와 곤죽이 되도록 맞고 감옥에 갇혔어. 정부는 이에 그치지 않고 각 학교에 관련 학생 전원 제적을 요구했지. 몇 일 몇 시까지 제적을 강행하라는 문교부(현 교육부)의 요구에 김준엽 총장은 이렇게 부르짖는다.

"고려대 학칙에는 총장에게 그런(자신의 뜻대로 학생들을 제적하는) 권한이 없습니다. 학칙에 따른 소정의 절차를 따를 겁니다. 제적이든 퇴학이든 검찰조사가 끝나고 정식으로 재판을 받은 후에 그 판결을 토대로 할 겁니다. 법적으로 일하겠다는 것이 반정부라면, 우리 정부는 무슨 정부란 말이오?"

전두환 정권은 이런 꼬장꼬장한 선비를 고려대학교 총장 자리에 앉혀둘 인내심을 포기하지. 문교부는 거의 모든 학교에서 관행처럼 되어 있던 교직원 자녀 특례입학 사례를 핑계 삼아 총장에게 책임을 물었고, 1985년 2월 고려대 9대 총장 김준엽은 문제의 학생들을 보호하는 조건으로 스스로 퇴진해. 이에 학교 안에서는 총장 퇴진 반대 시위가 불길같이 일어난단다. 그때껏 시위대가 소수로서 경찰에 쫓겨 다녔다면, 그 시위는 경찰이 무서워서 도망 다닐 만큼 기세가 뜨거웠다고 해.

1985년 2월 25일, 총장으로서의 마지막 졸업식 날이 왔어. 총장 퇴진 반대 시위가 계속되는 가운데 열린 졸업식이었지. 졸업생 답사를 맡은 여자 졸업생이 으레 이어지는 공식적인 문장을 읽어 내려가다가 갑자기 단호한 어투로 바꿔.

"고대 사학 80년 전통에 있어서 외부 당국의 압력에 의해 행해지는 굴욕적인 사퇴 처사는 결코 받아들일 수 없으며 …… 진정한 학원 민주화와 사회 민주화를 위해 이번 일이 철회될 때까지 매진할 것입니다. 총장님, 힘을 내십시오!"

목소리는 이미 울먹이고 있었지. 총장 사퇴 반대 플래카드를 들고 있던 학생들 일부도 엉엉 목 놓아 울었고 말이야.

국사편찬위원장은 '스승'에게 부끄럽지 않나

김준엽 총장은 이런 표현을 즐겨했어. "나는 역사의 신을 믿는다. 현실에 살지 말고 역사에 살아라." 아빠 멋대로 해석하자면 현실이란 결국 기나긴 역사의 일부이며 눈앞의 세상에 묻혀 살기보다는 우리 행동이 역사에 어떻게 기억되고 또 어떤 의미를 가질지를 고민하라는 말씀으로 들려.

그런데 2015년 10월, 그분에게 직접 가르침을 받았다는 김정배 신임 국사편찬위원장의 말씀을 들으면서 아빠는 많이 황망해졌다(이분 역시 고려대 총장을 지낸 분으로서 김준엽 총장의 제자이지).

"국가 지도자의 경우 어느 하나의 과오를 내세워 독재자나 악인으로 폄하하는 것은 역사학이 걸어가야 할 길이 아니다. 인물, 특히 지도자 품평에 공 7, 과 3의 상식 기준을 적용하는 것이 타당하다."

과연 김정배 위원장은 김준엽 총장을 끌어내린 전두환에 대해서도 이 기준을 적용해야 한다고 주장할 수 있을까? 국가의 지도자였던 독일의 아돌프 히틀러와 소련의 이오시프 스탈린에게는? 여기에 대해 김정배 국사편찬위원장은 이런 해결책(?)을 제시하고 계시네. "불필요한 정쟁을 피하기 위해 역사는 현재의 시간과 다소 거리를 두는 것이 바람직하다."

불필요한 정쟁을 피하기 위해 김정배 국사편찬위원장은 혹시 자신의 스승인 김준엽 총장께서 용감하게 독재에 맞섰던 역사까지도 '거리를 두어야' 한다고 생각하지는 않을지 모르겠다. 우리나라의 '국사'를 '편찬'한다는 곳의 수장의 말을 들으며 '역사의 신神'은 어떤 생각을 가졌을까. 그리고 하늘에 계신 김준엽 총장은 어떤 표정을 지으셨을까. 가을하늘 공활한데 그 푸른 천장에 굵고 뿌연 의문부호가 새겨지는구나.

1945년 8월 당시 노능서, 김준엽, 장준하(왼쪽부터).

36

의병과 세월호 민간 잠수사의 평행이론

국가의 배은망덕은 한국 역사 속에서 유구하다.
마땅히 국가가 해야 할 일을 대신한 의병들은 제대로 인정받지 못했다.
세월호 참사 당시 전국 각지에서 달려온
민간 잠수사들의 처지도 마찬가지였다.

의병, 잔해 위에 피어난 민들레꽃

임진왜란 당시 조선에 온 일본군은 경악했지. 우선 조선 관군이 거의 싸울 생각도 없이 도망가거나 허약해서 놀랐고(조선에 상륙한 지 20일도 못 되어 수도 한양을 점령했는데 부산에서 서울까지 그냥 걷기만 해도 그 정도 걸릴 거야), 난데없이 백성이 '의병'이라며 목숨 내놓고 덤벼대니 어이가 없을 밖에. 일본에서는 상상할 수 없는 일이었거든. 국사 시간에 임진왜란을 배우게 되면 아마 의병장 이름을 외우느라 골머리를 앓을 거다. 헤아리기 어려울 만치 많은 이들이 나라의 어려움을 두고 볼 수만은 없다면서 떨쳐 일어섰으니까.

그런데 과연 이 의병은 우리가 지속적으로 물려받고 계승해야 할 역사적 '전통'일까? 아빠는 그렇게 생각하지 않아. 먼저 의병은 국가가 마땅히 해야 할 일을 팽개친 뒤 발생한 기형적 현상이기 때문이야. 국민의 세금을 받아 운용되는 국가는 평소에 자신을 지킬 무력을 갖추고 전쟁이 나면 외침을 막아내야 할 의무가 있어. 평생 칼 한 번 안 잡아 본 시골 선비가 "어찌 나라의 위기를 그대로 보기만 할 수 있는가" 피를 토하고, 여기에 감동한 농민들이 낫과 도끼를 들고 일어서기 전에 국가가 먼저 국난을 극복하기 위한 노력을 다해야 한다는 뜻이야. 의병이란 국가 시스템이 무너진 잔해 위에 피어난 민들레꽃이란다. 의병 자체는 감동적이지만 결코 '오늘에 되살려야 할 전통'이라고 말해서는 안 되는 이유야.

두 번째 불편한 진실. 권력을 쥔 사람들이 의병을 철저히 배신했다는 거야. 적에 맞서 마지막까지 싸우다가 전사하거나, 처자식이 굶어 죽건 말건 전 재산 바쳐가며 희생한 의병장의 이름은 조선 조정이 발표한 선무공신宣武功臣, 즉 전쟁 수훈자 명단에 거의 보이지 않아. 한 번 싸움으로 조선 수군을 말아먹은 원균이 일등 공신에 올라 있는 명단에 저 유명한 의병장 곽재우나 김면, 조헌 등의 이름이 없는 건 무엇을 의미할까. 이것만 해도 국가의 배은망덕이지만, 더 기가 막힌 건 은혜를 원수로 갚는 일까지 심심찮게 벌어졌다는 거야.

의병, 잔해 위에 피어난 민들레꽃

광주광역시에 가면 충장로라는 거리가 있어. 서울에 충무공 이순신을 기리는 충무로와 을사늑약 때 자결한 충정공 민영환을 기리는 충정로 등이 있듯, 충장로 또한 임진왜란 때 의병을 일으켰던 김덕령의 시호 충장공의 이름을 따서 지어졌단다. 김덕령은 당시에도 힘세고 용맹하기로 유명해서 그가 의병을 일으키자 5,000여 명이 몰려들었다고 해. 하지만 김덕령은 이 명망 때문에 오히려 조정의 견제를 받고, 이몽학이라는 사람이 일으킨 반란 와중에 반란군과 내통했다는 누명을 쓰고 억울한 죽음을 맞게돼. 마지막까지 담담하게 "공을 세우지 못했으니 죽음을 피할 수 있겠습니까. 다만 다른 사람들은 죄가 없으니 살려주십시오"라고 호소하던 대장부였지만, 그가 남긴 시조를 통해 그 가슴속에서 얼마나 천불이 일었는지를 짐작할 수 있어.

춘산에 불이 나니 못다 핀 꽃 다 붙는다
저 뫼 저 불은 끌 물이나 있거니와
이 몸에 내 없는 불이 나니 끌 물 없어 하노라.

나라를 뒤덮은 불, 즉 전쟁은 그치게 할 방법이 있지만 자신의 마음속에서 천불이 나니 냇물 하나 없어 끌 도리가 없다는 의미야. 조정에서는 혹여 무슨 일을 벌일까 두려워 의금부를 통해 건장한 병사 100명을 동원해서 감시했다고 해. 그만큼 용력이 출중한 장사였다는 뜻이겠지. 내로라 할 용사 김덕령의 허무한 죽음을 보고 조선 백성은 무슨 생각을 했겠니. 답은 《조선왕조실록》에 나와 있어. "남쪽 선비와 백성은 덕령의 일을 경계하여 용력이 있는 자는 숨어버리고 다시는 의병을 일으키지 않았다."

"냇물 하나 없는 천불"이 속을 까맣게 태웠던 사람은 김덕령 혼자가 아니었어. 김덕령 휘하의 최담령은 용감한 사람이었지만 김덕령이 죽은 뒤에는 강아지도 무서워하는 졸장부 행세를 하면서 평생을 살았어. 경상도 일대 최고의 수훈자라 할 곽재우는 전쟁이 끝난 뒤 귀양살이를 해야 했지. 함경도에서 의병을 일으켜 일본군을 남쪽으로 내몰았던 의병장 정문부는 함경도 관찰사의 험담 때문에 제대로 된 공을 인정받지 못하고 후일 이괄의 난에 연루되었다 하여 매 맞아 죽게 돼. 정문부는 자식들에게 한 맺힌 유언을 남기지. "벼슬할 생각 말고 남쪽 가서 살아라." 아마 그들 모두는 이렇게 외치고 싶었을지도 몰라. "자식들아, 너희는 무슨 난리가 나든 의병 따위 일으키지 말거라."

"다음부터는 국민들 부르지 마십시오"

세월호 참사가 났을 때 평소 해양 사고에서 인명 구조를 담당해온 해경이 무능의 극치를 보인 건 너도 기억하고 있을 거야. 침몰한 배에서 시신을 수습할 능력도 제로에 가까웠지. 그래서 해경이 계약을 맺은 업체의 잠수 인력 외에도 전국에서 수많은 잠수사들이 달려와 가쁜 숨을 몰아쉬며 수없이 바다로 뛰어들었단다. 하던 일을 작파하고 온 사람도 있었고 자식 잃은 부모의 울부짖음을 듣다못해 무작정 팽목항으로 달려온 사람도 있었어. 그런데 잠수사 가운데 한 명이 사망하는 사고가 발생했어.

이 사태를 보고 대한민국 정부가 한 일이 뭔지 아니? 잠수사 가운데 관리와 지휘를 맡았던 민간 잠수사 한 명을 '업무상 과실치사'로 고발한 거란다. 그가 해경과 계약을 맺은 업체 소속이라서 잠수사 '관리 감독' 책임이 있으니 사망 사고에 책임을 져야 한다는 이유였지. 이에 동료 잠수사 한 명이 "목숨을 걸고" 증언에 나섰어. "고발당한 잠수사는 계약 업체 소속도 아니며 자원해서 달려온 잠수사였다"고 말이야. 곧 '의병'이었지.

당국의 무리수를 고발한 잠수사는 울먹울먹한 목소리로 이렇게 부르짖는다. "다음부터는 이런 참사, 재난이 일어나면 국가가 알아서 하셔야 할 겁니다. 국민들 부르지 마십시오." 아마 그의 가슴에도, 참사를 당한 나라와 국민을 돕기 위해 왔다가 졸지에 '과실치사범'이 될 위기에 처한 35년 경력 고참 잠수사의 가슴에도 '끌 수 없는 불'이 타오르고 있었을 것 같아. "우리가 왜 살인자가 돼야 하는가."

세계 어느 나라든 자신을 버리고 나라를 위기에서 구한 영웅들을 기려. 단지 교과서에서가 아니라 그들의 희생을 국가적으로 기억하고, 그들의 명예를 소홀히 하지 않아. 미국은 지금도 한국전쟁 때 전사한 미군의 유해를 찾기 위해 수십억, 수백억 원을 쓰고 있어. 이 모든 건 일종의 약속이란다. "이 나라는 국민에게 진 신세를 꼭 갚는다" 하는 약속.

하지만 우리의 역사는 기이하게도 그 약속을 헌신짝처럼 저버리는 전통을 지니고 있어. 몽골 침략 때 적이 쳐들어오자 도망갔던 양반들은 천민들이 겨우 지켜낸 성에 돌아와 자기 집 은그릇 없어졌다고 천민들을 죽이려 들었단다. 임진왜란 때 나라를 그 지경으로 망가뜨렸던 임금과 벼슬아치들은 의병장을 서슴없이 죽였어. 그리고 이 '전통'은 지금도 계속되고 있단다. 생때같은 아이들 수백 명을 두 눈 멀거니 뜨고 잃었던 무능한 당국이 제 발로 달려온 잠수사를 과실치사 혐의로 괴롭힌 거지. 가끔 아빠는 네게 역사 얘기를 하기가 부끄럽다.

임진왜란 때 의병을 일으켰던 김덕령.

37

현실에서 마주하는 〈무간도〉

최종길 교수는 중앙정보부의 공작에 휘말려 목숨을 잃었다.
이 의문사 뒤에는 당시 정보요원이었던 동생의 한 맺힌 삶이 있다.
매카시즘에 버금가는 고영주 방송문화진흥회 이사장의 막말은
그때와 지금의 무간도를 떠올리게 한다.

'부당한 공권력에 항의해야 합니다'

〈무간도〉(2002)라는 홍콩 영화가 있어. 신분을 감추고 범죄 조직에 잠입
해 오랫동안 일원으로 살아야 했던 기구한 운명의 경찰, 반대로 범죄 조
직의 일원이지만 경찰에 침투해 정보를 캐내는 범죄자가 주인공이야. 범
죄 조직이든 경찰 조직이든 항상 긴장 속에 살아야 하는 곳인데, 조직에
반하는 목적을 지니고 그 안에서 숨어 지낸다는 건 상상 이상으로 힘들

고 위험한 일이겠지. 영화에는 그 고통을 암시하는 대사가 나와. "무간지옥(불교에서 말하는 지옥 가운데 가장 맨 밑에 위치한 지옥이야)에 빠진 자는 죽지 않고 영원히 고통을 받게 된다." 오늘 아빠는 영화 아닌 현실에서 일어난 〈무간도〉 같은, 아니 어쩌면 그보다 더한 이야기를 들려주려고 해.

1973년으로 거슬러 올라가보자. 전해인 1972년 10월 박정희 대통령은 '10월 유신'을 선포해. 대통령 직선제가 폐지되고 연임 제한을 없애서 다섯 번이고 여섯 번이고 대통령 자리에 앉을 수 있게 했고, 국회의원의 3분의 1을 대통령이 임명했으며, 헌법도 무시할 수 있는 '긴급조치'를 내릴 권한을 대통령에게 부여했지. 입법·사법·행정 3부 위에 군림하면서 헌법도 나 몰라라 할 수 있고 그걸 평생 해먹을 수 있는 자리. 이게 뭘까? 왕王이지. 유신체제가 국민을 짓눌렀지만 저항의 목소리는 터져 나왔어. 1973년 10월 2일 서울대학교 문리대에서 일어난 유신 반대 시위는 물꼬를 튼 사건이었지. 이 시위는 서울 법대, 상대를 비롯한 전국 대학으로 번져 나갔어.

그 무렵 서울대 법과대학에는 최종길이라는 교수가 있었어. 독일 유학생 출신으로 인천이 낳은 천재 소리를 들었던 이 영민한 교수는 학생들이 흠씬 두들겨 맞고 끌려가는 것을 보고 교수회의에서 이런 발언을 해. "부당한 공권력의 최고 수장인 박정희 대통령에게 총장을 보내 항의하고 사과를 받아야 합니다." 학교에 정보기관 요원들이 상주하던 시절이었으니 이런 말은 직통으로 중앙정보부(요즘의 국정원)에 보고되었을 거야.

"형은 자살한 것이 아니라 타살당했다"

그런데 얄궂게도 중앙정보부에는 이 최종길 교수의 동생이 있었어. 동생 최종선은 중앙정보부 공채 수석 합격 출신으로, 중앙정보부의 핵심 부서인 감찰실에 있었지. 4남2녀 중 막내였던 최종선은 둘째 형 최종길 교수를 지극히 존경했다고 해. 본인의 우상이었다고 말할 만큼. 어느 날 그는 상관의 호출을 받아. "자네 형님에게 뭐 좀 물어볼 게 있는데." 나중에 안 일이지만 중앙정보부는 유럽을 배경으로 한 간첩단 사건의 그림을 그리고 있었다고 해. 유신 반대 시위 확산을 간첩단 조작으로 잠재우려는 목적이었지. 수사 와중에 어찌어찌 독일 유학생 출신인 최종길 교수의 이름이 언급된 거야. 하지만 동생 최종선이나 형 최종길 모두 자신들에게 무슨 일이 일어나리라고는 꿈에도 생각하지 않았어. 어쨌건 중앙정보부 엘리트 요원의 형에다 서울대 법과대학 교수이니.

동생은 "형님, 동생 직장 구경도 할 겸 한번 들르시지요"라고 전했고, 형도 "허허, 내가 중앙정보부를 다 와보는구나" 하고 웃으면서 중앙정보부로 걸어 들어갔어. 퇴근 무렵 동생은 현관에서 형이 맡겨놓은 주민등록증을 발견해. "아직도 조사 중인가." 중앙정보부 사람들이 어떤 식으로 '조사'하는지를 알았던 그이기에 조금 불안했지만 설마 뭔 일이 있을까 싶어 퇴근했고, 다음 날 아침 출근했는데 뜻밖에도 주민등록증이 그대로 있는 걸 발견해. 동생의 가슴은 내려앉았지. 형의 주민등록증은 그날도, 그다음 날도 그 자리에 있었어.

사흘 후인 10월 19일, 동생은 아침 일찍 나오라는 호출을 받아. "오늘 새벽 당신 형이 조사 도중 화장실 창문으로 뛰어내려 자살했어." 현장 보존 따위는 초장부터 없었고, 시신은 이미 어디론가 치워진 상태였어. 자살이라니. 어느 것 하나 부러울 것도 부끄러울 것도 없는 형이 자살이라니. 경황 중에도 그는 형이 자살했다는 곳을 찾아 샅샅이 눈에 담고 주변을 살폈다고 하는구나. 핏자국 하나 없는 투신 현장에서 그는 직감해. "형은 자살한 것이 아니라 타살당했다."

스스로 정신병원으로

동생이 가장 먼저 중앙정보부에 요구한 건 형의 명예를 지켜달라는 거였어. 중앙정보부가 늘 하던 대로 간첩 누명을 뒤집어씌우거나 반역자 딱지를 붙이지 말아달라는. 하지만 중앙정보부는 황망한 각서를 요구해.

"비록 조국을 배반하고 양심의 가책을 못 이겨 결국은 자기의 생명을 끊은 최종길이 한없이 밉고 원망스러우나 …… 그 죄상이 신문에 보도되지 않고 호적에 기재되지 않는 등 사상적 제한이 없이 자손들이 밝게 살아갈 수 있도록 허락해 주십시오."

우상처럼 숭배하던 형이 자신의 일터에서 죽임을 당하고, 명예를 지킨다는 게 되레 형을 반역자로 인정한 '각서'로 귀결되었을 때 동생의 심경은 어땠을까. 이때 최종선은 뜻밖의 선택을 해. 세브란스병원 정신병원에 자진 입원한 거야. 중앙정보부마저도 손댈 수 없는 백색의 벽 안에 스스로 갇혀서 그는 형의 죽음과 관련된 사실을 하나하나 정리해.

"나는 그들이 형님에게 반역자의 누명을 씌워 대대적으로 보도한 어제 저녁, 쇼크를 가장해 이곳에 들어온 것이다. 그들의 감시 범위에 남아 그들을 안심시키면서, 내가 뜻하는 글을 제한받지 않고 쓸 수 있는 곳은 이곳밖에 없기 때문이다."

엘리트 정보요원답게 모든 기억을 짜내고 정황을 분석한 노트를 작성한 뒤 그가 뭘 했을까? 놀랍게도 그는 다시 중앙정보부로 돌아갔어. 1981년 퇴직할 때까지 무려 7년 동안 그는 중앙정보부 요원으로 일했단다. 너는 못 들어본 말이겠지만 '신원조회'라는 게 있었어. 본인뿐 아니라 주변 인물들의 사상 관계, 범죄 여부 등을 면밀히 조사해 까딱 어긋나는 게 있으면 공무원이나 군인은 꿈도 못 꾸는 시절이었지. 그런데 그는 중앙정보부에서 죽음을 당한 간첩 혐의자의 동생으로서 7년을 버텼단다.

'형의 죽음' 관련 자료를 모은 기구한 정보요원

아빠가 듣기로, 동생 최종선은 누구보다 정교한 정치공작을 펴고 형처럼 잡혀온 사람들에게 혹독하게 대하는 등 중앙정보부원 '본연의 자세'에 충실했다고 해. "형을 봐서라도 그러면 안 되지 않느냐"라는 말을 들을 만큼 말이야. 그러면서 그는 형의 죽음과 관련된 자료를 계속 모았다는구나. 형을 죽인 원수들과 함께 근무하고 술도 마시고 명령을 받아 성실히 수행하고 칭찬도 받고, 그러면서도 형의 죽음을 한시도 잊지 않았던 7년. 이 시간은 그에게 어떤 시간이었을까. 어떤 영화에서, 어떤 소설에서 그 한을 표현할 수 있겠니. 세상없는 명배우라도 이 기구한 정보요원의 심리를 제 연기로 묘사할 수 있겠니.

1988년, 고 최종길 교수 사건의 공소시효를 며칠 남기고 모든 자료가 공개됐어. 재수사가 이루어졌지만 결국은 '증거 없음'으로 끝났지. 당시 한 검사는 자신을 방문한 동생을 '가해자로 조사받을 중앙정보부 요원'으로 착각하고서 "고생 많으십니다. 그냥 대충 덮는 거지요, 뭐"라고 지껄였다가 동생의 허파를 다시 한 번 뒤집었단다. 2006년에야 법원은 이 사건에 대한 국가의 책임을 인정하게 돼.

꼭 영화에 나오는 머나먼 나라의 고릿적 이야기 같지? 아니야. 아빠가 세상에 나온 뒤의 일이고 최종길 교수는 네 외할아버지와 비슷한 연배야. 아무나 끌고 와서 간첩을 만들 수 있었고, 그러다가 죽으면 "양심의 가책을 못 이겨 자살"로 몰아갈 수 있었으며, 그에 하등 양심의 가책을 받지 않는 악마들이 판치던 지옥 같은 시기는 그리 멀지 않았단다.

그로부터 40년이 지난 지금도 아빠는 종종 무간도에서나 존재할 것 같은 악마의 꼬리를 보고 소스라칠 때가 있다. "한국 국사학자의 90퍼센트는 좌경이고 야당 대표는 공산주의자다"라고 대놓고 말하는 사람이 공영방송의 책임자 위치에 앉아 있는 현실 앞에서 과연 우리는 무간도에서 탈출했는가 참담하게 물어보는 오늘처럼 말이야.

최종길 교수.

38

공영방송의 혐오 발언, 르완다 대학살의 길을 닦다

르완다 대학살의 주범은 혐오 발언이었다.
21세기 대한민국의 공영방송 이사장과 이사라는 사람들이
혐오 발언을 주저 없이 내뱉는다. 세금으로 '르완다 후투족 미디어 같은'
사람들의 월급을 주고 있는 셈이다.

"투치족을 몰살시키자"

1994년 4월 6일, 악어 떼가 득실거리는 늪의 외줄 위에서 줄을 타던 광대
가 굴러떨어졌어. 광대의 이름은 아프리카의 르완다라는 나라였단다. 벨
기에의 식민지였던 이 나라 국민은 다수를 차지하는 후투족과 소수의 투
치족으로 구성돼 있었어. 언어적·문화적으로 그리 큰 차이가 없던 이들
후투족과 투치족은 벨기에 식민 통치를 겪으면서 서로에게 칼을 겨누는

사이로 변했지. 역사 속 지배자들이 항상 써먹던 수법, "분열시켜 지배하라"는 계략이 르완다에도 어김없이 적용된 거야. 벨기에가 식민 지배의 도구로 써먹은 종족이 투치족이었어.

독립 이전부터, 그리고 독립한 이후로도 두 부족은 계속 옥신각신했고 피차 피를 보는 일이 잦았지. 1993년 평화협정이 체결되면서 불안한 외줄 타기가 시작됐어. 그러나 1년도 못 가서 후투족 출신 대통령 하비아리마나가 탄 비행기가 누군가 쏜 미사일에 맞아 떨어지면서 비극은 시작됐어. 아니 표현을 바꿀게. 비극이 수면으로 떠올랐다고 하자. 이미 비극은 야금야금 준비되고 있었으니까.

대통령 암살 전부터 후투족 출판물이나 신문, 방송을 통해 "투치족을 몰살시키자" 따위의 혐오 발언hate speech이 반복되고 있었어. '혐오 발언(표현)'이란 무엇일까? "국가·인종·종족·종교를 기준으로 자기가 속하지 않은 다른 그룹에 있는 사람들을 부분적으로 혹은 전체적으로 파괴시킬 목적으로 악의적인 증오심을 부추기는 선동 행위"(박선기 변호사, 전 국제형사재판소 재판관)라고 말할 수 있어. 후투족 미디어들은 '투치족을 몰살시키자'는 혐오 발언으로 위태로운 외줄 타기를 하던 르완다의 발목을 물어뜯고 있었던 거지.

비행기 추락 직후 르완다 대통령 경호원들은 근처 투치족부터 살해하기 시작했고, 투치족뿐만 아니라 공존을 주장하던 온건파 후투족까지 공격해. 후투족이지만 온건파에 속했던 여자 총리도 그녀를 경호하던 유엔군 소속 벨기에군과 함께 죽임을 당했지. 자국 군인이 피해를 입자 벨기에는 옛 식민지에서 무슨 일이 일어나든 말든 군대를 빼겠다 선언했어. 이에 다른 나라도 앞다퉈 군대를 철수시키면서 르완다의 질서를 유지하기엔 터무니없이 적었던 2,000명 정도의 유엔군 병력은 다시 그 10분의 1

로 줄어버렸단다.

미디어가 좀비를 만들다

후투족 민병대는 수도 키갈리를 비롯해서 곳곳에 방어벽을 설치하고 투치족을 색출하기 시작해. 그때 그들을 극도로 흥분시키고 부추기고 더 잔인한 행위를 저지르게 한 것 역시 미디어였어. 특히 RTLM이라는 라디오. '라디오 텔레비지옹 리브르 데 밀 콜린Radio Télévision Libre des Mille Collines'의 줄임말인 RTLM은 우리말로 하면 '1,000개 구릉의 자유 라디오 TV 방송'쯤 되는 뜻이지. '1,000개의 구릉'은 산이 많은 르완다의 별칭이었는데, RTLM은 이 1,000개 구릉 전부를 피의 바다와 살의 언덕으로 채울 수 있는 무시무시한 방송을 끊임없이 내보낸단다.

"팡가(정글의 나무와 풀을 벨 때 쓰는 칼)와 총을 들고 일어나라. 바퀴벌레들을 몰살시켜라." 바퀴벌레는 투치족을 멸시하여 부르는 말이었어. 말을 하고 기뻐할 줄도 알고 슬퍼할 줄도 아는 사람을 '벌레'로 부르면서 몰살하라고 선동한 거야. 심지어 '잘못된 뿌리를 뽑아라'며 저주도 해. 아이들까지 죽이라는 얘기였지.

마냥 '죽여라'만 외친 게 아니야. 그들은 교묘하게 투치족에 대한 증오를 불러일으켰고, 자신들의 행위가 정당함을 강변하기도 했어. "여러분, 사람들이 내게 왜 모든 투치족들을 미워하느냐고 물으면 전 이렇게 말합니다. '우리의 역사를 되돌아보시오.' 투치족은 벨기에 식민 지배의 협조자였습니다. 그들은 우리 후투족의 땅을 빼앗고 우리를 채찍질해댔습니다. 그들은 바퀴벌레이고 살인자들입니다." 그리고 이 방송은 음산한 충고로 끝난다. "깨어 있으십시오. 당신의 이웃을 조심하십시오."

순박한 농부, 친절한 교사, 엄숙한 목사가 라디오 방송의 주문에 사로 잡힌 좀비가 되어 칼을 휘둘렀어. 사랑을 절대 계명으로 하는 기독교도도 예외가 아니었지. "르완다 교회와 성당에서 살육을 목격하지 않은 십자가는 존재하지 않는다"라는 말이 있을 정도였다고 해. 가톨릭 신부 아타나세 세롬바는 투치족 수천 명이 피신해 있던 성당을 불도저로 밀어버리고 그들 모두를 학살했어. 어떤 성직자들은 투치족을 숨겨주는 척하다가 후투족 민병대에 넘기기도 했대. 예수가 천국에서 피눈물 흘리며 맞이해야 했던 르완다의 불운한 영혼은 단 3개월 동안에 80만 명 이상이었단다. 예수가 하늘에서 "르완다! 르완다! 나마 사박다니"(르완다여, 어찌하여 나를 버리느냐)라고 통곡했을지도 모를 정도의 만행이었지.

사람을 악마로 만드는 두 가지 재료

무섭지? 혹 아프리카는 머나먼 땅이고, 거기 사는 사람들은 우리와는 아주 다른 사람들이라고 생각하는 건 아닌지 모르겠구나. 천만의 말씀이야. 우리 한국인은 르완다 사람이랑 닮은 구석이 많단다. 한국전쟁이 일어나자마자 한국 정부가 내린 명령 가운데 하나는 '보도연맹', 즉 왕년에 좌익 활동을 했거나 동조한 사람들을 '지켜주고 바른길로 인도'한답시고 정부 스스로 조직했던 단체의 구성원들을 죄다 학살하라는 것이었어. 사람 좋던 동네 파출소 순경이 그저께 함께 장기 두던 사람의 머리에 총알을 박았고, 어떤 공무원 사위는 "저 노인은 좌익!" 소리에 꼼짝도 못 하고 자기 장인이 죽음의 길로 가는 걸 지켜봐야 했어. 14년 전 아빠가 대구의 학살 현장을 찾았을 때 동굴 안에는 딱 봐도 어린아이로 보이는 희생자의 두개골이 널려 있었단다. 당시 '공산주의자'란 바로 르완다에서 말하는 '바퀴벌레'였던 셈이야.

사태 수습 후 르완다의 학살범들은 국제사회의 재판을 거쳐서 상응하는 처벌을 받아. 르완다 대학살을 심판한 국제사법재판소가 특별히 관심을 기울인 건 바로 앞서 말한 혐오 발언, 즉 증오 선동을 일삼아 대학살에 기름을 끼얹은 언론인에 대한 처벌이었어. 문제의 RTLM 설립자 페르디낭 나히마나, 격월간지 《캉구라》 주필 하산 은게제, RTLM 운영위원회 이사 장보스코 바라야그위자 같은 사람들은 징역 30년 이상의 중형을 선고받았단다. 선고하면서 국제형사재판소는 이렇게 말해. "두려움의 유포와 선전을 통해 후투족 주민을 살인의 광란으로 밀어 넣어 르완다 대학살로 이어지는 길을 닦았다."

사람을 악마로 만드는 두 가지 재료는 공포와 분노야. 관동대지진 후 일본인이 조선인을 학살한 것도, 우리 현대사에서 좌익이든 우익이든 서로를 '싹쓸이'하겠다고 덤빈 이유도, 르완다 대학살의 '길을 닦은' 것도 "저놈들은 나쁘다"와 "저놈들은 무섭다"의 결합이었어. 이 같은 공포와 분노는 결국 "저놈들은 사람이 아니다"라는 악마의 뿔로 이어졌고. 분노와 공포를 퍼뜨린 언론인의 죄는 그래서 가볍지 않은 거야.

아빠는 공영방송 관리·감독기구의 이사장과 공영방송 이사라는 사람들이 "국사학자의 90퍼센트는 좌익"이라거나, 국민의 절반이 지지한 대통령 후보가 "공산주의자"라거나, 성적 소수자들을 두고 "더러운 좌익"이라고 일컫는 혐오 발언을 주저 없이 내뱉는 현실에 화가 치민다. 2017년 2월에는 공영방송이라는 MBC의 기자와 아나운서라는 이들이 한 극우 승려와 함께 포즈를 취한 사진이 논란이 됐어. 그 극우 승려가 든 방패에는 이렇게 씌어 있었지. "빨갱이는 죽여도 돼."

저들의 발언이 투치 바퀴벌레를 운운하던 르완다의 저주받을 언론인의 소름 끼치는 중얼거림과 무엇이 다를까. 더 황망한 현실은 대한민국은 국민이 낸 세금으로 이 후투족 미디어 같은 사람들의 월급을 주고 있고 그런 '언론'이 '공영' 방송을 장악하고 있다는 것이겠지만.

르완다 대학살 당시 5000여 명이 살해당한 응토라마 가톨릭교회Ntarama Church.
지금은 응토라마 학살 기념관이 되었다.

39
행복하지 못했던 박정희의 마지막

박정희 전 대통령만큼 극단적인 숭배와 저주를 동시에 받는 이도 흔치 않다.
박 전 대통령의 마지막은 그에게나 나라에나 불행이었다.
하지만 더 큰 불행은 따로 있다.
불행으로부터 어떤 교훈도 얻지 못했다는 점이다.

'이상한 나라'의 대통령

《이상한 나라의 앨리스》라는 동화 기억나지? 툭하면 "목을 쳐라" 소리 지르는 앙칼진 여왕과 트럼프 카드 병정이 설치던 나라에서 좌충우돌하던 앨리스의 이야기. 그런데 이상한 나라는 앨리스가 간 나라 말고도 많았단다. 그런 이상한 나라 중의 하나 얘기를 들려줄게.

이 나라는 겉으로는 민주주의를 지향하는 공화국을 표방하고 있었어.

국가원수 선출 선거를 하긴 하는데 대개 한 후보에 대한 찬반 투표로 결정됐고, 찬성률은 99.9퍼센트로 경이적인 스코어를 기록했지. 체육대회 같은 행사가 열리면 최고 지도자의 초상화가 화려한 카드섹션으로 피어나 관중석을 수놓고, 학교 교무실(충성심이 유난한 곳에서는 교실에도) 가장 높은 벽에는 지도자의 초상화가 근엄하게 좌중을 내려다보고 있었단다. TV 뉴스에서는 그분의 근황과 업적이 떠날 날이 없고, 주요 행사 때 그분이 입장하시면 수백 명이 부르는 '찬가'가 웅장하게 울려 퍼졌고 말이야. "가난과 시련의 멍에를 벗고 풍성한 결실과 힘찬 건설의 민주와 부강의 푸른 터전을 이루려는 그 정성을 축복하소서."

교과서에는 그분의 자상한 얼굴 사진과 함께 이런 내용이 실리기도 했단다. "홍수가 났을 때 헬리콥터로 수해 지구를 돌아보시고 가물이 들었을 때 양수기로 물을 뿜어 올리는 농민들을 격려해 주시는 모습도 보았습니다. …… 어떻게 하면 농민이 더 잘살 수 있게 될까 하고 여러 가지로 힘쓰고 계십니다."

이분 말씀은 곧 법이었고 그분 보시기에 불손하거나 불온할 경우는 언제 누구 손에 봉변을 당할지 몰랐어. 법원은 증거도 없이 사형을 서슴없이 선고했고 집행은 즉시 이뤄졌어. 술 한 잔 먹다가 이분에 대해 욕설이라도 했다가는 어느 귀신에게 잡혀갈지 몰라서 사람들은 입조심, 행동 조심하면서 살얼음판을 걸었단다.

'이상한 나라'의 수상한 시절

자. 이 이상한 나라는 어디일까? 아까부터 "북한!"이라고 말하고 싶어서 입술 씰룩거리는 거 다 봤다. 그렇겠지. 헤어스타일 이상한 30대 청년을

두고 수만 관중이 '김정은' 카드섹션을 하면서 열광하는 개인 숭배의 나라, 자신의 고모부도 무슨 죄목인지 정확히 밝히지도 않은 채 사형시켜버린 나라, 북한이 당연히 떠올랐겠지. 그러나 저 위에 장황하게 소개한 나라는 슬프게도 북한이 아니라 남한이야. 아빠는 앨리스처럼 어린 나이에 저 이상한 나라에 살고 있었단다.

한참 전임에도 그 이상한 나라에 요란하게 금이 갔던 날만큼은 생생하게 기억나는구나. 1979년 10월 27일 아침이었어. 동네 앞산에 올라갔다가 집으로 돌아오는 길이었는데 동네 구멍가게 형이 뭔가를 열심히 찾고 있었지. 뭐 찾느냐고 물었을 때 돌아온 대답은 지금도 또렷하게 귓전에 인쇄되어 있단다. "대통령이 죽었단다. 조기 달아야 된다."

잠시 후 아빠 가족은 라디오 앞에 모여 긴장된 표정으로 방송을 들었지. 그때 흘러나오던 아나운서의 음울한 목소리는 대통령 사망 소식이 '실제 상황'임을 입증해주었어. "차지철 경호실장과 김재규 중앙정보부장이 다투는 과정에서 우발적으로 발사된 총에 박정희 대통령 각하가 서거……." 아빠는 이 방송을 들은 후 여러 개의 한국어 '보캐뷸러리'를 습득했단다. '우발적'이란 단어가 무엇을 뜻하는지, 그리고 '서거逝去'란 무슨 말인지. 결국 '대통령 앞에서 중앙정보부장이라는 사람과 경호실장이라는 사람이 싸우다가 총을 빼 들었고 쏜다 안 쏜다 승강이하다가 우연히 발사된 총알에 대통령이 죽었다'는 거였어.

1979년 10월 26일 '서거'한 분의 삶의 궤적을 여기서 줄줄이 읊고 싶지는 않아. 워낙 복잡다단한 삶을 사신 분이고, 한국을 넘어 세계 현대사에서 이분만큼 극단적인 숭배와 저주를 동시에 받는 이도 흔치 않을 테니까. 오늘은 그분의 마지막 순간만 보기로 하자.

아빠는 당시 박정희 대통령을 죽음으로 몰고 간 이는 김재규(당시 중앙정보부장)가 아니라 박정희 대통령 자신이라고 생각해. 그는 당시 한국을 지배하던 '유신체제'라는 이상한 나라의 왕이었단다. 툭하면 내려지던 '긴급조치'에 따르면 유신체제를 "반대·왜곡 또는 비방하거나 그 개정 또는 폐지를 주장하거나 청원"하기만 해도 무조건 잡아 가둘 수 있었고, 심하게 비위에 거슬릴 경우 사형까지도 서슴없이 선고할 수 있었으니까. 술 먹다가 "에이, 더러운 세상!" 하다가는 콩밥을 먹을 수 있었고, 객기 부리며 "김일성이가 차라리 낫다"고 한마디 했다가는 영영 해를 못 볼 수도 있던 시절이었어.

'이상한 나라'를 만든 이를 용서할 수 없는 이유

권력이란 건 술과도 같단다. 아빠도 술 취하면 취하지 않았다고 우기잖니. 권력에 취한 사람은 자신이 다른 사람에게 어떻게 보이는지를 망각하기 마련이야. 말년의 박정희 대통령은 "누가 뭐라고 해도 내 맘대로 할 테니 나중에 내 무덤에 침을 뱉어라" 하는 독선에 빠져 있었어. 직언하는 사람을 멀리하고 자신에게 반항하는 사람들을 국가에 대한 반역자라고 여겼단다.

술 취한 사람에게 술 권하는 친구가 있는 것처럼 박정희 대통령에게도 그의 권력 주정에 맞장구치는 사람들이 있었지. 대통령과 함께 죽은 차지철 경호실장 같은 사람 말이야. 그는 당시 유신체제를 참다못해 일어선 부산 시민을 두고 이런 말을 서슴지 않았다고 해. "캄보디아에서 300만 명을 죽였는데 우리가 100만~200만 명 못 죽이겠느냐." 결국 대통령은 자신의 측근이면서도 그 무리수에 반발한 중앙정보부장의 총에 맞아 죽고 말아. 그게 아빠의 어린 시절 기억을 그 이전과 이후로 휴전선처럼 나누는 10·26 사건이었단다.

아빠는 박정희 대통령이 우리나라에 해악만 끼친 독재자라고는 생각하지 않아. 지금까지 얘기한 '이상한 나라'를 만들었을망정 그가 대통령으로 있었던 18년은 대한민국이라는 나라가 엄청나게 바뀌고, 또 변화의 계기를 만든 시간이기도 하다고 여기니까.

그래도 "나 아니면 안 된다"는 독선을 발휘하며 죄 없는 사람들을 죽이고 항의하는 시민들 앞에 공수부대를 들이민 그의 마지막 모습은 용서할 수 없고, 그를 죽인 탄환을 '흉탄'이라 부를 수 없음을 분명히 말해둬야겠다. 만약 그가 죽지 않았다면 1980년 봄 광주의 참극은 1979년 초겨울 아빠가 살던 항도 부산에서 일어날 수 있었으니까.

'이상한 나라' 왕의 명예를 회복하겠다고?

아주 먼 옛날 그리스의 현자賢者 솔론은 자신의 부유함과 위대함을 자랑하는 리디아의 왕 크로이소스에게 "한 사람의 죽음이 어떤지를 보기 전까지는 그를 행복한 사람이라 부를 수 없는 것입니다"라고 말했단다. 아빠는 이 말이 죽음을 행복하게 맞는 사람만이 복된 삶을 살았다거나 불행하게 죽는 사람의 삶이 의미가 없었다는 뜻으로 들리지는 않아. 오히려 "끝날 때까지는 끝난 게 아니다"라고 한 미국 프로야구의 전설 요기 베라의 말처럼 생의 마지막까지 최선을 다해 살아야 한다는 교훈이 담긴 말로 들려.

박정희 대통령의 마지막은 행복하지 못했어. 그에게나 나라에나 불행이었다. 하지만 더 큰 불행은, 불행으로부터 어떤 교훈도 얻지 못하는 거야. 우리가 살았던 '이상한 나라'를 굳이 정상적인 나라로 억지 치장하려 하고 '이상한 나라' 왕의 명예를 회복하겠다면서 귀 막고 눈 감고 돌진하

딸에게 들려주는 역사 이야기 2

는 일, 그것이 바로 불행에서 교훈을 얻지 못하는 모습의 전형일 거야. 동작동에 누워 계신 그분은 그 모습에 기뻐하시기보다는 왜 나를 닮아가느냐고 한숨을 내쉬지 않을까 해.

결국 딸은 그 아버지로 대변되는 시대의 비극적 종말을 불러오고 말았다. 아버지는 총탄에 생을 끝맺었지만 그 딸은 국민들의 거대한 저항에 이은 탄핵으로 정치적 생명을 잃고 말았으니까. 함께 봤던 영화 〈국제시장〉(2014)의 마지막 장면 기억나니? 호호백발 할아버지였던 주인공이 소년으로 돌아가 아버지 품에 안겨 "아버지, 저 참 힘들게 살았어요" 하며 울부짖었지. 그때 아버지는 넉넉한 품으로 안아주었고 말이다. 아마 구치소 독방에서 박근혜 전 대통령 역시 영화처럼 꿈속에서 아버지를 붙들고 울었을지도 모르겠다. "아버지, 저 참 힘들게 살았어요." 그때 박정희 전 대통령은 뭐라고 하면서 그 어깨를 안아주었을까. "왜 나를 따라 살았니. 내 마지막을 보고도 왜 그랬니?" 하며 울먹였을까 아니면 아무 말 없이 함께 눈물을 흘렸을까.

사형선고 받고 법정을 나서는 김재규 전 중정부장.
ⓒ민주화운동기념사업회 제공

40

영국 메리 여왕의 집착 그리고 또 다른 '여왕'의 집착

영국의 메리 여왕은 '피의 메리'로 유명하다.
메리는 가톨릭으로 나라를 되돌리려 했고 스페인의 왕자였던
남편 펠리페에 집착해 점령지 칼레를 잃기도 했다.
'블러디 메리'에게서 후대 권력자들은 무엇을 배워야 할까.

'블러디 메리' 메리 여왕의 어린 시절과 결혼

《먼 나라 이웃 나라》참 열심히 보던데, 그럼 영국의 메리 여왕도 생각나
겠지? 넌 숱한 사람들을 교수대로 보낸 무서운 여왕 '블러디 메리', 즉 피
의 메리로 기억할지도 모르겠구나. 하지만 메리 여왕은 '블러디 메리'라
는 별명에 정색하고 항의할지도 몰라. "왜 나만 피의 메리냐. 여동생 엘리
자베스는 어떻고 아버지 헨리 8세는 나보다 더했는데."

마크 트웨인의《왕자와 거지》에 등장하는 소년 왕 에드워드 6세가 어린 나이에 병사한 후 메리는 왕위에 올라. 스페인 공주의 딸이며 독실한 가톨릭교도였던 메리를 반대하는 세력은 반란까지 일으킬 정도로 만만치 않았어. 이 반란을 메리는 국민의 지지를 바탕으로 진압해. 영국 국민은 가톨릭이냐 신교냐를 따지기에 앞서 불행한 어린 시절을 보낸 그녀를 동정했던 거야. "얼마나 불쌍해. 저 고귀한 여인이 계모의 딸을 돌보는 하녀 역할까지 했다니!" 헨리 8세의 후처 앤 불린이 메리에게 자신의 딸 엘리자베스를 돌보라고 명령했거든.

하지만 그녀는 아버지 헨리 8세와 남동생 에드워드 6세를 거치면서 뿌리 내린 성공회를 부정하고 가톨릭으로 나라를 되돌리려는 무리한 시도를 해. 거역하는 사람들에게는 용서가 없었고 영국인들은 공포에 떨어. 그러던 중 결정적으로 영국인을 화나게 한 사건이 발생해. 바로 스페인의 왕자이자 합스부르크 왕가 출신 펠리페 왕자와의 결혼이었어. 그녀는 무려 열한 살이나 아래인 펠리페 왕자에게 흠뻑 빠져서(만나보지도 않고!) 그와 결혼하겠다고 선언해. 여론은 크게 반발했고 와이어트라는 사람은 아예 반란을 일으켜서 런던으로 쳐들어오지만, 메리 여왕은 의연하게 대처해서 반란을 진압하고 펠리페와 결혼에 골인하게 돼.

메리 여왕은 천신만고 끝에 펠리페를 남편으로 맞았지만, 정작 펠리페는 이 헌신적인 아내에게 무심했어. 어차피 정략결혼이었고 열한 살 위의 큰누나쯤 되는 메리에게 별 매력을 느끼지 못한데다가, 영국 의회가 "메리가 먼저 죽어도 펠리페는 왕위 계승권이 없으며 영국의 법률을 존중해야 한다"라는 둥 까다로운 조건을 내걸자 더 정나미가 떨어져버린 거지. 1년 정도 영국에서 머무른 뒤 스페인으로 돌아간 그는 아내를 거의 돌아보지 않아. 하지만 그럴수록 메리 여왕은 펠리페에게 집착한단다.

"애정과 고집과 절대권력의 융합으로 생긴 혼란"

그녀는 어떻게든 펠리페의 아이를 낳고 싶어 했지. 하지만 그녀는 아이를 가질 수 없는 몸이었고, 그런 마음과 몸의 부조화는 '상상임신'이라는 유감스러운 상황에 그녀를 몰아넣어. 한동안 사랑하는 이의 아이를 가졌다며 구름 위를 걷듯 기뻐했던 여왕은 곧 자신의 참담한 처지를 깨닫게 돼. 이런 일이 몇 번이나 되풀이됐다니 메리 여왕의 집착이 얼마나 심신을 망가뜨렸을지 짐작이 가지?

영국인들이 반대했던 결혼을 강행하면서 스페인을 따라 전쟁을 벌이지 않는다고 약속했던 메리 여왕이었지만, 의회의 완강한 반대를 무릅쓰고 스페인과 프랑스의 전쟁에 덥석 끼어들고 말았어. 간만에 영국을 방문하면서까지 '내 귀에 캔디'처럼 달콤하게 늘어놓는 서방님의 요청을 외면하지 못해서였지. 프랑스 왕은 엉거주춤 전쟁에 끼어든 영국에 날카로운 비수를 꽂아. 중세 백년전쟁 이래 프랑스 땅에서 영국이 유일하게 점령하고 있던 도시 칼레를 공격한 거야. 번성하는 항구로 막대한 세금을 영국 왕에게 바치던 칼레, 영국의 대륙 최후 거점이라 할 칼레는 허무하게 함락되고 말아.

메리에게도 칼레 함락의 충격은 컸어. 시름시름 앓다가 죽으면서 그녀는 이런 유언을 남겼단다. "죽고 난 후 내 심장에는 칼레와 펠리페가 새겨져 있을 것이오." 메리는 아무도 돌보지 않는 침대 위에서 누구의 애도도 받지 못한 채 쓸쓸히 죽어간단다. 이 소식을 들은 남편의 무정한 한마디. "메리의 죽음에 대해 어느 정도 슬픔을 느꼈소I felt a reasonable regret for her death."

메리가 런던 뒷골목의 평범한 여인이었다면 그녀의 집착은 개인의 불행일 뿐이었겠지만, 여왕의 집착은 한 나라를 잘못된 길로 이끌었지. 어쩌면 그녀는 펠리페와의 사랑이라는 허상의 포로였는지도 몰라. 불우한 어린 시절의 상처를 강력한 남자 펠리페와의 사랑을 통해 씻으려 한 거야. 그와의 사랑은 그녀 인생 필생의 목표가 되어버렸지. 누가 말리려고 들면 더욱 불타올랐고, 반란 앞에서도 여왕다운 자세로 런던 시민을 감동시켰던 그녀의 총기는 집착의 불길에 녹아 없어지고 말았어. 또 자신의 종교적 신념을 국민들에게 강요하면서 '메리 여왕 만세'를 외치던 국민들의 기대를 저버렸고 말이야. 앙드레 모루아의 표현을 빌리면 "애정과 고집과 절대권력의 융합으로 생긴 혼란의 한 예"였지.

역사는 누군가의 효도 수단이 될 수 없다

2015년 10월 27일, 박근혜 전 대통령은 국회에서 시정 연설을 했단다. 그 연설을 들으면서 아빠는 메리 여왕을 떠올렸어. 메리 여왕의 이복 여동생 엘리자베스 여왕을 롤모델로 삼는다는 전 대통령께는 죄송한 말이지만 연설 말미에 등장하는 한국사 교과서 국정화에 대한 뜨거운 '소신'에서 블러디 메리의 향기를 느낀 거야. 역사학자 90퍼센트가 반대하고, 심지어 정부 출연 기관인 한국학중앙연구원 교수들도 고개를 젓고, 보수 정권에서 국사편찬위원장을 지낸 분까지도 강력하게 이의를 제기하는 '국정화 교과서'를 '정상화 작업'이라고 지칭하려면 그에 걸맞은 근거를 제시했어야 해. 하지만 전 대통령은 아무런 설명 없이 평생을 역사와 함께한 대다수 역사학자를 '비정상'으로, 국정교과서에 반대하는 국민을 '바로잡아야 할' 대상으로 몰았단다.

또 한 번 외람된 이야기지만 그건 집착으로 보였어. 박근혜 전 대통령은 정치에 뛰어든 이유로 "아버지의 명예 회복"을 든 적이 있어. 메리 여왕만큼, 아니 어쩌면 그 이상으로 불행한 가족사를 겪은 분으로서 한국 현대사에 좋든 나쁘든 큰 족적을 남긴 아버지에 대한 강한 애착이야 어쩔 수 없겠지. 하지만 부친 시대에 대한 부정적인 평가를 애오라지 "역사를 잘못 가르친" 결과라고 생각하거나 "역사를 잘 가르치면" 과거에 대한 '자긍심'을 갖게 되리라고 믿는 건, "다시 가톨릭!"을 부르짖어 종교개혁 이전의 시대로 돌아갈 수 있다고 생각한 메리 여왕만큼이나 비현실적이란다. 메리가 펠리페 왕자라는 허상에 매달려 그에 집착한 순간 한 사람의 여자로서도 왕으로서도 불행해졌듯 박근혜 전 대통령이 객관적인 역사의 평가에 맡겨야 할 부친의 '명예' 회복에 매달린다면, 그건 딸로서도 그리고 한 나라의 대통령으로서도 비극적인 일이 아닐까? 너도 잘 알다시피 그 비극은 현실에서 마치 그리기라도 한 듯 실현되고 말았구나. 탄핵으로 말이야.

역사란 누군가의 효도 수단이 될 수도 없고, 자긍심의 재료로 쓰여서도 안 되며, 명예 회복의 도구로 전락해서도 안 되는 우리 모두의 거울이란다. 우리가 거울을 보는 건 못생겼다고 좌절하려 함도 아니고 잘생겼다고 우쭐해지려 함도 아니야. 그저 우리 모습을 있는 그대로 보기 위해서란다. 가슴에 '국정교과서'와 '아버지'만을 새겼던 전 대통령은 결국 역사의 심판을 받았다. 그리고 그분의 행적과 실패는 우리 모두의 거울이 되었지. 그 아버지가 쿠데타 후 "다시는 나처럼 불행한 군인이 없기를" 빌었지만 우리는 그 딸을 두고 "다시는 이런 불행한 대통령이 없기를" 빌어야할 게다. 박근혜 전 대통령의 평온한 미래를 기원한다. 재판을 통해 죄가 있다고 판결나면 죗값을 치르고, 그 뒤엔 외롭지 않고 불행하지 않은 말년이 되기를. 여전히 그럴 가능성이 적어 보이긴 하지만 말이야.

메리 여왕은 남편 필리페에게 집착해 전쟁에까지 끼어들었다.
그림은 필리페와 메리 여왕의 초상.

41

알리와 최동원의 빛나는 공통점은?

2015년 프로야구는 두산 베어스의 우승으로 끝났다.
한국 시리즈에서 패배한 삼성 라이온즈 선수들은 도열해
상대팀의 우승을 축하했다. 말은 쉽지만 누구도 행하지 않았던 그 모습을 보면서
위대했던 한 야구인을 떠올렸다.

무하마드 알리, 20세기의 가장 위대한 스포츠맨

20세기의 가장 위대한 스포츠맨이라면 누구일까. 사람마다 다르겠지만 아빠는 무하마드 알리라는 권투 선수를 꼽아. 그의 본명은 캐시어스 클레이. 1960년 로마올림픽 금메달리스트였어. 세계를 제패하고 미국으로 돌아왔지만 그는 흑인이라는 이유로 식당에서 쫓겨난단다. 격노한 캐시어스 클레이는 금메달을 강물에 던져버려. "인간으로서 존중받지 못하는

한 영광은 쓸모가 없다!"

이슬람교로 개종한 후 무하마드 알리라는 이름으로 활약했고, "나비같이 날아서 벌처럼 쏜다"라는 명언에서 보듯 헤비급으로는 상상을 초월하는 스피드와 타이밍 좋은 한 방을 자랑했던 그는 도합 세 번이나 세계 헤비급 챔피언에 올랐어. 사실 이것도 대단하긴 하지만 권투라는 경기로만 놓고 보면 알리만큼 탁월한 선수는 많아. 그런데 왜 무하마드 알리일까. 그건 무하마드 알리가 위대한 복서임과 동시에, 불의에 항거하고 부당한 대접에 분개할 줄 아는 사람이었다고 생각하기 때문이야.

절정의 세계 챔피언이던 시절, 그는 미국이 발을 잘못 들였던 베트남 전쟁에 공개적으로 반대하고 징병을 거부해. "내가 왜 베트콩과 싸우는가. 그들은 우리를 검둥이라고 부르지 않는다. 만약 내가 군대에 입대해서 베트콩과 싸워 2,200만 미국 흑인의 자유와 평등을 보장할 수 있다면 미국 정부는 나를 징집할 필요도 없다. 그렇게만 된다면 내일 내 발로 입대할 테니까."

"자유와 정의, 평등을 위해 싸운 사람으로 기억되길 바란다"

대가는 참혹했어. 그는 챔피언 타이틀을 박탈당했고 3년 반 동안 경기에 참가조차 못했으니까. 프로권투 선수에게 3년 반의 공백이란 네가 3년 반 동안 글자 한 자 들여다보지 않고 대학 시험을 보는 것에 버금가는 큰 타격이야. 하지만 알리는 이를 이겨내고 서른두 살에 여덟 살이나 어린, 헤비급 역사상 최고의 강펀치 조지 포먼을 꺾고 다시 챔피언이 되었단다. 1981년 은퇴하면서 그는 이런 말을 남기지. "자유와 정의, 평등을 위해 싸운 사람으로 기억되길 바란다."

그로부터 15년이 흘렀어. 1996년은 미국 애틀랜타에서 올림픽이 열린 해란다. 미국 농구팀이 유고슬라비아와 준결승을 치르던 날, 전반전 뒤하프타임에 국제올림픽위원회IOC 위원장 안토니오 사마란치가 나타났어. 덩치 큰 중년의 흑인과 함께였지. 바로 무하마드 알리였어. IOC가 과거 알리가 강물에 던져버린 금메달을 대신한 새로운 금메달을 선사하기위해 알리를 초빙한 거였단다. 관중들은 전원 기립 박수를 보냈고, 선수시절에 맞은 무수한 주먹의 충격 때문에 파킨슨병을 앓던 알리는 힘겹게손을 들어 환호에 답했어. 그 장면을 보며 마음에 큰 요동이 치더구나.

그곳은 바로 애틀랜타. 걸작이긴 해도 인종차별적 표현이 적나라하게실렸던 《바람과 함께 사라지다》의 배경이자 미국 내전(남북전쟁) 당시 남부의 핵심 도시 아니었겠니. 바로 그곳에서 한때 반역자로 불린 무하마드알리가 다시 금메달을 받으며 눈물을 흘렸고, 애틀랜타 시민들도 함께 울었던 거야. 스포츠의 세계에서만 가능한 감동의 파노라마지.

최동원, 한국에서 가장 위대한 스포츠맨

그럼 네가 이렇게 물어올 수 있겠다. "한국에서 가장 위대한 스포츠맨은누군가요?" 물론 답은 주관적이고 사람마다 천 갈래 만 갈래로 갈리겠다만 아빠는 이 이름을 꼽을 거야. 2011년 세상을 떠난 프로야구 투수 최동원.

아빠는 중학교 3학년 때 본 코리안 시리즈(한국시리즈를 그때는 이렇게불렀어)를 아마 평생 잊지 못할 거야. 그는 롯데 자이언츠 소속이었고 상대는 삼성 라이온즈였는데, 라이온즈는 자이언츠를 응원하던 아빠와 아빠' 친구들도 승리를 감히 예상하지 못할 만큼 강팀이었어. 누군가 "최동원이 하루씩 건너뛰고 나와서 1, 3, 5, 7차전을 이기면 되는 거 아이가?"라고 물었다가 "그게 말이가 방귀가" 하는 호통에 찍소리 못 하고 찌그러졌던 기억이 생생하구나. 그런데, 글쎄, 최동원은 그걸 해냈어. 아니 1, 3, 5, 7차전을 이겼을 뿐 아니라 6차전에는 한 번 졌어. 즉 7전 4승제 경기에서 다섯 차례 마운드에 선 거지.

위대한 기록이긴 하지만 아빠가 이것만으로 한국에서 가장 위대한 스포츠맨이라는 칭호를 붙이지는 않아. 최동원의 진가는 절정의 슈퍼스타이면서도 자기보다 못한 처지의 선수들을 잊지 않고 그 후배들을 위해 앞장섰던 데에서 더 영롱하게 빛났단다. 1988년 그는 '프로야구 선수협의회' 구성에 나서게 돼. 선수들끼리 조직을 만들어서 권익을 지키자는 취지였지. 슈퍼스타 최동원이 협의회 결성에 앞장선 이유는 프로야구 2군 선수들의 아픈 현실을 알게 되면서였어.

"2군 포수가 내 공을 받아준 적이 있습니다. 수고했다고 고기를 사줬는데 얼마 만에 먹는 고기인지 모르겠다고 했습니다. 알고 보니 그 선수 연봉이 300만 원(당시 2군 최저 연봉)이었습니다"(박동희 야구 전문기자 인터뷰 중). 그 돈으로 2군 선수는 자신의 장비까지 사가며 발버둥치고 있었고, 구단은 이들에 대해 전혀 신경을 쓰지 않았지. 최동원은 이런 생각을 하게 됐어. '내가 최고 연봉을 받는 것도 뒤에서 고생하는 동료가 있기 때문이다. 이제 음지에 있는 동료들을 위해 내가 먼저 움직여야겠다.' 잠 쉬워 보여도 세상에서 가장 힘든 생각 중의 하나지. 잘나가는 이가 반대쪽 걱정을 한다는 건.

음지에 빛을 나눠주려 한 슈퍼스타

최동원은 선수협의회 결성에 발 벗고 나섰어. 하지만 제멋대로 선수들을 부리지 못할 것을 우려한 프로야구 구단들의 '악랄한'(이 표현은 조금도 과하지 않아) 방해로 뜻을 이루지 못했지. 선수협의회를 주동했던 최동원은 평생 입을 거라 생각했던 롯데 자이언츠 유니폼을 벗어야 했고, 머지않아 은퇴해야 했단다. 한국 역사상 최고의 투수를 코치로 초빙하는 구단조차 거의 없었어. "감히 구단에 반항을 시도한 자"를 용납할 수 없었던 거지. 무하마드 알리에게 병역 기피자의 딱지를 붙였던 미국 정부처럼 말이야.

2011년 아빠는 TV 화면에 등장한 최동원을 보고 깜짝 놀랐어. 경남고와 군산상고 동문(야구 명문들이지)들의 친선 야구 경기에서 최동원이 등장했는데, 몰라볼 만큼 야위어 있었던 거야. 최동원 본인은 생식을 해서 살이 빠진 거라고 주장했다더군. 하지만 그는 이미 말기 암 환자였어. 의사와 아내의 만류에도 불구하고 그는 "유니폼을 입을 수 있는 게 그날이 마지막일 것 같다. 그 모습을 팬들에게 보여드리고 싶다"면서 경기장에 가겠다고 고집을 부렸다고 해.

그렇게 생애 마지막 모습을 우리에게 보여준 몇 달 후 최동원은 세상을 떠났어. 애틀랜타의 알리처럼 부산 사직구장을 가득 메운 관중들이 "최동원"이라고 연호하는 소리를 듣고, 과거를 반성한 롯데 자이언츠 구단의 정중한 사과를 받고 떠났으면 좋았겠는데, 아빠의 영웅 최동원은 병상에서 야구공을 쥔 채 쓸쓸히 세상을 등지고 말았단다.

1984년 최동원한테 졌던 삼성 라이온즈는 2015년 두산 베어스에 져서 한국시리즈 5연패를 놓쳤어. 그런데 삼성 선수들은 경기장에 도열해서 두산 베어스의 우승을 축하해주었지. 언뜻 보면 당연한 일이지만 그건 사상 처음 있는 일이었다고 해. 말은 쉽지만 막상 누구도 행하지 않았던 그 모습에서 아빠는 다시 한번 최동원을 떠올렸어. 태양같이 빛났으면서도 음지의 서러움을 이해하고 그곳에도 빛을 나누려 했던 의로운 스포츠맨의 모습을 말이야. 다시금 그의 명복을 빈다.

최동원은 2011년 9월 14일 암으로 운명했다.
사진은 부산 사직야구장 앞에 세워진 '무쇠팔' 최동원의 동상.

42

전태일의 상식적인 외침, "근로기준법을 지켜라"

1970년은 경부고속도로 완공, 포항제철 착공 등
향후 한국 경제를 좌우하는 일들이 많이 벌어진 해였다.
또한 불의한 노동조건 개선을 위해 '근로기준법을 지켜라' 외치며 분신한
청년 노동자 전태일의 마지막 해이기도 하다.

국민소득 500달러, 수출 50억 달러

아빠는 1970년생이야. 어느 통계에선가 대한민국에서 가장 인구가 많은
출생 연도가 1971년이라고 하니까 거기서 살짝 비껴난 나이지. 1970년
대가 열리던 해에 아빠는 태어났어. 4·19로 열린 1960년대는 1961년 해
병대를 앞세워 짧은 의회민주주의의 시간을 끝냈던 작달막한 군인 겸 정
치인의 치세 중에 막을 내렸단다. 그리고 '대망의 1970년대'가 밝았지.

세 번째 임기의 반환점을 돈 박정희 대통령은 '대망의 70년대'를 강조한 신년사에서 다음과 같이 뚝뚝하게 '지침'을 내리고 있어. "1인당 국민소득은 500달러 선을 훨씬 넘어야 하고 수출은 적어도 50억 달러 선을 돌파해야 한다. …… 우리의 상품들은 국제시장에서 당당히 경쟁하여 다른 나라 상품을 압도해야 하며 그중에서도 몇몇 산업부문은 세계 제1위를 자랑할 수 있게 돼야 한다."

대통령이 국민에게 보내는 신년사라기보다는 전방 사단장이 휘하 병력에게 전투력 목표치를 산정하는 어투지? 맘에 안 드는 말투는 제쳐 두고 그 '목표치'를 한번 보자꾸나. 국민소득 500달러, 수출 50억 달러. 그런데 1970년 당시 한국의 1인당 국민소득은 목표의 절반인 254달러에 불과했단다. 당시 일본은 1658달러였으니 비교해볼 만하겠지? 이외에도 대통령 신년사에는 몇 개의 '숫자'가 등장하고 이런저런 '기어이 실현해야 할' 일들이 제시되고 있지. 아닌 게 아니라 1970년은 여러모로 향후 한국 경제를 좌우할 일들이 많이 벌어진 해였어. 경부고속도로가 그해 완공되었고, 일본으로부터 받아온 식민지 배상금으로 포항의 허허벌판에 종합제철소를 차린다는 언뜻 보기엔 무모하게 보이는 야심찬 공정이 막을 올렸으며, 현대자동차가 미국의 포드 자동차와 50대 50의 합자회사를 차린 해이기도 하니까.

그런데 대통령의 신년사에서 아쉬운 점은 그 '숫자'를 달성하기 위해 발버둥지고 땀 흘려야 할 국민의 삶과 행복에 대한 표현은 매우 귀하다는 거였어. 딱 한 구절, "모든 사람들이 일자리를 가질 수 있고 한 사람의 노동 대가가 한 가구의 생계를 능히 꾸려 나갈 수 있게 하여 서민 생활에 좀 더 여유와 윤기가 돌게 해야 하겠다"라는 문장이 간신히 디밀고 있을 뿐이지.

"인간으로서의 최소한의 요구입니다"

박정희 대통령이 이 뚝뚝한 신년사를 발표하기 한 달 전, 서울 동대문 평화시장의 한 재단사는 대통령에게 편지를 썼어. 결국 부치지 못한 편지가 되고 말았지만.

대통령 각하. 사회는 이 착하고 깨끗한 동심에게 너무나 모질고 메마른 면만을 보입니다. 저는 여기에서 각하께 간구하지 않을 수 없습니다. 저 착하디착한 동심을 좀 더 상하기 전에 보호하십시오. 저희들의 요구는, 1일 15시간의 작업 시간을 1일 10~12시간으로 단축해 주십시오. 1개월 휴일 2일을 늘려서 일요일마다 휴일로 쉬기를 원합니다. …… 절대로 무리한 요구가 아님을 맹세합니다. 인간으로서의 최소한의 요구입니다.

섬유는 당시 한국의 주요 수출품 중 하나였단다. 미국 주재 한국 대사가 미국 국무차관과 차관보를 앞에 두고 "직물 수출은 한국의 사활 문제"이며 목표를 채울 수 있도록 도와달라고 읍소할 정도였지. '50억 달러 수출' 목표를 달성하기 위한 알파요 오메가였어. 그리고 그 수출액의 달러 한 장, 센트 한 닢을 벌기 위해 평화시장의 여성 노동자들은 1주일에 하루도 쉬지 못하고 하루 15시간씩 햇빛도 보지 못하고 일했어. '인간으로서 최소한의 요구'를 박탈당한 채 말이지.

대통령에게 편지를 썼던 재단사는 그 뒤 자신의 요구를 실현하기 위해 모든 노력을 다한단다. 노동청을 찾고, 언론사 기자에게 머리를 조아리고, 동료들을 모아 데모도 하고, '민중의 지팡이'라던 경찰에게 호소도 하면서. 그러나 1970년 한 해 내내 대한민국은 끝내 그를 외면하고 말았어.

'전태일 단골집'에서 우연히 듣게 된 그의 일화

언젠가 아빠는 동대문 평화시장의 오래된 감자탕 집을 촬영한 적이 있어. 이것저것 묻다보니 아빠는 전태일이라는 재단사가 종종 들러 한 끼를 채우던 곳이었다는 걸 알게 됐어. 그런 기분 이해할지 모르겠다. 전혀 아무렇지도 않은 풍경과 사람들인데 "여기 아무개가 단골이었대" 하면 갑자기 주변에 광채가 서리고 그에 얽힌 사람들 얼굴이 다 신기해 보이는 거. 아빠가 그랬어. 그래서 주인아주머니에게 전태일의 추억에 대해 물었지. 아주머니는 이렇게 대답했어.

"시다(미싱사 보조들, 그러니까 평화시장의 피라미드에서 맨 아래 위치한 여성 노동자)들 데리고 와서 자기는 안 먹고 애들 사줄 때도 있었어. 그래서 내가 한 그릇 슬쩍 더 주니까 끝까지 자기는 밥 먹었다고, 배부르다고 안 먹어요. 그래서 난 정말 밥 먹은 줄 알았어. 근데 그 사람도 저녁 먹은 게 아니었어요. 시다 애들한테는 자기는 밥 먹었다고 그랬는데 준다고 덥석 받아먹으면 애들 무안해할까봐 그랬다는 거야, 나중에."

인간이 위대하다는 건 꼭 세계를 정복하고 역사에 남을 위업을 남겨서가 아니야. 오히려 그다지 볼품도 없고 해봐야 티도 안 나는 일, 누가 볼 일도 아니고 구태여 한다고 칭찬받지도 못할 하찮은 일을 힘겹게 하는 사람 역시 하늘에 닿을 정도로 위대하고 땅을 덮을 만큼 거룩할 수 있는 거란다. 그래서 예수는 "지극히 작은 자 하나에게 하지 아니한 것이 곧 내게 하지 아니한 것이니라"(〈마태복음〉 25장 45절)고 말한 거야.

호기롭게 '밥 먹으러 가자' 해서 시다들 데리고 왔는데, 호주머니에 든

돈은 딱 시다들에게 감자탕 한 그릇씩 돌릴 정도였던 상황. 배에서 꼬르륵 소리가 나면서도 혹여 시다들이 마음 쓸까봐 '아이고 배불러' 하면서 감자탕 냄새로만 배를 채우던 청년을 생각해봐. 감자탕 집 아주머니의 말을 더 들어보자.

"무슨 일을 계속 꾸미고 있다는 건 알았어요. 그래서 걱정도 되고. 그러던 차에 태일이가 왔길래 앉혀 놓고 이야기를 했지요. '야, 이 바보야. 네 일이나 걱정해라'고 타일렀어요. 그러니까 밑도 끝도 없이 내일이면 결판이 난대요. 결판은 뭔 결판? 그러고 말았는데 다음 날 점심 끝나고였나? 누가 와서 태일이가 죽었다고, 불타 죽었다고 엉엉 울더라고요."

"우리는 기계가 아니다"

1970년 11월 13일, 전태일은 법치국가의 수도 한복판에서 법을 지키라고 외치며 분신했어. "근로기준법을 지켜라"는 상식적인 외침을 위해, "우리는 기계가 아니다"라는 슬픈 명제를 증명하기 위해 육신을 스스로 불구덩이에 밀어 넣은 거야. 아빠는 게으르고 불성실하지만 기독교인으로서 예수의 부활을 믿어. 그건 비단 사흘 만에 다시 살아난 부활이 아니라 예수처럼 죄인들을 사랑하고, 낮은 자들을 위해 몸을 던지고, 스스로를 죽여 더 큰 사랑을 실천한 사람들이 끊이지 않았음을 세계 역사에서 봤기 때문이기도 해. 전태일은 곧 예수였단다. 이건 아빠만의 생각이 아니야. 한국 기독교의 큰 별이라 할 김재준·문익환 목사 등이 하나같이 하신 말씀이야.

대한민국의 역사에서 아빠가 태어난 1970년은 뭉툭한 이름과 그에 걸맞은 인상을 지닌, 이웃을 사랑하여 자신의 목숨을 내주는 큰 사랑으로 불타오른 노동자 전태일의 마지막 해였어. 하지만 그의 슬픈 종말은 창대한 역사의 시작이기도 했다. 바로 예수의 부활처럼.

한국의 하늘아
네 이름은 무엇이냐
내 이름은 전태일이다(문익환 목사).

서울 동대문 평화시장 인근 전태일다리(버들다리)에는
전태일 동상이 세워져 있다.

43

민간인 제외한 의열단의 '칠가살'

일제 강점기 김원봉의 의열단은 독립 투쟁의 수단으로
유혈과 폭력을 감행하겠다는 뜻을 명확히 했다.
하지만 이들은 일본인 양민에 대한 공격을 사주하거나 과시하지 않았다.
무차별 테러를 감행하는 IS와는 궤가 다르다.

"오직 단총·살검·폭탄이 있을 뿐이다"

1919년 11월 9일, 만주 지린 성의 한 중국인 집에 젊은 조선인 13명이 모
여들었어. 경상도 밀양 출신의 김원봉·윤세주·이성우 등을 주축으로 한
그들은 일본 제국주의와 사생결단의 투쟁을 전개하기로 결의하고 그 이
름도 유명한 의열단義烈團을 결성하게 돼. 의열단은 애초부터 독립 투쟁
의 수단으로 유혈과 폭력을 감행하겠다는 뜻을 명확히 했어. 8개월 전 벌

어진 평화적인 만세 시위(3·1운동)에 일본 경찰과 군대가 어떤 대접을 했는지 지켜본 이들의 불가피한 결론이었지. 일제의 주요 인물을 암살하거나 기관과 시설을 공격하고, 이를 통해 식민지 조선인의 용기를 일깨우겠다는 생각이었다고나 할까. "우리에게는 아직 군대와 감옥이 없으므로 저들에 저항하고 제압할 수 있는 방법은 오직 난총短銃·실검殺劍·폭탄이 있을 뿐이다."

이걸 가치 개념을 발라낸 건조한 용어로 표현하면 '테러'가 되겠지. 테러란 "정치적 반대파를 진압하기 위해 폭력을 사용하는 것"이거든. 의열단은 테러, 즉 의열 투쟁을 통해 일본 제국주의에 맞설 것을 결의했어. 단재 신채호가 이 같은 창립정신을 사나운 명문으로 표현한 게 저 유명한 〈조선혁명선언〉이야.

민중은 우리 혁명의 대본영大本營이다. 폭력은 우리 혁명의 유일 무기이다. 우리는 민중 속에 가서 민중과 손을 잡고 끊임없는 폭력·암살·파괴·폭동으로써, 강도 일본의 통치를 타도하고, 우리 생활에 불합리한 일체 제도를 개조하여, 인류로써 인류를 압박치 못하며, 사회로써 사회를 수탈하지 못하는 이상적 조선을 건설할지니라.

의열단은 1920년 봄 폭탄을 국내에 반입해 조선총독부를 폭파하려 했지만 일제 경찰의 감시망에 걸려 실패하지. 이 사건이 일제에게 준 충격은 컸어. 여차하면 총독부가 날아갈 판이었잖아. 일제 당국은 눈에 불을 켜고 의열단 관계자들을 닦달했어. 하지만 의열단의 기세는 결코 꺾이지 않았지. 당시 체포된 윤세주는 예언 같은 법정 진술을 해. "체포되지 않은 동지들이 도처에 있으니 반드시 강도 왜적을 섬멸하고 우리들의 최후

목적을 달성할 것이다." 그리고 '체포되지 않은 동지들'은 움직이기 시작했어.

박재혁 의사, 부산경찰서를 폭파하다

그 최초 의거가 1920년 9월에 일어난 박재혁 의사의 부산경찰서 폭파 사건이야. 왜 부산경찰서냐 하면 앞서의 폭탄 반입 사건으로 많은 사람들이 잡혀 들어가 고초를 치른 악명 높은 곳이었기 때문이지. 또 부산은 박재혁 의사의 고향이기도 했어. 독립운동단체 결성 혐의로 감옥살이를 한 후 중국으로 망명해서 중국과 싱가포르를 누비며 무역상을 했던 박재혁 의사는 이렇게 말하며 거사에 나섰는지도 모르지. "부산경찰서는 마 내 손으로 박살내야 되겠십니더. 옛날부터 눈에 가시였다카이."

박재혁은 폭탄을 숨긴 채 중국에서 일본 찍고 대마도를 거쳐 부산으로 들어와. 부산경찰서장 하시모토가 고서古書에 관심이 많다는 걸 알고 고서상商으로 위장해 면회를 신청하지. 하시모토가 호기심 그득한 눈으로 자신이 내민 낡은 책들을 들여다보는 것을 지켜보던 박재혁은 별안간 유창한 일본어로 언성을 높여. "나는 상하이에서 온 의열단원이다. 네놈들이 우리 동지들을 잡아 우리 계획을 깨뜨린 까닭에 우리는 너를 죽이는 것이다." 기절초풍해서 눈이 접시만 해진 하시모토 앞에서 박재혁은 폭탄을 꺼내 터뜨리지. 쾅! 하시모토는 중상을 입었다가 세상을 떠나고 박재혁 또한 심한 부상을 입고 체포돼.

의거 성공 소식이 들려온 후 김원봉은 박재혁이 마지막으로 보낸 편지를 받아. '형편이 뜻대로 되어가니, 이 모든 것이 그대가 염려해준 덕분입니다. 좋은 일이 있을 것 같습니다. 몸과 마음이 모두 즐겁습니다만, 그대의 얼굴을 다시 보기는 어려울 것 같습니다.' 김원봉은 이 편지를 받고 오랫동안 괴로워했다고 해. 왜 그랬을까. 슬쩍 폭탄만 던진 뒤 살아 돌아올 수 있었던 사람을 애꿎게 죽게 만든 게 아니었나 하는 자책감 때문이었지. 일본인 서장 하시모토를 죽이기 전에 그의 죄상을 낱낱이 들려주고 폭탄을 터뜨리라고 얘기했던 게 김원봉이었거든.

일본인 양민은 제외한 의열단의 '칠가살' 목록

아빠는 이 이야기에서 조선의 독립을 위해 나섰던 이들의 비범한 일면을 발견해. 대놓고 폭력을 투쟁 수단으로 선포하고 요인 암살, 기관 폭파 등 요즘 말하는 '테러'를 통해 일본을 공격하겠다고 선언한 의열단이지만, 그들의 '칠가살七可殺', 즉 마땅히 죽여야 할 일곱 대상에 평범한 일본 민간인은 들어 있지 않았어. 조선 총독, 일본 군부 수뇌, 대만 총독, 조선인 매국적賣國賊, 친일파 거두, 적의 밀정, 반민족적 토호열신만이 죽여야 하는 대상이었지.

박재혁 의사가 부산경찰서에 폭탄을 던지고 독립군이 청산리전투 등에서 일제에 일격을 가한 후 일제는 경신대참변이라는 가공할 사건을 일으켜서 만주 일대의 우리 동포들을 그야말로 야수들처럼 찢어발겨. 그래도 우리 독립운동가들은 일본 민간인을 습격하거나 일본인 전체를 악마로 몰아 목숨을 무차별로 빼앗지 않았어. 박재혁 의사처럼 자살 폭탄(?) 공격을 할지언정 "네 죄를 네가 알렷다"라고 꾸짖을 줄 알았고, 죽여야 할 자를 공격한다는 선을 지키려고 노력했던 거야. 의열단뿐 아니라 임시정부가 발행하던 《독립신문》 1920년 2월 5일자에 발표한 〈칠가살, 마땅히 죽여야 할 일곱 가지 대상〉에서도 일본 민간인은 공격 대상에서 제외되어 있어.

　우리 독립운동가들은 실패의 가능성을 무릅쓰고 악착같이 "죽어 마땅한 자"에게만 공격을 집중하려고 했고, 대한독립이라는 이상 때문에 필요 이상의 살인을 저지르기 꺼려했어. 물론 독립운동사에서 개인적 일탈이나 범죄적 행위가 없었다고는 장담할 수 없겠지만 적어도 이름 있는 독립운동단체에서 공식적으로 일본인 양민에 대한 공격을 사주하고 과시한 사례는 찾아보기 힘들어. 아빠는 그게 독립운동가들이 지녔던 또 하나의 미덕이라고 생각해.

　만약 윤봉길 의사가 일본의 여학교를 습격해 인질로 삼고 울며 매달리는 학생들의 목숨을 하나하나 빼앗으며 대한독립만세를 불렀다면 아빠는 그를 의사로 부르기 어려웠을 거야. 만약 이봉창 의사가 사람이 운집한 도쿄 긴자의 거리에서 폭탄을 터뜨리고 기관총을 난사한 다음 태극기를 휘둘렀다면 아빠는 그를 존경하지 않았을 거야. 독립이라는 이상이 소중하고 그에 따른 희생이 불가피하다지만, 이상을 위해 한 집단 전체를 '악마'로 만들어 그 집단에 속하는 평범한 이들까지도 '가살可殺', 즉 죽어 마땅한 이들로 돌리는 건 야만적인 행동이니까.

　과거 제국주의 국가들이 중동에서 벌인 장난질과 사기와 협잡과 음모가 오늘날 중동의 생지옥의 원천임을 이해한다 하더라도, IS라는 살인마 집단이 정당화될 수 없는 이유는 바로 이 지점이란다. IS가 누구의 그릇된 정책 때문에 태어났든, 누구로부터 어떤 피해를 입었든, 그들의 이상이 무엇이든, 그들의 무자비한 테러는 결코 정당화될 수 없다는 말이지. 평범한 이들까지 테러 대상으로 삼는 바로 그 순간 IS는 우리나라 독립운동가들에게 감히 빗댈 수조차 없는 존재가 되는 거란다. 설사 악마와 싸우기 위해서라 해도 제 스스로 악마가 되는 건 결코 긍정하거나 용인할 수 있는 일이 아니야. IS의 무차별 테러로 슬픔에 빠진 모든 이들에게 연대와 위로의 인사를 보낸다.

1919년 11월 9일 만주 지린성의 한 중국인 집에서
조선인 13명이 의열단을 결성했다. ⓒ 국가보훈처

44

김영삼, 그가 현대사를 밝혔던 한순간

누군가의 명과 암을 따지기보다 어쩌면 밝음을 보전하고
그림자를 걷을 수 있는지 고민하는 게 유익하지 않을까.
1979년 여공들과 함께했던 정치인 김영삼과 경찰의 강경 진압으로
한 농민이 사경을 헤매는 오늘을 생각한다.

YH 노동자들, 농성에 들어가다

아빠는 역사적 인물의 명암 중 어느 쪽이 큰가를 다투는 건 그다지 의미
없다고 봐. 역사란 누가 잘했고 잘못했느냐를 자상하게 가르치는 도덕 선
생님이 아니라 "이번 학기 네 성적은 이거다. 뭘 잘했고 뭘 잘못했는지 2
학기에 보자"고 성적표를 발 앞에 톡 던지는 얄미운 '담탱이'에 가깝거든.
누군가의 명明과 암暗 사이 부등호를 두고 씨름하기보다는, 어떻게 하면

밝음을 보전하고 그림자를 걷어버릴 수 있을지 고민하는 게 더 유익하지 않을까. 아빠는 2015년 11월 22일 세상을 떠난 김영삼 전 대통령, 명과 암이 너무도 선명한 그가 한국 현대사를 밝혔던 한순간에 대해 이야기해 보려고 해.

대략 40년 전으로 거슬러 올라가보자. 'Made in Korea' 가운데 가장 먼저 세계 시장 점유율 1위를 차지한 품목이 뭐였을 것 같니? '가발'이었어. "무역공사는 우리나라 수출 상품 중에서 치열한 국제 경쟁을 통하여 처음으로 세계 1위 공급국으로 등장한 가발의 이미지를 정책적으로 육성할 필요가 있다고 주장했다"(《동아일보》 1972년 9월 9일자). 이유는 간단해. 가발 산업은 수십만 가닥의 머리카락을 일일이 손으로 심어야 하는 '수작업'이었으니까. 부지런하고 손재주 좋은 노동자를 수백만 명 거느리고 있던 우리나라 아니었겠니.

'세계 1위'를 달성한 가발업체 가운데 YH라는 회사가 있었어. 서울 왕십리에서 달랑 직원 10명으로 시작해 몇 년 만에 대통령 훈장이며 산업포장까지 골고루 거머쥔 기업이었지. 그러나 YH는 한국인 업체끼리의 제 살 깎아 먹기 경쟁과 경영 부실에 더해, 해외로 돈을 빼돌려 그곳 한인 회장까지 해먹은 장용호와 그 매부라는 경영진의 숫자 놀음으로 점차 속 빈 강정이 되어갔지. 마침내 YH는 폐업 공고를 낸다. '공장 문 닫는다. 지금까지 수고했다. 줄 건 없고 이제 너희들 갈 길로 가라'는 얘기였지. 노동자들은 이 배신에 치를 떨며 공장을 점거하고 농성을 벌이게 돼.

YH 노동자들의 신민당사 '불법' 점거

2015년 JTBC에서 방송된 웹툰 원작의 드라마 〈송곳〉에서 노동상담소장

구고신은 이렇게 외치지. "살아 있는 인간은 빼앗기면 화내고 맞으면 맞서서 싸웁니다." 그래, 빼앗기면 화내는 게 사람이고 한 대 맞으면 주먹 쥐고 싸우는 게 인간이지. 하지만 대한민국은 '법적으로' 빼앗으면 그에 맞서 화내는 게 불법이고 '법적으로' 두들겨 맞고도 이를 받아치면 죄인이 되는 오묘한 법치국가였어. 폐업은 웬만하면 합법이었고 그에 저항하는 파업은 어지간하면 불법이었어. 오갈 데 없는 노동자들의 공장 점거는 '폭력'이 됐지. 공장을 '폭력'으로 점거하자마자 공권력은 공장을 공격했단다. 대부분이 여성 노동자였던 YH 공장에 혈기왕성한 경찰들이 뛰어들어 내동댕이치고 후려치고 짓밟았어. 그들은 공권력이었고, 피를 흘리면서 때리지 말라고 호소하는 여성 노동자들이 그들을 몸으로 막는 일은 '폭력'이 됐지.

보다 못한 몇몇 사람이 당시 야당이었던 신민당 총재 김영삼을 찾아가. "어떻게 방법이 없겠습니까." 그때 김영삼 총재는 흔쾌히 그들의 호소를 받아들이지. "야당 당사는 언제나 열려 있십니더. 오라고 하이소." 경영진이 떠나버린 공장에서 분노만 씹고 있던 노동자들은 1979년 8월 9일 서울 마포 공덕로터리에 있던 신민당사로 집결했단다.

여성 노동자들이 제1야당 당사를 점거 농성한다는 소식이 퍼지자 그렇게도 무심하던 언론이 관심을 갖기 시작하고 신문 기사와 뉴스에도 YH의 이름이 등장했어. 그것만으로도 여성 노동자들, 이 '불법 폭력분자'들은 눈물을 흘리며 기뻐했다고 해. 하지만 '공권력'은 그 기쁨을 연장해줄 의사가 추호도 없었지. 박정희 정권은 공권력을 동원해 이 '불법' 농성을 해산시키기로 해.

이 소식이 전해지자 여성 노동자들은 공권력이 진입하면 전원 투신하겠다는 결의문을 울며 읽어내렸어. 몇 명이 실제로 창틀에 매달리고 몇 명은 지쳐 쓰러지는 상황에서, 이들을 진정시킨 건 김영삼 총재였어.

"성경에 나옵니다. '너희는 결코 두려워 말라. 나의 의로운 손으로 너희를 붙들리라.' 걱정 마세요. 대한민국 역사에서 공권력이 야당 당사를 습격한 적이 없습니다. 나도 있고 국회의원 30명이 여기 여러분과 함께 있습니다."

야당 당사에 들이닥친 경찰 앞에 선 그는……

후일 김영삼의 행적은 역사의 평가를 받아야 하겠지만 절망에 몸을 떨며 죽음을 만지작거리는 노동자들 앞에서 "결코 두려워 말라"고 부르짖던 순간은 김영삼이라는 거목이 내뿜은 가장 밝은 빛줄기 중 하나일 거야. 이어서 그는 당사 안에 있던 사복 경찰들을 힘으로 내몰라고 지시한 뒤 당사 밖을 포위한 경찰 대열 앞으로 성큼성큼 걸어 나가. "여공들이 흥분하니 물러서라." 경찰을 지휘하던 마포경찰서 정보과장이 뻣뻣하게 나오자 김영삼은 그 뺨을 올려붙였어. "느그들이 참말로 저 여공들이 떨어져 죽게 만들 참인가?" 폭력이었지. 엄연한 공권력에 대한 도전이었지. 하지만 지켜보며 조마조마해하던 여성 노동자들은 뭉클해진 가슴에 '총재님 만세'를 부르짖지 않았을까.

그러나 '질서와 안정'을 지키고 '법의 구현자'를 자처하는 공권력은 이 도전을 살인적인 진압으로 되갚았어. 야당 당사에 경찰력을 들이미는 '대한민국 역사상 초유의 일'을 벌인 거야. 국회의원이고 기자고 여성 노동자고 가리지 않고 두들겨 패고 쓰러뜨리고 끌고 갔단다. 그 와중에 김경숙이라는 여성 노동자가 목숨을 잃었어. 어떻게 죽었는지 그 설명조차 여러 번 바뀌었지만, 동생의 학비를 벌기 위해 공장에서 열심히 일하던 김경숙은 당사 4층에서 떨어진 시신으로 발견되었지. 그렇게 공권력은 '폭력'을 진압했어. 이제는 고인이 된 김영삼 전 대통령이 1979년 8월 9일부터 11일 새벽까지 보여준 행동은, 자신의 권리를 빼앗긴 자들의 '불법'을 진압하려는 부당한 '합법'의 대변자로 전락한 공권력에 어떻게 맞서야 하는지 가르쳐준 것이라고 생각해.

2015년 11월 14일, 한 농민이 경찰의 물대포를 직사直射로 맞은 후 사경을 헤매다 1년여 만에 돌아가신 건 너도 알고 있겠지. 그가 불법 시위에 참여했다고 욕하기 이전에, 왜 중국인 관광객도 드나드는 청와대 앞길에서 대한민국 국민의 헌법상 자유인 집회의 자유가 제한되는지를 아빠는 묻고 싶어. '합법'의 이름으로, 쓰러진 사람의 얼굴을, 그를 도우려는 이들의 등짝을, 심지어 그를 병원으로 데려가려는 앰뷸런스까지 공격하던 '공권력'에 우선 항의하고 싶구나. 또 "미국 같으면 다 쏴 죽여도 무죄다"라고 지껄이던, 거의 북한 수준의 국회의원에게도 본때를 보여주고 싶어.

김경숙이 죽음을 맞았던 38년 전에도 "김경숙을 떨어뜨린 불순분자가 있다"라는 상상력은 발휘하지 못했지. 하물며 2015년에 수백만이 지켜본 동영상을 보고도 "물대포가 아니라 그 옆의 사람이 깔아뭉갰다"라고 생억지를 쓰고, "물대포가 아니라 '빨간 우비의 초절정 고수가 농민에게 치명상" 타령을 '일베'가 늘어놓고, 그걸 국회의원이 받고 검찰이 맞장구를 쳤다. 이 엄청나게 두꺼운 얼굴들에 대해 헌법상 보장된 아빠의 권리를 행사하고 싶구나.

"닭의 목을 비틀어도 새벽은 온다." 고 김영삼 전 대통령이 남긴 명언이야. 중무장한 경찰들 앞에서 경찰 간부의 뺨을 올려붙이던 그분이 불렀던 '새벽'을 위해, 아빠는 주말에 머릿수 하나를 채우기 위해서라도 이순신 동상 앞으로 갔었단다. 복면금지법이 발의됐다는 소식에 30년 만에 가면을 만들어 써보기도 했다. 그 후 많은 사람들이, 더 많은 사람들이, 정말로 많은 사람들이 '새벽'을 향해 모여들었지. "어둠은 빛을 이길 수 없다"고 노래하면서 말이야. 그래, 아무리 어둠이 깊어도 빛을 삼키지는 못한다. 아무리 밤이 길어도 기어코 여명은 열린다. 지난겨울 아빠와 네가 거리에서 함께 지켜본 역사가 그걸 증명하고 있어.

1979년 김영삼 당시 신민당 총재가 당사에 들어온 여공들을 격려하고 있다.
ⓒ 김영삼민주센터 제공

45

미국 〈독립선언문〉을 꺼내 읽는 '겨울'

테러의 위협 속에서 〈라 마르세예즈〉를 부르며 관중들이
퇴장했다는 소식을 들으면서 프랑스의 자긍심을 떠올린다. 미국인들은
18세기 말의 〈독립선언문〉을 자랑스러워한다.
복면금지법·시위 '불허' 등을 보면서 마음이 착잡해진다.

'영원한 복속만이 영국의 평화와 번영을 담보한다'

네가 가끔 '재수 없어'라고 말하는 부류를 아빠는 알지. 이른바 '도끼병'
환자들. 하늘과 땅 사이에서 자신만이 빛난다고 착각하는 '자뻑증' 보균
자들. 하지만 그래도 아빠는 네게 그런 '자뻑'들을 이해해주라고 말하고
싶어. 누구한테건 지구상에서 가장 중요한 사람은 자기 자신이며, 자긍
심은 한 사람을 지탱하는 등뼈이기 때문이야.

어디 개인만 그럴까. 나라 또한 마찬가지야. 지구상 거의 모든 나라는 근거가 충실하건 미약하건 자기 나라와 역사에 자긍심을 품으려 노력하고, 안 되면 거짓말이라도 해서 만들려고 한단다. 수천 년 동안 자신들이 천하의 중심이라고 생각해왔던 중국인의 예를 들어볼까? 18세기 말, 전 세계에 해가 지지 않는 나라를 건설해가던 영국인들이 베이징에 왔어. 영국 국왕 조지 3세가 보낸 매카트니 사절단이었지. 당시 청나라 황제 건륭제는 매카트니에게 이런 답신을 준다.

'우리 문명의 자비를 얻고자 하는 갸륵한 생각으로 서신과 함께 사절을 보냈구나. 외국의 진귀한 보물 따위에는 나는 아무런 관심이 없다. 영국의 예물도 마찬가지다. 이제 영국 국왕은 나의 뜻을 충실히 받들기를 바라노라. 영원한 복속만이 영국의 평화와 번영을 담보하는 길이다.'

답신을 읽은 조지 3세의 표정이 어땠을지 궁금하구나. 하지만 저 오만한 편지를 쓴 건륭제 시대만 해도 청나라는 전 세계 GDP의 3분의 1 정도를 차지하는 대국이었단다.

미국 〈독립선언문〉, 미국인들의 긍지가 되다

그런데 건륭제가 영국 왕 조지 3세의 얼굴에 흙탕물을 끼얹는 편지를 보낸 18세기 말을 생각해보자. 그 시기는 역사상 매우 중요한 '자긍심'들이 탄생했던 때란다. 아메리카 합중국, 즉 미국이 영국의 식민지에서 벗어나 공화국으로 첫발을 내디딜 즈음이었고, 프랑스는 프랑스 대혁명이라는 세계사적 격동기를 지나고 있었지.

'모든 사람은 동등하게 창조되었으며 그들의 창조주로부터 불변의 권리를 부여받는데 여기에는 생명과 자유 그리고 행복을 추구할 권리가 포함

된다. 이 권리를 보장하기 위해 정부는 존재하며 정부의 정당한 권력은 피통치자의 동의에서 비롯되는 것이다. 어떤 형태의 정부라도 정부가 그 목적을 스스로 파괴한다면 정부를 바꾸거나 폐지하거나 새로운 정부를 세우는 것은 인민의 권리이다.'

미국 〈독립선언문〉의 한 대목이야. 절대군주가 엄존하고 봉건귀족이 농민의 피눈물로 빚은 와인을 즐기고 있던 시대에 미국 〈독립선언문〉은 당대를 겨눈 폭탄이었고, 이후 역사의 이정표가 되는 큼직한 발자국이었지.

아울러 이는 더욱더 많은 인간의 자유와 권리를 대변하는 문서로서 미국인들의 긍지가 된단다. 독립선언으로부터 200여 년 뒤 흑인 목사 마틴 루서 킹은 수십만 미국인들 앞에서 이렇게 외친다. "나에게는 꿈이 있습니다. 언젠가는, 이 나라가 일어나 '모든 사람은 평등하게 태어났다'는 이 나라 신조의 참뜻대로 살아가는 날이 있을 것이라는 꿈." 〈독립선언문〉의 '사람'에는 여자나 흑인이 포함되어 있지 않았지만 역사를 거치며 자유와 권리의 범위가 확대된 거지.

〈라 마르세예즈〉, 프랑스의 자긍심

2015년 11월 13일 금요일, 파리에서 일어난 테러 때 축구 경기장에 있던 수만 관중이 〈라 마르세예즈〉를 부르며 질서 있게 퇴장했다는 얘기를 너도 들은 적이 있을 거야. 아빠는 그 소식에 프랑스의 자긍심을 떠올렸어. 〈라 마르세예즈〉는 프랑스혁명을 분쇄하려는 이웃 나라들, 오스트리아와 프로이센 등의 연합군이 프랑스를 위협할 때, 그에 맞선 라인 강 수비대의 대위가 만든 노래였어. 이걸 프랑스 남부의 항구도시 마르세유의 의용병들이 파리로 수백 킬로미터를 걷는 내내 불러대는 바람에 〈라 마르세예즈〉라는 이름이 붙게 됐지.

당시 프랑스를 침공한 프로이센군은 기강이 무너지고 무기도 시원찮은 프랑스 시민군을 금세 무찌를 거라고 믿었어. 군대라고 해봐야 훈련받은 군인이라기보다는 빵집 주인, 구두 수선공, 정육점 직원 등 그저 보통 시민들이 모인 오합지졸이었으니까. 하지만 이 급조된 프랑스 시민군은 〈라 마르세예즈〉의 합창 속에 프로이센군을 무찌른단다. "가자, 이 땅의 아들 딸들아, 영광의 날이 왔도다! 시민이여 무기를 들어라. 함께 모여 나가자! 나가자! 적들의 더러운 피를 우리 밭고랑에 대자!"

프랑스 인민(누가 이 말을 쓴다고 시비를 걸던데, 우리 제헌헌법을 만든 유진 오 박사가 참 좋은 말을 공산당에게 빼앗겼다고 통탄한 단어다. 다시 빼앗아와야 지?)은 비록 혼란스럽고 때론 피비린내도 무지하게 풍기긴 했으나 혁명을 통해 자신들이 새로운 세계를 만들고 있음을, 그리고 무슨 일이 있어도 과거로 돌아갈 수는 없음을 각인한 거야. 당시 프로이센군의 일원으로 참전한 괴테의 말처럼 "세계사의 새로운 시대가 시작"되고 있음을 몸으로 알았고, 그들의 노래는 단순한 가락이 아니라 마음을 흔드는 함성이고 영혼을 감아 맨 깃발이었던 거지.

《레 미제라블》의 소년 가브로슈가 이 노래를 부르며 죽음으로 나아갔고, 세계 최초의 노동자 정부라 할 파리 코뮌이 설 때에도 이 노래가 울렸으며, 나치 점령하의 프랑스 레지스탕스들도 이 노래에 목이 메었어. 테러 직후 프랑스 사람들이 부른 〈라 마르세예즈〉는 그런 자긍심의 표출이었을 거야. 우리는 이 노래를 통해 역사를 바꾸었고, 인민의 단결로 폭군을 물리쳤으며, 우리 가족을 위협하는 적들을 무찔렀다는.

200년 전 노래와 선언을 되뇌어보는 '지금 한국'

우리 민족이 얼마나 위대한 민족이고 어느 정도의 대제국을 이루었으며 무슨 막강한 힘으로 세계를 호령했는가 하는 기억도 자긍심의 일부를 구성할 수는 있을 거야. 물론 건륭제의 오만이고 히틀러가 독일 국민에게 심으려고 발악했던 착각이기도 했지. 하지만 한 나라의 진정한 '자긍심'은 보다 많은 사람의 '생명과 자유와 행복'을 추구해온 역사, 정의를 위해 압제자와 싸워 대개는 패했지만 그럼에도 굴하지 않고 다시 일어섰던 기억, 그를 통해 역사를 바꾸는 경험을 했던 환희에서 온다고 생각해.

아빠는 네 할아버지가 힘주어 말씀하시듯 "잿더미에서 경제를 부흥시킨" 산업화의 주인공들에게 경의를 표해. 아빠가 가지는 자긍심의 일부란다. 동시에 '밥술이나 먹고 사는 데에' 만족하지 않고 독재 정권에 대해 "더 많은 인간의, 더 많은 자유와 행복"을 요구하며 기어이 이전과는 다른 세상을 만들어왔던 우리 현대사에도 무한한 자부심을 느끼고 있었단다. 그러나 아빠는 격하게 슬퍼지기도 해. 자부심의 한 축이 무너지는 순간이 잦아질 때는 특히 더.

2015년 11월, "시위할 때 복면 쓰게 하지 말아야 한다. IS가 그러지 않느냐"라며 국민을 IS로 몰아붙이던 박근혜 전 대통령의 놀라운 발언 이후 복면금지법이 발의되고, 심지어 "이 법이 제정되기 전이라도 복면 쓰면 처벌하겠다"라는 초법적 발언이 쏟아지고, "언론·출판에 대한 허가나 검열과 집회·결사에 대한 허가는 인정되지 아니한다"라는 헌법 조항에도 불구하고 경찰청장이 "불법이 예상되는 시위를 '불허'하며 가담자는 전원 검거한다"라는 위헌적 발언을 서슴지 않았어. 어찌 슬퍼지지 않을 수 있었겠니.

그럴 때면 아빠는 풀 죽은 목소리로 200년 전의 미국 〈독립선언문〉을 중얼거리곤 해. "생명과 자유 그리고 행복을 추구할 권리를 확보하기 위해 정부는 존재하며 정부의 정당한 권력은 피통치자의 동의에서 비롯된다. 어떤 형태의 정부라도 정부가 그 목적을 스스로 파괴한다면 정부를 바꾸거나 폐지하거나 새로운 정부를 세우는 것은 인민의 권리다."

1963년 8월 28일 마틴 루서 킹 목사가 링컨기념관 계단에서
'나에겐 꿈이 있다'는 연설을 했다.

46

이자스민 의원의 초코바 그리고 인종주의

2015년 말경 필리핀계 한국인 이자스민 의원에 대한 '폭로' 기사가
온라인을 달군 적이 있다. 기사와 댓글에서 드러나는
이 의원에 대한 일부 한국인의 분노는
인류의 금기 중 하나를 어겼다고 할 수 있다. 바로 인종주의다.

"나는 그냥 한 명의 선수이고 싶었는데"

현대 스포츠에서 흑인을 빼면 거의 모든 종목의 운영이 어려워질지도 몰
라. 특히 인기 있는 미국의 프로 스포츠들, 이를테면 농구나 야구나 미식
축구 등에서 흑인의 존재감은 엄청나지.

그러나 뜻밖에도 흑인이 당당하게 그라운드를 뛰고 코트를 누비게 된
역사는 그리 길지 않아. 미국 프로야구 메이저리그에 최초의 흑인 잭 로빈

슨이 발을 디딘 건 1947년의 일이야. 아이스하키 리그에서는 그로부터도 11년이 지난 1958년에야 흑인 선수 윌리 오리가 처음으로 빙판에 서지. 그가 스케이팅을 할 때 백인 관중들은 목화꽃을 던졌어. 축하가 아니라 "목화밭에 가서 목화나 따라, 이 검둥아"라는 뜻이었지.

21세기 들어 그는 각종 공로상과 훈장을 받으며 '최초의 흑인 NHL(북미 아이스하키 리그) 선수'로 영예를 드높이게 되는데, 그때 그가 토로한 한마디는 참 가슴을 아프게 한다. "나는 그냥 한 명의 선수이고 싶었는데." 그럼 미국의 오랜 인기 스포츠였던 프로 복싱의 경우는 어떨까?

맨몸과 두 주먹으로 하는 스포츠여서 그런지 다른 종목에 비해서는 흑인의 진출이 빨랐어. 헤비급 세계 타이틀을 25차례나 방어했고 히틀러가 자랑하는 독일의 세계 챔피언 막스 슈멜링을 때려눕혀 미국인들을 열광시켰던 '갈색의 폭격기' 조 루이스는 가장 위대한 복서 중 하나로 꼽히지. 그럼 그가 최초의 흑인 챔피언이었을까? 그렇지 않아. 그 앞에는 잭 존슨이라는 걸출하지만 잊힌 이름이 있단다.

잭 존슨, 백인을 때려눕히다

존슨은 1878년생이니까 링컨의 노예해방 선언 15년 뒤에 태어났어. 해방은 됐다지만 흑인의 지위는 노예에서 그다지 나아진 게 없었지. 존슨은 흑인 복서들을 상대로 싸운 끝에 흑인 챔피언에 올라. 그러고는 당시 백인 챔피언으로 무패를 자랑하던 제임스 제프리스에게 도전장을 내민다. 하지만 제프리스는 "나는 짐승과는 싸우지 않는다"라고 말한 뒤 은퇴를 선언해.

그 뒤를 이은 게 토미 번스라는 캐나다의 백인 선수였는데, 잭 존슨은 번스에게 끈덕지게 도전장을 내밀어 경기를 하게 돼. 그런데 이 경기에서 존슨은 번스를 아주 곤죽으로 만들어버리고 챔피언 타이틀을 따내. 심판도 아닌 경찰이 "저러다 흑인이 백인 죽이겠다"며 링으로 뛰어들 정도였어. 그렇게 잭 존슨은 세계 최초의 흑인 챔피언이 되었지. 하지만 그가 타이틀을 획득하고 포효하는 사진은 남아 있지 않아. 흑인이 백인을 때려눕히는 모습을 용납할 수 없다며 경찰들이 카메라를 압수해버렸거든.

이 경기를 지켜본 한 백인 기자이자 작가가 있었어. 이름은 잭 런던. 아마 너도 들어봤을 거야. 네가 재미있게 본 소설 《하얀 엄니》의 저자야. 그는 인간의 평등을 주창한 사회주의 작가로 이름이 높은데, 놀랍게도 이경기를 보고 난 뒤 노골적인 인종주의 성향을 드러내. "원숭이로부터 타이틀을 되찾아올 위대한 백인을 희망한다"라는 식이었지.

잭 런던을 비롯한 여러 백인들의 호소에 등 떠밀려 전 챔피언 제임스제프리스가 존슨에게 도전장을 던졌지만, 존슨에게 그야말로 박살이 나고 말아. 충격이 얼마나 심했으면 경기를 지켜본 백인들이 폭동을 일으켰고 그 와중에 흑인과 백인 수십 명이 목숨을 잃고 만다.

당시 백인들은 '흑인이 세계에서 제일 강하다'는 사실을 도무지 받아들일 수 없었어. 뻔히 눈앞에서 펼쳐진 경기를 부인할 도리는 없고 결국 눈에 띄는 다른 불쌍한 흑인을 족칠 수밖에 없었던 거지. 어딜 감히! 흑인따위가 백인을 제치고 챔피언이라니! 입에서는 "아프리카로 돌아가라"는 저주를 내뿜고 맘속으로는 '세상이 어떻게 되려고 저런 검둥이들이……' 하는 한탄을 했을 거야.

백인을 제친 챔피언의 비참한 최후

백인 도전자들을 연달아 물리치면서 존슨은 승자로서 당연히 누리게 되는 것들을 누렸어. 사자를 때려잡은 삼손처럼 포효했고, 백인 아가씨들의 환호를 받았고, 그들과의 로맨스를 즐겼지. 이것 또한 백인들의 속을 펄펄 끓게 만들기에 충분한 일이었어. 백인과 연애했다는 이유로 마을 사람들이 재판도 없이 흑인을 나무에 목매달아 죽이는 시대였으니 오죽했겠니. 백인 인종주의자들은 눈엣가시인 흑인 챔피언을 몰아내기 위한 공작을 전개하게 돼. "백인 여성이 매춘을 위해 주 경계를 넘을 수 없다"라는 법을 들고나왔던 거야.

잭 존슨은 백인 여성과 결혼했지만, 인종주의에 사로잡힌 백인들은 그걸 결혼으로 인정하지 않았고 단지 "돈으로 여자를 샀다"고 우겼지. 아내를 데리고 자유로이 미국을 누비던 잭 존슨은 바로 "매춘부를 데리고 주 경계를 넘은" 죄로 기소돼. 부부는 미국을 탈출했지만 아내는 압박감에 못 이겨 자살하고 말았고, 존슨도 그 후 별 활약을 보이지 못한 채 침울하게 살다가 세상을 떴단다.

오늘 우리가 수도꼭지에서 나오는 물처럼 당연하게 생각하는 것들 대부분은 한때 지극히 배척받거나 목숨을 위협할 만큼 위험한 것이었어. 동시에 지금 당연하다고 여기는 부분에도 과거의 그림자는 스며들어 있지. 요즘 누군가 '인간은 기본적으로 불평등한 존재이고 타고난 우열이 존재한다'고 우기면 적어도 공식적으로는 제대로 된 사람 취급을 받지 못할 거야. 하지만 특정 집단에 대해 나누는 쑥덕거림으로, 뒤통수를 때리는 험담으로, 익명의 가면을 쓴 저주의 형태로는 엄존하고 있단다. 백인들만 그럴까? 아니, 우리도 그래.

왜 이자스민의 초코바는 '문제'가 됐을까

2015년 12월, 한 매체가 필리핀계 한국인인 이자스민 의원이 '국회 본회의장에서 음식을 먹고 게임을 했다'며 대문짝만 한 폭로 기사를 실었어. 그러자마자 "필리핀으로 돌아가라"부터 별별 상욕에 이르는 댓글이 흘러넘치더구나.

처음에는 본회의장에서 파티라도 한 줄 알았어. 하지만 이자스민 의원은 '본회의가 열리기 전에' 초코바 하나를 먹었을 뿐이었고, '게임 삼매경'에 빠진 것도 본회의가 열리기 전이었어. 즉 네가 쉬는 시간에 휴대전화 게임을 한 것과 똑같아. 그런데 잭슨이 아내를 데리고 여행한 걸 '매춘법 위반'으로 몰아붙였던 미국인들처럼, 일부 언론은 이자스민 의원을 국회법을 어기고(!) 국정을 방기한 수준 낮은 국회의원으로 매도해 내동댕이쳤단다. "일단 흑인 챔피언 보기가 싫었던" 백인들과 같이 "필리핀 출신 국회의원"에 불만을 품은 일부 한국인들은 그녀를 아주 살벌하게 물어뜯었고 말이야.

사람인 이상 편견을 가질 수는 있어. 그러나 모든 인간은 평등하고, 피부색 때문이든 종교 때문이든 출신 지역 때문이든 차별받지 아니하며, 그것을 이유로 모욕할 수 없다는 생각은 인류가 오랜 시간을 거치며 일궈낸 수확이야. 존슨을 참아주지 못한 미국인들과, 회의가 열리기 전 초코바하나 먹은 것을 대단한 비행으로 몰아붙인 일부 한국인은 그런 의미에서 인류의 금기 중 하나를 어겼다고 생각해. '인종주의'지. 만약 당시 여당의 김무성 대표나 야당의 문재인 대표가 본회의를 앞두고 허기진 배를 초코바로 달래는 모습이 나왔다면 오히려 '미담'이 됐을지도 몰라. 그런데 왜 이자스민의 초코바는 문제가 됐을까.

이를 폭로(?)한 언론 매체는 이자스민 의원실에 '해명'을 요구했지만 대답이 없었다고 적고 있어. 내막은 잘 모르지만 아빠는 이자스민 의원의 심정이 이해가 간다. 얼마나 기가 막혔을까. 특히 나름 '진보'를 자처하던, 잭 런던 같은 한국인들이 자신을 혹독하게 몰아붙이는 모습을 보면서 얼마나 속이 뒤집혔을까.

1909년 세계 최초 흑인 복싱 챔피언 잭 존슨(오른쪽)이
제임스 제프리스와 대결하고 있다.

47

정주영이라는 거인이 존재할 수 있었던 이유

2015년은 정주영 전 현대그룹 회장이 태어난 지 100년 되는 해였다.
'정주영 찬가'를 부르며 빛만 볼 게 아니라, 그가 만든 어둠도 인정해야 한다.
하지만 정부는 수백만 노동자의 삶을 좌우할 문제를
노동 개혁이라는 이름하에 밀어붙이고 있다.

노동자에 대한 감사의 말은 없었다

2015년은 현대그룹의 창업주 고 정주영 회장이 태어난 지 100년 되는 해
였어. 1915년 11월 25일생이거든. 아빠가 그분 생일을 기억하는 게 이상
해 보이겠지만 어쩔 수 없구나. 10월 즈음부터 웬만한 매체에서는 다 '아
산 정주영 탄신 100주년'을 외쳐댔으니까. 기본적으로 아빠는 정주영을
거인巨人으로 인정하는 편이야. 그는 식민과 전쟁 그리고 가난이 지배했

던 한국 현대사에서 특출하게 뛰어난 거인이었어. 전쟁으로 파괴된 한강대교 재건에서 경부고속도로·소양강댐·현대자동차·현대중공업 등 그의 손길은 우리의 오늘 곳곳에 닿아 있단다.

그런데 정주영 회장이 "시련은 있지만 실패는 없다"라며 불가능해 보이는 일을 가능하게 만들 때, 그가 가장 의지한 건 누구였을까? 다름 아닌 현대그룹의 노동자였을 거야. 정주영 회장이 창발적인 아이디어와 황소 같은 뚝심으로 사업을 밀어붙일 때 그 지시를 받아 피와 땀을 흘리고, 전쟁 같은 노동으로 현대그룹이라는 금자탑을 쌓아 올린 사람들 말이야. 탄생 100주년을 맞아 정주영 찬가는 전국을 울렸단다. 하지만 노동자에 대한 감사의 말은 동지섣달 모기 소리만큼도 들리지 않았지. 뭐, 새삼스러울 것 없는 모습이지만 그래도 이상스런 일이야.

'당신 자식들이라면 저렇게 되도록 하겠느냐'

정주영 회장의 대표적인 위업 가운데 하나가 사우디아라비아 주베일 항만 공사야. 당시 대한민국 국가 예산의 30퍼센트쯤 되는 9억 3,000만 달러에 이르는 한국 최대, 아니 세계 최대의 공사라고 할 만했지. 정주영 회장은 특유의 뚝심과 기민한 행동으로 이 거대한 공사를 따냈어. 그리고 한국인 근로자 수천 명이 '외국인 노동자'로서 사우디아라비아에 가게 돼. 그들은 낮 기온이 40°C를 오르내리는 열사의 나라에서 변변찮은 의식주를 감수하면서도 오로지 완공 기일을 앞당기기 위해 인간이 할 수 있는 모든 것을 하게 되지. 고국에 있는 가족들이 자신의 뼈와 살을 갈아 퍼부은 노동의 대가로 푸짐하게 먹고 곱게 입기를 바라면서 말이야.

그러나 1977년 3월 13일 문제가 터져 나오게 돼. 당시 현대건설 노동자들은 중동에 진출해 있던 다른 한국 기업 노동자들에 비해 임금이 낮았어. 더하여 현장 노동자들은 관리직 직원들과의 차별을 감수해야 했지. 밥 먹는 식당과 잠자는 숙소의 질부터 달랐다니 더 말할 게 없다. 너희 학교에서 급식할 때 전교 1등부터 10등까지는 따로 불고기를 해 먹이고 너희들은 된장국에 멸치만 준다고 상상해봐. 그것도 매일같이. 이에 덤프트럭 기사들이 좀 게으름을 피우며 항의의 뜻을 표했는데, 어느 덜떨어진 관리직 직원 하나가 기사의 뺨을 올려붙이면서 화약고에 불을 붙이고 말아.

당시 현대건설 회사와 관리직 직원들은 현장 노동자들을 동격의 사람으로 취급하지 않았던 거야. 빼앗아도 그저 머리 숙이고, 한 대 얻어맞아도 뒤돌아서 돌 한 번 툭 차고 마는 반편이들로 치부했던 거야. 그래도 됐으니까. 거기에 익숙했으니까. 그러나 노동자들은 분노할 줄 아는 '인간'이었어. 노동자들은 사무실을 때려 부수고 관리직 직원들을 구타하고 현장을 장악해. 그런데 문제는 그곳이 사우디아라비아라는 점이었어.

사우디는 지금도 시위 등이 거의 허용되지 않는 봉건 왕정 국가야. 사우디는 한국 노동자들의 항의에 기함했고, 군대를 동원해 진압할 생각을 한단다. 이를 필사적으로 가로막은 건 당시 사우디아라비아에 주재하던 유양수 대사였어. 그는 노동자들에게 총알 퍼부을 준비를 하던 사우디 관계자들을 가까스로 만류하고, 분노와 공포에 휩싸여 있던 노동자들 사이로 들어간단다. 그때 심경을 그는 이렇게 표현하고 있어.

"처절하게 절규했던 근로자들이 전부 지치고 늘어져 있고 말이죠. 말은 산업전사라고 불러주고 국가 발전의 역군이라고 치켜세우고 그랬지만 본인들한테는 그런 말들이 사치스러울 뿐이라고요. 잘살아 보겠다는 소망, 내일에 대한 꿈, 그것 때문에 사랑하는 처자식 놔두고 이름도 생소했던 열사의 땅 사우디까지 온 것 아닙니까. 눈물이 나더라고요. 솔직히

정 회장이 옆에 있었으면 '당신 자식들이라면 저렇게 되도록 하겠느냐'고 소리를 지르고 싶었어요"(2009년 2월 6일 《중앙일보》 미주판 11면, 〈정주영의 현대건설 60년 영욕─40〉 중에서).

노동자들의 요구 사항은 '두발 자유화'

'조국 근대화'를 위해 피땀 흘린 노동자들이 정주영 회장에게 맞서 싸운 건 그게 처음도 마지막도 아니었어. 1987년 전국을 들끓게 한 '노동자 대투쟁'의 불길은 정주영 회장의 현대중공업에도 번졌는데, 그때 노동자들이 제1항으로 요구한 게 뭐였는지 아니? 임금 인상도 아닌 '두발 자유화'였단다. 국내 유수의 회사 정문에서 관리직들이 바리캉을 들고 애 두셋 딸린 아저씨들을 상대로 머리카락 길이를 재고 있었다는 거야.

밝은 빛의 뒤쪽엔 그만큼 시커먼 그림자가 있고, 산이 높으면 그만큼 골도 깊은 거란다. 역사의 교훈이란 그 간극을 좁히는 과정에서 익혀지는 것이고, 빛과 어둠 양쪽을 보면서 빛을 넓히고 어둠을 줄이는 여정이 곧 역사의 발전이야. 정주영 회장 탄생 100주년을 찬미하는 만큼 그와 후계자들이 깔아 놓았던 어둠을 인정하고 허물과 실수를 되풀이하지 말아야지.

하지만 2015년이 저물던 그 당시, 아빠는 서글펐단다. 세계 어느 나라에서든 자신들의 노동조건이 송두리째 뒤바뀌는 상황에서 노동자가 침묵하는 경우는 없어. 하물며 당시 정부가 추진하던 '노동 개혁'에는 지금껏 수많은 물의를 일으킨 '경영' 문제의 개선은 거의 담겨 있지 않았지. 좀 불려서 말하면 주베일 항만 공사 사태 때 사우디아라비아의 군대 지휘관 같은 자세지. "(문제가 뭔지는 우리 알 바 아니고) 문제를 일으킨 노동자들을 일단 진압하겠다"라는 식의.

2015년 12월, 거리 시위에 경찰 수천 명이 투입되는 스펙터클을 거치고 공권력과 한참 숨바꼭질을 한 끝에 한상균 민주노총 위원장이 구속됐어. 주베일 사태 때도 주동자로 꼽힌 이들은 '색출'되어 귀국 비행기를 타야 했지. 하지만 역사는 증명하고 있단다. 일순 잠잠해진 것 같지만 결코 끝난 게 아니라는 것을. 하나 더 기억해야 할 건 기업이 노동자를 "때리면 맞고 소리치면 움츠러드는" 존재로 대할 때 결국 손해는 기업에도 돌아간다는 점일 거야. 주베일에서는 이후 한 번 더 소요 사태가 일어났고, 현대건설은 블랙리스트에 올라 오랫동안 사우디아라비아에서 사업을 수주할 수 없게 됐거든.

그래서 아빠는 더 궁금해진다. 미국 대통령은 "노조에 가입하라"고 대놓고 얘기하고, 이른바 선진국 사회 수업 시간에는 노동과 자본의 교섭 과정을 실습으로 가르치는데, 왜 우리는 그렇게 하지 못할까? 왜 수백만 노동자의 삶을 좌우할 문제를 치열한 토론도 충분한 공유도 없이 밀실 '합의'를 내세워 밀어붙이려 할까? 2010년 프랑스에서는 정년을 연장한다는 정부 발표에 수백만이 파업을 일으키며 항의했지만 아무 문제가 없었는데, 왜 한국에서는 파업이란 게 나라 망치는 일로만 치부되는 것일까? 우리는 미국이나 프랑스처럼 할 수 없는 걸까? 이 질문에 경기를 일으키는 사람들에게 아빠는 정주영 회장의 명언을 소개해주고 싶어. "이봐, 해봤어?" 왜 해보지도 않고 그렇게들 안 된다고 하는 거야?

1976년 정주영(맨 왼쪽) 현대그룹 창업주가
사우디아라비아 주베일 항만 공사 현장을 방문했다. ⓒ 아산정주영닷컴 제공

참고문헌

《대구매일신문》

《독립신문》

《조선왕조실록》

런던, 잭, 박상은 옮김, 《야성의 부르짖음/하얀 엄니》, 동서문화동판(동서문화사), 2013.

미첼, 마거릿, 안정효 옮김, 《바람과 함께 사라지다》(전3권), 열린책들, 2010.

알리기에리, 단테, 윌리엄 블레이크 그림, 박상진 옮김, 《신곡》(전3권), 민음사, 2013.

위고, 빅토르, 정기수 옮김, 《레미제라블》(전5권), 민음사, 2012.

이순신, 이은상 옮김, 《난중일기》, 지식공작소, 2014.

최규석, 《100°C—뜨거운 기억, 6월민주항쟁》, 창비, 2009.

캐럴, 루이스, 존 테니얼 그림, 이소연 옮김, 《이상한 나라의 앨리스》, 펭귄클래식코리아 (웅진), 2010.

트웨인, 마크, 김욱동 옮김, 《왕자와 거지》, 민음사, 2010.

황현, 허경진 옮김, 《매천야록—지식인의 눈으로 바라본 개화와 망국의 역사》, 서해문집, 2006.

〈[정주영의 현대건설 60년 영욕-40] 즉결처리 하려면 나부터 쏴라〉, 《중앙일보》 미주판 11면, 2009년 2월 6일.

* 도판 자료는 대부분 《시사IN》 자료팀에서 제공해 주셨습니다. 도움에 감사드립니다.

딸에게 들려주는 역사 이야기 ②

◉ 2017년 10월 21일 초판 1쇄 발행
◉ 2017년 12월 18일 초판 3쇄 발행
◉ 글쓴이   김형민
◉ 펴낸이   박혜숙
◉ 책임편집   정호영
◉ 디자인   이보용
◉ 펴낸곳   도서출판 푸른역사
　　우) 03044 서울시 종로구 자하문로8길 13
　　전화: 02) 720-8921(편집부) 02) 720-8920(영업부)
　　팩스: 02) 720-9887
　　전자우편: 2013history@naver.com
　　등록: 1997년 2월 14일 제13-483호

ISBN   979-11-5612-100-8   04900
ISBN   979-11-5612-098-8   04900 (SET)

• 잘못 만들어진 책은 교환해드립니다.